# 平等理论的谱系
## ——西方现代平等理论探析

The Spectrum of Theories of Equality:
A Research of Modern Western Theories of Equality

李 石 著

中国社会科学出版社

## 图书在版编目（CIP）数据

平等理论的谱系：西方现代平等理论探析／李石著 .—北京：中国社会科学出版社，2018.3（2022.11重印）

ISBN 978-7-5203-2242-3

Ⅰ.①平… Ⅱ.①李… Ⅲ.①平等—研究—西方国家 Ⅳ.①D081

中国版本图书馆CIP数据核字（2018）第059465号

| | |
|---|---|
| 出 版 人 | 赵剑英 |
| 责任编辑 | 朱华彬 |
| 责任校对 | 张爱华 |
| 责任印制 | 王 超 |
| 出 版 | 中国社会科学出版社 |
| 社 址 | 北京鼓楼西大街甲158号 |
| 邮 编 | 100720 |
| 网 址 | http://www.csspw.cn |
| 发 行 部 | 010-84083685 |
| 门 市 部 | 010-84029450 |
| 经 销 | 新华书店及其他书店 |
| 印 刷 | 北京君升印刷有限公司 |
| 装 订 | 廊坊市广阳区广增装订厂 |
| 版 次 | 2018年3月第1版 |
| 印 次 | 2022年11月第2次印刷 |
| 开 本 | 710×1000 1/16 |
| 印 张 | 14.5 |
| 插 页 | 2 |
| 字 数 | 260千字 |
| 定 价 | 59.00元 |

凡购买中国社会科学出版社图书，如有质量问题请与本社营销中心联系调换
电话：010-84083683
版权所有 侵权必究

# 国家社科基金后期资助项目
## 出版说明

后期资助项目是国家社科基金设立的一类重要项目，旨在鼓励广大社科研究者潜心治学，支持基础研究多出优秀成果。它是经过严格评审，从接近完成的科研成果中遴选立项的。为扩大后期资助项目的影响，更好地推动学术发展，促进成果转化，全国哲学社会科学规划办公室按照"统一设计、统一标识、统一版式、形成系列"的总体要求，组织出版国家社科基金后期资助项目成果。

全国哲学社会科学规划办公室

# 目 录

前言 人类社会的平等理论谱系 ………………………………… （1）

导论 …………………………………………………………………… （1）

## 第一章 平等存在 ………………………………………………… （15）
第一节 "平等存在"的思想渊源 ……………………………… （15）
第二节 康德对"平等存在"的阐释 …………………………… （22）
第三节 关于康德目的原则的当代讨论 ……………………… （26）

## 第二章 平等权利从何而来 ……………………………………… （34）
第一节 "人人生而平等"的论证困境 ………………………… （34）
第二节 卢梭论不平等的起源 ………………………………… （44）
第三节 "同意"作为"平等权利"的基础 ……………………… （53）

## 第三章 私有权的秘密 …………………………………………… （60）
第一节 私有权及其限制条款 ………………………………… （60）
第二节 马克思的剥削理论 …………………………………… （75）
第三节 诺奇克论剥削 ………………………………………… （85）

## 第四章 罗尔斯的平等理论 ……………………………………… （97）
第一节 何种社会合作？ ……………………………………… （101）
第二节 差别原则的推导与质疑 ……………………………… （110）
第三节 罗尔斯的"反应得理论" ……………………………… （123）
第四节 "优先规则"的论证与应用 …………………………… （132）
第五节 平等：仅仅是因为嫉妒吗？ ………………………… （142）
第六节 "平等主义"还是"优先主义"？ ……………………… （150）

## 第五章　德沃金的平等理论 ………………………………（162）
   第一节　德沃金对罗尔斯平等理论的继承与批判 ………（162）
   第二节　资源平等：批评与辩护 ……………………………（165）
   第三节　运气与保险 …………………………………………（173）

## 第六章　福利、收入与能力 ………………………………（179）
   第一节　福利平等理论 ………………………………………（179）
   第二节　收入与财富平等 ……………………………………（189）
   第三节　能力平等 ……………………………………………（194）

## 结语：平等与正义 ……………………………………………（201）

## 附："平等"一词的中英文差异 ……………………………（209）

## 参考文献 ………………………………………………………（214）

# 前言　人类社会的平等理论谱系

这是一本介绍和讨论西方现代平等理论的政治哲学著作。追求平等是人类长久以来的理想。在西方思想史上，有三个时期人们对平等问题做出了深刻的思考。第一个时期是在希腊化时代，人们在奴隶制的背景之下开始思考人与人之间的平等问题。在这一时期，斯多葛学派的哲学家们最先提出了"人人平等"的理念，尤其是古罗马帝国的吕齐乌斯·安涅·塞涅卡（Lucius Annaeus Seneca）论证了人们在"存在"意义上的平等，以及为什么奴隶也是平等的。但是，受到当时的政治制度的限制，斯多葛学派的平等思想还仅限于哲学层面的论证，并没有发展出任何有关平等的政治主张，也没有提出经济和社会领域的平等政策。斯多葛学派提出的"存在"意义上的平等理论被其后发展起来的基督教思想所继承，并且演变成"上帝面前人人平等"的理论。但是，在漫长而黑暗的中世纪，人们同样没有基于存在意义上的平等而发展出政治上平等的主张。直到16世纪清教革命时期，在教会民主化改革的过程中，随着议会派革命思想的兴起，人们才大胆地提出了政治上的平等主张。

西方的平等思想得到巨大发展的第二个时期是启蒙时代。1640年的英国革命拉开了西方近代史的序幕，在革命思想的激励之下，以霍布斯、洛克和卢梭为代表的自然权利论者对"人人生而平等"这一命题做出了社会契约论式的论证，并在此基础上提出了"法律面前人人平等"以及"权利平等"的政治主张。与此同时，启蒙时代的另一位伟大的哲学家康德也对"人人平等"做出了道德哲学层面的论证，他将所有理性的存在者都当作"目的王国的合法成员"，并教导人们要"将一切人当作目的而非手段"。然而，这一时期的平等理论虽然在肯定"人人生而平等"的基础上勇敢地提出了"权利平等"的政治主张，却还没有顾及在社会和经济领域普遍存在的不平等。马克思的政治哲学对启蒙哲学家们的"权利平等"理论进行了系统的批评，尤其针对"权利平等"中的"私有权"进行了深刻的批判。这也为平等理论的进一步发展提供了契机。

## 2 平等理论的谱系

20世纪70年代以来,随着美国学者约翰·罗尔斯(John Rawls)《正义论》的出版,西方学术界开始关注分配领域的正义问题,而与此相关的经济和社会领域的不平等问题逐渐成为学术界争论的焦点。可以说,20世纪末到21世纪初成为平等理论蓬勃发展的第三个时期。在这一时期的平等理论中,学者们都将康德的"把一切人当作目的而非仅仅是手段"①作为各自理论的出发点(虽然他们对这一命题的诠释各不相同),并且都一致承认"法律面前人人平等"以及所有社会成员拥有"平等权利"。不同流派的学者对于平等问题的争论从哲学和政治领域转入社会和经济领域,开始关注人们的收入、财产、受教育机会以及就业机会等方面的平等。学者们争论的焦点问题有:是否应该对社会成员所处的较差的社会境况进行补偿;是否应对社会成员的自然劣势(如天生的残疾、智商低下,等等)进行补偿;在对社会成员进行补偿时是否应考虑造成社会成员较差的经济和社会状况的原因;社会成员是否应对由于自己的选择而造成的劣势负责;等等。对于这一系列问题的回答构成了各派平等主义观点的基本特征。其中,以罗伯特·诺奇克(Robert Nozick)为代表的自由至上主义者,基于对"私有权"的捍卫,反对以任何"再分配"的形式照顾社会中的弱势群体;以罗尔斯和罗纳德·德沃金(Ronald Dworkin)为代表的自由主义左派则主张通过调节社会的分配结构而对社会境况和自然禀赋的不平等安排做出调整;在自由主义左派的阵营中,像德沃金这样强调社会分配应"钝于天赋,敏于志向"的平等主义者被称为"运气均等主义者"(Luck Egalitarian),他们认为,人们虽然不用对自己所处的社会境况和所拥有的自然禀赋负责,但却应该对由于自己的选择而造成的劣势负责。也就是说,如果一个人是因为自己的选择而陷入困窘的生活,那么社会就没有义务为其提供任何援助。

本书的写作将依循西方平等理论发展的三个步骤,从纵向和横向两个维度展现各种平等理论的演进以及彼此之间的争论。在纵向结构上,本书将具体分析平等思想三个发展阶段所提出的不同类型的平等理论:从哲学层面的平等理论——平等存在,到政治层面的平等理论——平等权利,再到社会和经济领域的平等理论——机会平等。在横向结构上,本书将讨论当代平等主义争论中最重要的三个流派以及它们之间的争论:诺奇克所代表的自由至上主义,罗尔斯和德沃金所代表的自由主义左派以及柯亨

---

① [德]伊曼努尔·康德:《道德形而上学原理》,苗力田译,商务印书馆2007年版,第37页。

（G. A. Cohen）所代表的分析马克思主义学派。本书将重点分析西方平等理论发展的第三个阶段的研究成果，亦即当代平等主义研究中的"机会平等"理论。书中将具体讨论三种机会平等理论：前途向才能开放的机会平等、拉平社会境况的机会平等、拉平社会境况和自然禀赋的机会平等，以及与机会平等理论相对的"结果平等"理论，其中最重要的一种结果平等理论是"福利平等"理论。与此同时，对于当代机会平等理论的深入分析也将展现自由至上主义、自由主义左派与分析马克思主义之间的争论。由此，本书将具体分析六种平等理论：平等存在、权利平等、前途向才能开放的机会平等、拉平社会境况的机会平等、拉平社会境况和自然禀赋的机会平等以及福利平等。

在章节安排上，导论部分将系统介绍上述六种平等理论类型的划分，并在此基础上尝试讨论自由与平等之间的关系问题。

本书第一章讨论人们在形而上学意义上的（或者说道德意义上的）平等——"平等存在"。可以说，"平等存在"是任何平等理论的基础，如果不承认人们在道德意义上具有同等价值，那我们就无法为任何领域内的平等进行辩护。希腊化时期的塞涅卡在残酷的奴隶制背景之下，体悟到了人们在存在意义上的平等本质，并为奴隶的平等而呐喊。启蒙时代，伟大的德国哲学家康德对"平等存在"进行了深刻而精致地理论建构，将所有理性存在者当作"目的王国"的合法成员，赋予他们平等的尊严。20世纪70年代以来，康德"将所有人当作目的"的道德律令成为当代平等主义各流派的理论起点，然而，各流派对于这一命题的理解和阐释却不尽相同。本书第一章在讨论塞涅卡的平等思想以及康德目的命题的基础上，还将讨论康德目的命题的当代阐释及相关的争论。

本书的第二章讨论"平等权利"的问题。17、18世纪是西方发生剧烈变动的时代。这种创造新秩序的剧烈变动首先发生在思想领域：霍布斯、洛克和卢梭从古老的自然法中发现了人的"权利"。从此，"权利"一词成为西方现代政治理论的根基和要义。通过"权利理论"的建构，人们获得了在法律限定范围内的平等。生命、财产和追求幸福等基本权利成为每个人平等拥有的、不可侵犯的权利，受到国家和法律的保护。"平等权利"理论的建构是人类消除专制、迈向平等的重要一步。与此同时，思想领域的剧烈变动直接导致了政治领域的革命运动。在这一时期，英国、美国和法国相继发生了旨在确立新的政治秩序的革命运动，而新的政治秩序则是以"合法权力"为基本特征的。"合法权力"，本质是受法律约束的统治权力，这一约束是通过宪法实现的。在英国、美国和法国的革命运动中，宪法的制定成为革命胜利的标志之一。而宪法约束统治权力的依据则是每一个人的基本权利。所以说，"合法权力"就是以保护每个人的基本权利为目的和界限的统治权力。因此，在推翻专制权力、建立"合法权力"的革命斗争当中，人类向政治领域的平等迈进了艰难的一步。本书的第二章将深入分析霍布斯、洛克和卢梭关于自然状态以及自然权利的理论，以展现政治领域的平等理论。

本书第三章将讨论平等权利中的一项特殊权利——"私有权"，这是一项与分配正义息息相关的权利。对于平等的目标来说，"私有权"具有两面性。一方面，"私有权"是平等权利中的一项重要内容，如果人们缺乏这项权利就很难维持在政治领域的平等；另一方面，对于"私有权"的坚持又无时无刻不在拉大人们在社会和经济领域的差距，使得人们在"权利"上的平等失去意义。因此，在西方政治思想史上，既有为"私有权"振臂高呼的学者，也有对其深恶痛绝的思想家。洛克对"私有权"进行了深入地论证，洛克对私有权的建构为当代学者诺奇克所继承，诺奇克在洛克权利论的基础上发展出了其最小国家理论和分配正义的资格理论。另一方面，马克思是致力于批判私有制的革命思想家。马克思认为霍布斯、洛克等自然权利论者所主张的人与人之间权利上的平等是远远不够的。因为，人们在经济上的不平等，使得他们的"平等权利"变得虚幻而没有意义。马克思继承了卢梭的思想，他认为，造成人与人之间不平等的深刻原因是私有制的建立。私有制不仅确立了人们之间财富的不平等，而且为富人对穷人的剥削提供了便利。剥削，作为对于他人劳动成果的无偿占有，是可耻而邪恶的。马克思的消除私有制的思想同样是与一系列革命事件联系在一起的。这些革命区别于17、18世纪发生在西欧和北美的争取"平等权利"的革命，被称作无产阶级革命（前者在对立的意义上被称作资产阶级革命）。在20世纪初期俄国、中国相继发生了旨在推翻资本主义制度的革命运动。在马克思革命思想的指引下，革命的核心是要推翻资产阶级的统治，消除资产阶级对无产阶级的剥削。消除私有制是人类在政治领域迈向平等的又一关键步骤，本书的第二章将深入分析洛克对私有权的论证、马克思对私有制的批评，以及当代学者诺奇克对洛克的发展和对马克思的质疑。

本书第四章以罗尔斯的正义理论为例讨论机会平等理论。20世纪70年代，美国学者罗尔斯出版了《正义论》一书，此书的出版引发了政治哲学界对于分配正义的热烈讨论，也使得人们的平等目标从政治领域转向与分配相关的经济和社会领域。罗尔斯的正义理论将人类社会看作是一个合作冒险体系，并且承认市场经济中的竞争因素。在市场竞争的大背景下，要求所有成员拥有同等的机会以达到较优的竞争结果，这就是机会平等（equality of opportunity）的核心含义。罗尔斯认为，在社会竞争中，那些有助于人们获得较优竞争结果的自然禀赋，以及其出生的社会环境、家庭经济条件等因素都不是"应得"的。因此，罗尔斯试图发展出一种可以补偿人们在社会境况和自然禀赋方面天生弱势的机会平等理论。为此，罗尔斯提出了"反应得理论"的平等目标，以去除人们在社会境况和自然禀赋方面的差异对于人们在分配结果中的影响，并且试图通过差别原则和公平机会的平等原则来实现这一平等目标。本书的第四章将重点分析罗尔斯正义理论中的四个核心部分：合作理论、差别原则、公平机会的平等原则以及优先规则，并且讨论罗尔斯正义理论中两个与平等相关的问题：平等与嫉妒的关系，以及罗尔斯的正义理论到底是"平等主义"还是"优先主义"。

本书第五章以德沃金的平等理论为例讨论机会平等理论。德沃金的平等理论是在继承和批评罗尔斯平等理论的基础上发展起来的：一方面，德沃金继承了罗尔斯"反应得理论"的平等目标；另一方面，德沃金批评罗尔斯的差别原则忽视了个人选择及责任对于分配结构的影响，而公平机会的平等原则又无法对自然禀赋的劣势进行有效的补偿。在此基础上，德沃金通过对"个人"和"环境"进行严格的区分发展出了自己的资源平等理论。这一平等理论的特征可以总结为"钝于天赋，敏于志向"，即资源的分配要体现人们选择的不同，但不能受制于人们在自然禀赋上的差异。在对罗尔斯进行批评的同时，德沃金还对福利平等理论进行了批评，指出其本质是一种结果平等的理论，而远非是机会平等理论。本书第五章将讨论德沃金对罗尔斯的批评与继承以及德沃金的资源平等理论所面对的质疑和挑战。

本书第六章讨论追求结果平等的福利平等理论。福利平等是功利主义道德哲学在分配领域的平等诉求。在功利主义的理解中，每个人的福利都是同等重要的，因此，所谓"平等待人"就是保证人们享有平等的福利。依据"福利"的不同定义，福利平等理论可分为"主观福利平等理论"和"客观福利平等理论"。前者认为，人们所享有的福利与人们的生活态度和价值观念相关，而后者则主张以客观的标准对人们享有的福利进行评价和度量。德沃金对主观福利平等理论进行了细致、深入的批评，理查德·阿内逊（Richard Arneson）在驳斥德沃金的基础上对福利平等理论进行了修正。除了上述内容之外，第六章还将对属于客观福利平等理论的

"收入平等理论"以及阿玛蒂亚·森（Amartya Sen）提出的与客观福利平等理论非常相近的"能力平等理论"进行深入分析。

导论及上述 6 章即为本书的主要内容，结语部分对平等与正义的关系进行了讨论，附录部分是对平等一词的中英文差异的分析。

平等是人类社会自古以来的政治理想，西方近代平等理论经过三百多年的发展，内容丰富而体系繁杂，这本小书只期望能掀开平等的多维世界的一角，为各位读者提供一种考察平等理论之谱系的思路。

# 导　　论

　　平等一直是人类社会追求的重要目标之一。在人类社会发展的不同阶段，追求平等的思想家们发展出各式各样不同的平等理论。一些理论捍卫人们所拥有的平等尊严和人格，一些理论要求政府给予人们平等的关切，一些理论提出要对人们自然禀赋的不足予以补偿，一些理论要求人们在福利水平上保持一致……当代政治哲学家乔万尼·萨托利（Giovanni Sartori）在《民主新论》一书中试图将不同类别的平等理论统一在一个连续的谱系中，笔者深受萨托利给出的平等理论的谱系的启发，并在其基础上发展出自己的平等理论的谱系。[①] 导论的第一部分将对平等理论的谱系进行

---

① 乔万尼·萨托利在《民主新论》一书中给出了下述平等理论谱系（参见《民主新论》，冯克利、阎克文译，上海人民出版社2009年版，第378页），笔者受到了极大的启发，并在此基础上发展本文的平等理论谱系。
　　　平等的类别
　　1. 法律—政治平等
　　2. 社会平等
　　3. 作为平等利用的机会平等
　　4. 作为起点平等的机会平等
　　5. 经济相同性

笔者对萨托利谱系做三点调整：第一，将第二种平等"社会平等"修改为"存在的平等"，并将其调整到第一的位置。如此修正的理由在于：一方面，社会歧视产生的根源在于，在存在的意义上将人们看作是不平等的。正是由于各种各样的偏见，一些人被认为"生而低贱"，才会遭到社会的歧视。亚里士多德在为奴隶制度辩护时就表达了这样的看法："非希腊的野蛮人天生就应该当奴隶"（[古希腊] 亚里士多德《政治学》第1卷，吴寿彭译，商务印书馆2008年版，第五章~第七章）。另一方面，在现实政治的制度层面，对社会歧视的反抗可以归结到"权利平等"和"机会平等"的诉求中去，而不需要单列出反歧视的平等主义制度。例如，为了反抗社会上存在的对女性的歧视，可以对保证权利平等和机会平等的制度进行立法。基于上述两点，我认为不宜将"社会平等"作为一种平等类别单列出来。第二点调整：将第三项和第四项两种机会平等扩充为三项："前途向才能开放的机会平等"、"拉平社会境况的机会平等"和"拉平社会境况和自然禀赋的机会平等"。萨托利列出平等主义的谱系时没有考虑到"拉平社会境况和自然禀赋的机会平等"，而在当代的平等理论讨论中，罗尔斯和德沃金等学者都表达了这一平等诉求，所以应该予以补充。第三点调整：笔者用"福利平等"代替了"经济相同性"，因为"经济相同性"仅仅是福利平等理论中的一种。如果不谈"福利平等"而仅仅讨论"经济相同性"就忽略了其他类型的福利平等理论。

## 2 平等理论的谱系

深入细致的讨论,在导论的第二部分笔者将尝试借助这一谱系讨论平等与自由之间关系的问题。

### 一 平等理论的谱系

平等理论是这样一种政治思想:认为不同的人在本质上是同等重要的,应该被平等对待。① 但是,对于什么是平等对待,在什么方面平等对待,需要考虑人与人之间哪些不同的特征或忽略哪些不同特征以达到平等对待,等等一系列问题,不同的平等理论却给出了不同的答案。为了能在同一坐标之中来比较和探讨不同平等理论各自的特征,笔者列出下述平等理论的谱系:

平等理论的谱系
1. 平等存在
2. 法律—政治平等
3. 前途向才能开放的机会平等
4. 拉平社会境况的机会平等
5. 拉平社会境况和自然禀赋的机会平等
6. 福利平等

谱系中的第一种平等理论——"平等存在"指的是,所有人在存在的意义上具有同等地位。在政治哲学的研究文献中,这种平等被统称作"道德意义上的平等"。这是一种形而上学意义上的平等,也就是说人们并不在任何描述性的意义上具有相同的特征,也并非在尊卑贵贱的规定性意义上具有相同的价值,而是说,人们本质上是同等重要的生命。在西方政治思想史上,肯定人们本质上是平等的存在的思想可以追溯到两个来源。一是,斯多葛学派所主张的"精神上的平等"。例如,古罗马政治家塞涅卡认为一切人在"精神上"都是平等的,即使奴隶在"精神上"也与主人是平等的。因为,奴役只涉及肉体,而人的精神是无法被奴役的。② 二是,基督教中的"平等"思想。基督教认为,所有人都是平等

---

① 参见 Richard J. Ameson, "Egalitarianism", *The Stanford Encyclopedia of Philosophy* (Summer 2013 Edition), Edward N. Zalta (ed.), URL = ⟨http://plato.stanford.edu/archives/sum2013/entries/egalitarianism/⟩。

② [古罗马] 塞涅卡:《幸福而短促的人生——塞涅卡道德书简》,赵又春、张建军译,上海三联书店1989年版,第96页。

的，这一平等在于所有人都是上帝的子嗣，在上帝面前人人平等。在现代政治思想中，自然权利论者继承了"平等存在"的思想，并将其阐述为"自然状态下人人平等"或"人人生而平等"。自然权利论者认为，所有人在自然状态下都是平等的，因此他们在平等的自然状态下签订的契约也必然要保证每个人在国家和社会之中拥有平等的权利，并以此为基础提出法律—政治平等（亦即权利平等）的平等主义主张。康德对"平等存在"的阐释对现代的平等理论产生了极大的影响，并且被当代绝大部分平等主义者当作讨论平等问题的前提。康德认为，所有的人都是目的王国的合法成员，"你的行动，要把你自己人身中的人性，和其他人身中的人性，在任何时候都同样看作是目的，永远不能只看作是手段"①。这就是著名的"把所有人当作目的"的康德的道德命令。基于这一命令，所谓"平等待人"指的就是"把每一个人当作目的而不是手段"。总而言之，"平等存在"的思想构成了其他任何平等理论的基础，也是任何平等主义目标的基础。如果我们在根本上并不承认每个人是平等的生命存在的话，也就不会提出任何"平等待人"的目标。基于上述原因，笔者认为应该将"平等存在"作为平等理论谱系的第一项理论。

谱系中的第二种平等理论——"法律—政治平等"指的是"法律面前人人平等"以及每个人拥有同等的政治权利。萨托利认为这种平等"使每个人都有相同的法律和政治权利，即反抗政治权力的法定权利"②。自启蒙运动以来，自然权利论者所倡导的人人拥有平等的权利的观念逐渐深入人心，已成为现代政治理论的基础，并且得到了现代政治制度的保证。可以说，当代世界大多数国家的政治制度已经将"法律—政治平等"作为一项基本准则。"法律—政治平等"已不再是当代平等主义讨论的重点。

当代的平等主义讨论转而关注人们在权利平等的前提下所受到的不同对待。在市场竞争的大背景下，由于人们的偏好和能力的不同，现代社会必然呈现出阶梯式的结构。社会中人们所处的地位、所拥有的资源，以及各自的生活前景都有优劣好坏之分。出于对所有人基本权利的维护，平等主义者很难要求所有社会成员在竞争结果中保持一致，但却可以要求所有成员拥有同等的机会以达到较优的竞争结果，这就是机会平等（equality

---

① ［德］伊曼努尔·康德：《道德形而上学原理》，苗力田译，上海人民出版社2012年版，第37页。
② ［美］乔万尼·萨托利：《民主新论》，冯克利、阎克文译，上海人民出版社2009年版，第378页。

of opportunity）的核心含义。机会平等理论是当代平等理论中最重要的理论工具。然而，机会平等理论层次极为复杂，各派平等主义者对"机会平等"的解释各不相同，书中将深入讨论三种层次的机会平等理论。

谱系中的第三种平等理论——"前途向才能开放的机会平等"指的是给予具有相同才能的人同等的机会，在分配资源和各种教育与职业的机会时，不考虑人们的出身、种族、裙带关系、经济条件、性别、相貌等与才能无关的因素，这也被称作形式上的机会平等（formal equality of opportunity），这种机会平等的基本特征是"反歧视"，是一种最低限度的机会平等理论。这种关于机会平等的观念在两千多年前的古希腊雅典城邦就已经得到了阐述，伯里克利在其著名的葬礼演讲中论述道："让一个人担任公职优先于他人的时候，所考虑的不是某一个特殊阶级的成员，而是他们有真正才能。"① 然而，在当代的平等主义讨论中，越来越多的理论家逐渐认识到"前途向才能开放的机会平等"还远远达不到"平等待人"的目标。例如，罗尔斯认为，这种最低限度的机会平等理论保证"所有人都至少有同样的合法权利进入所有有利的社会地位。但由于没有做出努力来保证一种平等的或相近的社会条件（除了保持必要的背景制度所需要的之外），资源的最初分配就总是受到自然和社会偶然因素的强烈影响"②。也就是说，这种形式上的机会平等虽然保证每一个拥有相应才能或做出同等功绩的人都有同等的机会，但是却没有考虑到人们获得相应才能或做出同等功绩的能力是受社会境况和自然禀赋等因素影响的，而后者在罗尔斯看来都是道德上任意的因素，是不应得的。所以，为了达到"平等待人"的目标，一个社会的基本制度就应该通过相应的政策消除社会境况和自然禀赋对人们在社会中的竞争结果的影响。

为了说明罗尔斯对"前途向才能开放的机会平等"的批评，我们以全国统一的"高考"为例：为了接受高等教育，所有的高中生都要参加高考（不论其社会境况如何，也不论其自然禀赋高低），大学则通过划出统一的分数线，择优录取。这种录取方式满足了形式上的机会平等，但并没有考虑到因社会境况不同或自然禀赋不同而造成的应试者最终成绩的不同。在这种考试制度中，来自边远山村的学生或者是智商较差的考生就有

---

① ［古希腊］修昔底德：《伯罗奔尼撒战争史》，谢德峰译，商务印书馆2009年版，第147页。
② ［美］约翰·罗尔斯：《正义论》，何怀宏、何包钢、廖申白译，中国社会科学出版社2006年版，第72页。括号中所说的"必要的背景制度"指的是权利平等条件之下的市场竞争。

可能会觉得不公平，因为他们要花费比别人更多的努力以达到理想的考试成绩，或者他们根本就不可能达到某种理想的考试成绩。在这一例子中我们看到，最终影响每个人考试成绩的有三类原因：社会境况、自然禀赋、个人的努力和选择，其中"社会境况"又包括经济条件、家庭环境、出身的社会阶层、种族、性别等等多种社会因素；然而，"前途向才能开放的机会平等"对所有这些因素都没有做出反应，而仅仅是考查相互竞争的人们之间才能的高低。正是出于这一原因，罗尔斯和罗纳德·德沃金（Ronald Dworkin）等自由主义左派的思想家建构了更深层次的机会平等理论。

谱系中的第四种平等理论——"拉平社会境况的机会平等"指的是应通过社会分配的调整确保社会中处于不同社会境况中的人们拥有获得相应才能的同等机会，是一种试图"拉平"每个人的社会境况的平等理想。其中，"社会境况"指的是每个人所处的文化背景、经济状况、社会地位等非自然的因素，这些因素都有可能对人们在社会中所取得的竞争结果造成影响。例如，出生于富裕家庭的子弟与寒门子弟相比就有可能获得更好的早期教育，而最终在社会竞争中取得较优的结果。罗尔斯在《正义论》中所阐述"公平机会的平等"集中体现了"拉平社会境况的机会平等"理想。"公平机会的平等"原则是罗尔斯第二条正义原则中的第二部分，其含义是："在社会的所有部分，对每个具有相似动机和禀赋的人来说，都应当有大致平等的教育和成就前景。那些具有同样能力和志向的人的期望，不应当受到他们的社会出身的影响。"①

我们再回到"高考"的例子，按照"拉平社会境况的机会平等"的理想，在划定统一的分数线时，还应考虑经济落后、教育资源匮乏地区的具体情况，并制定相应的"优待"政策或"补贴"措施。例如：降低贫困地区的录取分数线，增加录取人数，或者对这些地区的教育事业进行财政补贴，等等。总之，"拉平社会境况的机会平等"消除了影响人们在社会竞争中所处位置的三个因素——社会境况、自然禀赋、个人努力与选择中的第一个因素，其目的是让社会背景不同的人们能够站在同一起跑线上，凭着自己的自然才能通过个人的努力和选择而参与竞争。②

---

① ［美］约翰·罗尔斯：《正义论》，何怀宏、何包钢、廖申白译，中国社会科学出版社2006年版，第73页。
② 萨托利认为，这种平等"使每个人从一开始就有足够的权力（物质条件）以便得到相同的能力而与所有其他人并驾齐驱"。（参见［美］乔万尼·萨托利《民主新论》，冯克利、阎克文译，上海人民出版社2009年版，第379页。）

当然，人们自出生之日起，其社会境况的许多方面就已经确定，例如家庭的经济状况、文化背景、社会地位等等，不可能人为地改变这些社会现实以"拉平"每个人的社会境况。因此，所谓的"拉平"社会境况，只能以某种"优待"或"补贴"的方式帮助那些处于较差社会境况中的人们，以使他们获得与他人平等的起点。然而"优待"与"补贴"需要使用资源，这就意味着在这一过程中一些人的社会境况会变坏。基于这一点，"拉平社会境况的机会平等"理论受到了罗伯特·诺奇克（Robert Nozick）等坚持资格理论的学者的批评。诺奇克认为，如果说人们对于机会平等有一种"权利"，那么"这些'权利'需要事物、物资和行为作为其基础，而别人可能对它们拥有权利和资格。任何人对这样的东西都不拥有权利，即它的实现需要利用别人已经对之拥有权利和资格的事物和行为。"[1] 简言之，坚持资格理论的学者认为，国家或政府采取"再分配"的手段以"拉平"人们的社会境况，必然会侵犯某些人对属于自己的资源的权利和资格，会对人们所拥有的平等权利和自由造成威胁。正是从这里开始，自由与平等之间产生了最初的矛盾。

谱系中的第五种平等理论——"拉平社会境况与自然禀赋的机会平等"是程度最深的机会平等理论。这一理论认为，人们在社会竞争中的最终结果，不仅不应该受到每个人所处的社会境况的影响，同时也不应该受其自然天赋的影响。[2] 坚持这一平等理想的学者被称为运气均等主义者（luck egalitarians）[3]，他们的基本观点是：一个人在社会竞争中的结果受到大自然赋予每个人的运气的影响（如：每个人的天赋和能力），一种正义的社会制度必须以某种方式补偿那些运气不好的社会成员，例如：残疾人、天生愚钝的人，等等。德沃金的资源平等理论对"拉平社会境况与自然禀赋的机会平等"进行了细致、深入的探讨。德沃金设想通过假想

---

[1] Robert Nozick, *Anarchy, Sate and Utopia*, Blackwell, 1974, p. 238. 中文翻译参见［美］罗伯特·诺奇克《无政府、国家和乌托邦》，姚大志译，中国社会科学出版社2008年版，第286页。

[2] 罗尔斯在《正义论》中表达了这一看法，但他所论述的"公平机会的平等"原则并没有消除人们的自然禀赋对竞争结果的影响。这一目的多半是通过差别原则而间接达到的。

[3] 运气均等主义这个术语是由伊丽莎白·安德森（Elizabeth S. Anderson）首先提出来的，根据安德森的归纳，运气均等主义学者主要包括理查德·阿内逊（Richard Arneson）、G. A. 柯亨（G. A. Cohen）、罗纳德·德沃金（Ronald Dworkin）、托马斯·内格尔（Thomas Nagel）、埃里克·拉克斯基（Eri Rakowski）、约翰·罗默（John E. Roemer）以及菲利普·范·帕里斯（Philippe Van Parijs）等人。参见 Elizabeth S. Anderson, "What is the Point of Equality?" *Ethics*, Vol. 109, No. 2, 1999。

的拍卖和虚拟保险的方式力图保证人们在进入竞争之前（德沃金称为市场）拥有平等的资源。这些资源包括每个人的社会境况和自然禀赋，但却不包括一个人的嗜好、抱负和个性。在德沃金看来，嗜好、抱负和个性是每个人应为其负责的部分，不应让社会、国家或者他周围的人们为其埋单。德沃金认为，应该"对人和他的环境加以区分，把他的嗜好和抱负归于他个人，把他的生理和智力能力归于他的环境……即他在形成自己的抱负时意识到他给别人造成的成本。"[①] 在运气均等主义的讨论中，德沃金第一次对无情的运气和选择的运气进行了区分，这两种运气之间的根本区别在于，选择的运气是可以经过概率计算而预测的，就像是一种赌博，而无情的运气则是不可预测的。德沃金以患癌症为例，如果一个人大量吸烟而患上了癌症，那这就像是一场倒霉的赌博（他本可以选择不吸烟，而不进行这场赌博）。但是，如果此人并没有不良的生活习惯，也不知道什么原因而患上了癌症，则是交了无情的厄运。无情的运气（brute luck）和选择的运气（option luck）的区分实际上是凸显了"人"和"环境"的区分，"选择的运气"是可以预计的，应该由个人去负责。例如：一个年轻人选择当画家，他有可能一举成名也有可能终生穷困潦倒，这就像是一场赌博，而他自己则必须为这一选择负责。如果他失败的话，他周围的人们并没有责任去补助他穷困潦倒的生活。另一方面，"无情的运气"则是无法预计的，就像有些人出生即为残疾，这不是源自他自己的选择，他周围的人们有义务去补助他所遭受的不幸。

再回到高考的例子中，"拉平社会境况和自然禀赋的机会平等"要求排除社会境况和自然禀赋这两个因素对于考试结果的影响。在现实制度层面，这一平等理想要求在实施统一的高考制度的同时，不仅要对那些经济条件较差和教育水平较低的考生进行补助或优待，还要对天赋较差或天生残疾的考生进行优待（例如：提供特殊的教育服务）。值得注意的是，"拉平社会境况和自然禀赋的机会平等"的平等理想并没有排除造成考试成绩差异的第三个因素——个人的努力和选择。在德沃金的资源平等理论中，基于"无情的运气"和"选择的运气"的区分，"拉平社会境况和自然禀赋的机会平等"仍然为人们通过自己的努力和选择改变自己在社会中所处的位置保留了可能。在排除了社会境况和自然禀赋两个因素之后，

---

① Ronald Dworkin, *Sovereign Virtue*, Harvard University Press, 2002, pp. 81-82. 中文翻译参见［美］罗纳德·德沃金《至上的美德》，冯克利译，江苏人民出版社2007年版，第78页。

考生们的考试成绩仍然可能不同,而这一不同仅仅受到每位考生个人努力和选择的影响。如果我们更进一步,将造成考试结果差异的"个人努力和选择"的因素也排除掉,就将得到平等理论谱系中的第六种平等理想——福利平等。

福利平等的理想要求在人们中间分配或转移资源,直到再也无法使他们在福利方面更平等。这一平等主义理想依据"福利"概念的不同含义可大致分为"主观"和"客观"两大类,其中主观的福利平等理论又可分为"福利即成功理论"(success theory of welfare)和"感觉状态理论"(conscious-state theories)两类。[①]"福利即成功理论"认为,所谓福利指的是某人在实现其偏好、目标和抱负上的成功。由此,基于"福利即成功"的福利平等就是要达到人们在实现偏好、目标和抱负上的平等。以高考的例子来说,在高考中每个人的目标都是考试的成功,如果我们通过资源的转移和分配使得每个人都进行了一次自认为成功的考试,那么,我们就实现了福利平等的目标。也就是说,也许每个人的高考成绩并不一样,但每个人都认为自己取得了成功。当然,人们所生活的世界并不是只有高考这一场竞赛,但是,不论有多少不同的竞赛和场合,也不论人们的偏好和目标如何千差万别,基于"福利即成功"的福利平等理论都要求人们在成功方面取得一致,要求人们在竞争的"结果"上保持一致(即便是一种主观的结果)。通过调整社会整体的分配以保证每个人所达到的结果的一致,这样的制度必然会忽视"个人努力和选择"在结果中所起的作用,没有为"个人努力和选择"留下应有的空间。同时,个人也不再需要为自己的嗜好、抱负和个性负责。在制订个人生活计划时,也不必考虑对他人造成的成本和影响。正如德沃金所批评的那样,在这样的制度下人们会毫无顾忌地培养自己的奢侈嗜好,而那些拥有奢侈嗜好的人会得到更多。[②]

另一方面,"感觉状态理论"将福利理解为人们在生活中的各种感受。边沁等早期的功利主义者将"快乐和避免痛苦"当作是福利,但这样的理解过于狭隘,无法涵盖人类所能经历的各种复杂感受。德沃金在讨论"感觉状态理论"时用"享受"和"不满足"来概括所有支持福利平等者所涉及的称心和不称心的感觉状态或情绪。由此,福利平等的理想就

---

[①] 关于福利平等的讨论可参见[美]罗纳德·德沃金《至上的美德》,冯克利译,江苏人民出版社2007年版,第一章。

[②] 参见[美]罗纳德·德沃金《至上的美德》,冯克利译,江苏人民出版社2007年版,第54页。

是要追求人们在"享受"和"不满足"方面的平等。类似于"福利即成功"的福利平等理论,"感觉状态理论"同样追求一种主观结果的平等,因此同样没有考虑到"个人努力和个人选择"对于人们在社会竞争中所处的位置的影响,没有给"个人"留下应有的空间。

客观的福利平等理论依据"福利"的含义不同存在着不同的解释。如果我们以财富来定义福利,那么福利平等的理想就等同于"经济相同性"。萨托利在其给出的平等理论谱系中讨论了"经济相同性"的平等理想。萨托利认为,有两种办法可以达到经济相同的平等理想:要么平均分配所有的财富,要么使所有财富国有化。然而,这两个目标既不可欲,也实现不了。平均分配所有的财富必然会抹杀人们的主观能动性和人们进行创造和劳作的积极性,大大降低一个社会的效率;而使所有财富国有化则会遭遇"公地悲剧"①,使资源遭到无情的掠夺。总之,客观的福利平等理论要求的是人们在社会竞争中所获客观结果完全一致,这类似于罗尔斯所说的要求对所有基本善进行平均分配的平等主义,而这种平等主义无疑产生于人们的嫉妒之心。② 因此,追求一个满足"经济相同性"的社会,不应该成为平等社会的最终目标。

总之,上述六种平等理论概括了西方近代思想史上各种重要的平等主张,构成了一个连续的平等理论的谱系。其中,第一种平等理论——"存在的平等"肯定了人们是平等的生命存在,是其他所有平等理论的基础。第二种平等理论——"法律—政治的平等",保证了人们拥有平等的权利,构成了现代政治制度的基础。第三种、第四种、第五种和第六种平等理论规定的是人们对于各种资源和机会的合法占有,与社会分配的基本制度息息相关。这四种平等理论对应于人们在社会竞争中从起点到终点的顺序,程度逐渐加深,直至最终达到完全的"经济相同性"。其中,第三种平等理论——"前途向才能开放的机会平等"以平等权利为人们公平竞争的起点;第四种平等理论——"拉平社会境况的机会平等"以平等权利和大致相同的社会境况为公平竞争的起点(如社会境况有差别则应对社会境况较差者进行相应的补偿);第五种平等理论——"拉平社会境

---

① "公地悲剧"指的是,由于所有人共有资源,所以对于每一个人来说,尽量多地掠夺资源就是理性的选择,并且没有人会为了公共的利益去保护资源,其结果必然使得人们所共有的资源过早地消耗殆尽。
② 罗尔斯在《正义论》中论述道:"可以令人信服地证明,严格的平等主义,即坚持对所有的基本善的平等分配的学说,是产生于嫉妒。"([美]约翰·罗尔斯:《正义论》,何怀宏、何包钢、廖申白译,中国社会科学出版社2006年版,第541页。)

况和自然禀赋的机会平等"以平等权利、大致相同的社会境况和相似的自然禀赋为公平竞争的起点（如社会境况或自然禀赋有差别则应对较差者进行相应的补偿）；而第六种平等理论则直接规定竞争结果的一致（包括主观结果的一致和客观结果的一致）。在所有六种平等理论中，第四种、第五种和第六种平等理论要求"再分配"。在厘清了各种平等理论之间的关系之后，下面将尝试讨论平等与自由之间的关系问题。

## 二 平等与自由是否矛盾？

平等与自由是现代政治学中两个核心概念，也是评判现代政治制度之优劣的两个重要价值标准。然而，这两个重要的政治理念之间是什么关系，到底是相互协调，还是相互矛盾，始终是众说纷纭。平等与自由的关系之所以错综复杂，其根本原因在于平等与自由这两个概念本身就是相当复杂的两个概念。在西方政治思想史上，每一位对平等或是自由有所论述的政治思想家都有着自己独特的理解。下面我将以概念的澄清为切入点，简要讨论两种自由概念，并结合上述平等理论的谱系，分析平等与自由的关系。

在本文对自由与平等之关系的讨论中，自由概念将采用以赛亚·伯林（Isaiah Berlin）对"两种自由概念"进行的区分。① 伯林将自由概念分为消极自由概念和积极自由概念。其中，消极自由是"不受他人干涉地行动的区域"②。这一自由概念强调在私人生活范围内免受他人、政府或国家的干涉，并划定"私人领域"和"公共领域"之间的界限。自然权利论者托马斯·霍布斯（Thomas Hobbes）最先提出消极自由的概念，并用它来定义权利概念。③ 在自由主义的政治思想中，消极自由一直是主流的对于自由的理解，尤其是在伯林区分了两种自由概念之后，人们更加明确

---

① 伯林提出了"两种自由概念"的区分之后，学术界提出了许多批评。例如：麦科勒姆在《一种自由概念》一文中指出伯林所说的消极自由与积极自由其实是同一个自由概念的两个省略形式（Gerald, C. MacCallum, "Negative and Positive Freedom", *Philosophical Review*, Vol. 76, 1976, pp. 312－334）。还有，以菲利普·佩迪特（Philip Petite）为代表的共和主义者提出在消极自由和积极自由之间还可以建构第三种自由概念——共和主义的自由概念；甚至还有学者提出了五种自由概念，等等。但是，伯林提出的两种自由概念论仍然是现代政治思想中影响最为深远、为大多数学者所接受的区分。因此，在本书的讨论中，我将采用这一区分。
② Isaiah Berlin, *Two Concepts of Liberty*, Oxford: Clarendon Press, 1958, p. 7.
③ 参见［英］托马斯·霍布斯（Thomas Hobbes）《利维坦》，黎思复、黎廷弼译，杨昌裕校，商务印书馆1997年版，第97页。

了自由主义的自由概念就是"非干涉"的自由概念。

与之相对，积极自由的概念更加古老而复杂，在西方政治思想史中我们至少可以找到三条线索：第一，"自由即分享主权"，这一含义与贡斯当在《古代人的自由与现代人的自由》中所阐述的"古代人的自由"相一致。① 正如贡斯当所说，在古希腊城邦中，自由就是每个人平等地参与民主政治和分享统治权力。这一自由概念后来被共和主义者所吸收，是当代共和主义自由概念最初的雏形。第二，"自由即自主（self-mastery）"，这一自由概念来自于斯多葛学派所说的"精神自由"，强调个人按照自己所确立的理性目标生活，不受非理性的情感和欲望的驱使。这一自由概念的基础是对"自我"的划分，亦即将自我划分成"理性的"部分和"非理性的"部分，而自由则是"理性的部分"对于"非理性的部分"的控制。对于这一自由概念还有自我实现（self-realization）、自我控制（self-control）、做自己真正想做的事等类似表述。第三，"自由即服从权威"，这一自由理论是在第二种积极自由概念的基础上，将自我中"理性"的部分外化为一个外在的权威，并要求人们对其绝对服从。对这一自由概念最为著名的论述即是卢梭所说的"强迫他人自由"。卢梭在《社会契约论》中阐述道："任何人不服从公意的，全体就要迫使他服从公意。恰好就是说，人们要迫使他自由。"② 在卢梭的政治理论中，这一外在的理性权威就是"公意"。③ 在本文的讨论中，我将采纳积极自由的第二种概念，并依据查尔斯·泰勒（Charles Taylor）的意见将积极自由理解为"自我实现（self-realization）"。查尔斯·泰勒在《消极自由有什么错？》一文中将积极自由阐述为一种"实践概念"，认为自由不在于不受干涉地做任何事情，而在于做那些自己真正想做的事情，在于最大限度地实现自我。④

在厘清了消极自由和积极自由概念的区分之后，我们先来看看消极自由概念是否会和平等主义的各种诉求产生矛盾。如上所述，消极自由致力于在"私人领域"和"公共领域"之间划分界限，主张每个人在"私人领域"中不受干涉，而这种"非干涉"的自由从一开始提出就是每个人

---

① Benjamin Constant. "*The Liberty of the Ancients Compared With That of the Moderns*" [1819] in *Political Writings*, Cambridge: Cambridge University Press, 1988, pp. 309–328.

② [法] 让·雅克·卢梭（Jean Jacques Rousseau）：《社会契约论》，何兆武译，商务印书馆 2005 年版，第 24 页。

③ 对积极自由的三种概念的讨论可参见拙作《积极自由的悖论》，商务印书馆 2011 年版第二章"两种自由概念"。

④ Charles Taylor, "*What's Wrong with Negative Liberty*" in *Liberty*, edited by David Miller, Oxford University Press, 1991, p.187.

平等拥有的。在现代政治思想中，消极自由概念和权利概念都始自霍布斯，霍布斯用消极自由概念来定义权利概念，而权利概念又天然地和平等概念联系在一起，构成人们在法律—政治领域的平等。也许我们可以从社会契约论的论证结构当中去探寻平等与自由之间的这种天然的联系。根据社会契约论，在国家之中人们为什么要服从主权者、遵守法律，是因为主权者产生于每个人自愿订立的契约，每个人自愿向其代理人授权。所以，人们要遵守诺言就必须服从主权者以及体现其意志的法律。然而，这一论证必须在一个重要的前提下：订立契约时人们必须是自由而平等的。如果没有这一前提，人们所订立的契约就是一项"不平等条约"，或者并非出于自愿。所以，自由与平等，只要缺少其中之一人们就没有理由受到这一契约的约束。由此看来，为了论证国家的合法性，社会契约论者必须假定在自然状态下，人们是平等而自由的。也正是出于这一原因，在社会契约论者最初提出权利论的国家学说时，总是将自由和平等联系在一起，自由和平等之间并不存在冲突。综合以上论述，在平等理论的谱系中，消极自由概念与第一种平等"平等存在"和第二种平等"法律—政治的平等"之间并不存在矛盾，它们甚至是一致的。正是因为，人，作为理性的存在，拥有自由和尊严，所以一切人都是平等的生命存在；而作为平等的存在，每个人就应该拥有平等的权利，亦即拥有平等的"不受干涉"的自由。正是基于这一理解，罗尔斯将其正义理论中的第一条原则称作"平等的自由"原则："每个人对与其他人所拥有的最广泛的基本自由体系相容的类似自由体系都应有一种平等的权利。"① 这一原则所规定的就是每个人平等拥有的基本自由。

消极自由与第三种平等——"前途向才能开放的机会平等"之间也不存在矛盾，因为这一机会平等的诉求并不要求在穷人与富人之间进行再分配，并不会触及人们的一项重要权利——财产权。但是，第四种、第五种和第六种平等主义诉求都需要通过"再分配"的手段以达到"平等"的目的，剥夺强势者的资源以补助弱势者，这就会触及财产权这项基本权利，也就会与消极自由发生矛盾。正是基于这一原因，那些坚持自由至上的理论家，如哈耶克、诺奇克，才会强烈反对为了达到平等的目的而侵犯人们的自由。

再来看看积极自由理论与平等主义诉求之间的关系。如果我们将积极

---

① [美]约翰·罗尔斯：《正义论》，何怀宏、何包钢、廖申白译，中国社会科学出版社2006年版，第60—61页。

自由理解为"自我实现",首先,这种自由不会与第一种平等——"平等存在"发生矛盾。因为"自我实现"的理想必然肯定每一个人都要"自我实现",而不仅仅是我一个人要"自我实现"。第二,"自我实现"的自由也不会排斥"法律—政治的平等",因为对于"自我实现"来说,权利就是一种"基本善"①,如果人们的基本权利得不到保障的话,是无从达到"自我实现"的。当然,如果我们采用积极自由的第三个概念"自由即服从权威",那么自由就很有可能与"法律—政治的平等"产生矛盾。因为,"绝对服从权威"的要求可能会通过"强迫"来实现,如此一来,自由的要求就会侵犯人们的基本权利,就必然会破坏人们在"法律—政治"领域的平等。正是基于这一点,伯林对积极自由理论进行了深刻的批评。第三,"自我实现"的积极自由也不会与"前途向才能开放的机会平等"产生矛盾,因为,前途向才能开放、保证最低限度的公平,也正是"自我实现"的一项基本保证,有助于我能够做我真正想做的事情。第四,"自我实现"的积极自由也不会与"拉平社会境况的机会平等""拉平社会境况和自然禀赋的机会平等"产生矛盾,因为这些"优待"政策正好可以排除"自我实现"过程中不利的外界因素,更加有助于每个人的"自我实现"。但是,"自我实现"的积极自由却会与任何意义上的"福利平等"产生矛盾。因为,客观和主观的"福利平等"理论都有一个共同的特征,就是对于"人"和他的"环境"不进行区分,忽视"个人的努力和选择"在每个人的竞争结果中所起的作用。而"自我实现"的积极自由理论恰恰是一种强调"自我选择"之重要性的自由理论。"自我实现"的积极自由理论强调:自由在于做那些自己真正想做的事而不受非理性的欲望和情感的影响。因此,如果有一种分配政策"纵容"了我那些"非理性"的欲望,并且取消了我为自己的选择、性情和生活计划负责的资格,那这种平等主义的诉求就必然和"自我实现"的自由理论相矛盾。正如德沃金所说,个人的嗜好、个性和抱负是自己经过思考之后的选择,每个人都应该为自己的选择负责,而不是让他周围的人去帮忙买单。我将成为一个什么样的人,我将拥有什么样的爱好、兴趣和生活计划,这些都事关我的自由的实现。如果一种社会制度忽略了我对我自己的责任,那么这种社会制度就必然扼杀了我的自由。即便"福利即成功"

---

① 这里借用罗尔斯的术语"基本善",罗尔斯将"基本善(primary good)"定义为:不论一个人的合理生活计划是什么都对其有用的东西。(参见[美]约翰·罗尔斯《正义论》,何怀宏、何包钢、廖申白译,中国社会科学出版社2006年版,第62页。)

的福利平等理想要求的是所有人都达到"自我实现",这一平等主义诉求也与"自我实现"的自由理论相矛盾,因为是前者通过调节社会分配以达到所有人的"自我实现",而后者则要求每个人凭借个人的努力和选择以达到"自我实现"。因此,纯粹追求结果平等的"福利平等"理论必然会与"自我实现"的积极自由理论相矛盾。

综上所述,在平等与自由的关系中,"非干涉"的消极自由理论与第一种、第二种和第三种平等主义诉求相一致,与要求"再分配"的第四种、第五种和第六种平等主义诉求相矛盾;"自由即服从权威"的积极自由理论与第二种平等主义诉求相矛盾;"自由即自我实现"的积极自由理论与第六种平等主义诉求相矛盾。

# 第一章　平等存在①

卑贱者与高贵者的生命是等价的吗？那些终日操劳却仍然食不果腹的劳作者与高高在上头戴王冠、有几十人围绕在身边供其呼来唤去的人拥有同等的尊严吗？身为一家之主的男人可以对委身于他的女人为所欲为吗？不同种族、不同肤色、持不同宗教信仰的人们都拥有平等的尊严吗？快乐的人与悲伤的人，他们的生命存在是同等重要的吗？……面对形形色色的生命存在、面对高低贵贱的不同身份和地位，我们不禁要问，人与人之间平等的基础到底在哪里？追求平等的思想家们试图解答这个问题。他们希望能超越充满着差异的现象世界，为平等的理想找到形而上的根基，而答案就是：作为生命存在，每个人都是平等的。

## 第一节　"平等存在"的思想渊源

> 你称之为奴隶的人，追本溯源，他和你是来自同一祖先的，也和你居于同一晴空之下，和你同样呼吸，同样生活，同样死亡。②
> ——塞涅卡《幸福而短促的人生——塞涅卡道德书简》

西方近代以来的政治理论在"人人生而平等"的根基上枝繁叶茂、开花结果，然而这样的观念对于古人来说并不是不言自明的。在西方政治思想发生发展的源头，在古希腊的城邦之中，具有希腊血统的成年男性拥

---

① 我这里所说的"平等存在"在西方当代的平等理论文献中通常被称作"道德意义上的平等"，但我认为，用"平等存在"更能凸显出其形而上学的意义。亦即，这里所说的平等并不是现象世界中人与人之间任何特征上的等同，这种平等是无法通过经验手段度量和检测的，是人与人之间根本意义上的平等。
② ［古罗马］塞涅卡：《幸福而短促的人生——塞涅卡道德书简》，赵又春、张建军译，上海三联书店1989年版，第93页。

有足够的闲暇和参与统治的特权，他们战时为国家英勇征战，而和平时期则聚在一起讨论国家大事，轮流担任公职。然而，这一被无数后人所称颂和向往的民主却不是所有人的民主。外邦人、妇女还有那些失去了自由的奴隶和战争俘虏，虽然为古希腊城邦的繁荣和强盛作出了不可忽视的巨大贡献，却被排除在"公民"的范围之外。然而在某种意义上说，正是这些默默无闻的劳动者奠定了城邦的繁荣，并使得"公民们"有闲暇和时间去讨论和安排城邦事务。

亚里士多德认为，有些人天生就是统治者，而有些人天生就是奴隶。这也许是当时人们（至少是一部分人）的基本看法。人们并不认为不同人的生命具有同等重要的价值。"平等存在"的思想虽然也曾有所表达①，但却还没有深入人心。亚里士多德的老师柏拉图以更形象的方式表达了"人人生而不平等"的论断。柏拉图在《理想国》这篇对话录中系统阐释了自己的正义理论。他认为，当平民、护卫和统治者这三种人在国家里各做各的事而不去期冀那些本不该属于自己的东西时，国家成为正义的国家了。② 但是，人们会自愿接受这样的安排吗？要是人们有"非分之想"，非要改变自己的"命运"，那怎么办呢？例如一个处于社会底层的平民想要提升自己，进入较高的阶层，甚至想成为统治者，那国家岂不要大乱了？为了让人们心甘情愿地接受城邦中等级制式的社会分工，各司其职、各得其所，柏拉图借苏格拉底之口讲述了这样一个"高贵的谎言"：

> 我们在故事里要告诉他们：他们虽然一土所生，彼此都是兄弟，但是神③铸造他们的时候，在有些人的身上加入了黄金，这些人因而是最可宝贵的，是统治者。在辅助者（军人）的身上加入了白银。在农民以及其他技工身上加入了铁和铜。但是又由于同属一类，虽则父子天赋相承，有时不免金父生银子，银父生金子，错综变化，不一而足。所以神给统治者的命令最重要的就是要他们做后代的好护卫

---

① 参见《伯里克利的葬礼演讲》中的论述："在解决私人争端的时候，所有人在法律面前都是平等的；在公共生活中，对担任公职的人，考虑的是他的才能，而不是他的社会地位和所属的阶级。"Thucydides, *History of the Peloponnesian War*, translated by Rex Wainer, edited by M. I. Finley, Penguin Books, 1974, Book Ⅱ.
② ［古希腊］柏拉图：《理想国》，郭斌和、张竹明译，商务印书馆2009年版，第156页。
③ 中文版译文将"神"译为"老天"，但根据希腊原文此处应翻译成"神"。亦可参考英文译本，此处皆译为"god"。（参见 Plato, *Republic*, translated from the New Stardard Greek Text, with Introduction, by C. D. C. Reeve, Hackett Publishing Company, Inc., p. 100）在下文的讨论中，此翻译极为重要。

者，要他们极端注意在后代灵魂深处所混合的究竟是哪一种金属。如果他们的孩子心灵里混入了一些废铜烂铁，他们绝不能稍存姑息，应当把他们放到恰如其分的位置上去，安置于农民工人之间；如果农民工人的后辈中间发现其天赋中有金有银者，他们就要重视他，把他提升到护卫者或辅助者中间去。须知，神谕曾经说过"铜铁当道，国破家亡"，你看你有没有办法使他们相信这个荒唐的故事？①

上述这段引文因其在正义理论中堂而皇之地将"谎言"作为实现正义的手段而吸引了众多研究者的目光，学者们阐发了赞同与反对等各种不同的看法。这其中最著名的赞同者是列奥·施特劳斯（Leo Strauss），而最著名的反对者则是卡尔·波普尔（Carl Popper）。

施特劳斯是将柏拉图奉作神明的政治思想家，他终其一身所做的工作就是站在古典政治哲学的立场上来批判现代政治思想，批判现代性。他在《城邦与人》一书中对柏拉图的正义理论做了细致入微的分析。具体到"高贵的谎言"，施特劳斯认为柏拉图在这一谎言中表达了两层含义：第一，谎言的前一部分——"他们都是一土所生，彼此都是兄弟"——肯定了城邦中的所有人都是大地的子孙（这里的大地指的是特定的城邦的土地），以此来模糊人与人之间因自然和习俗而形成的种种差别。第二，谎言的第二部分则表达了相反的意思，指明人与人之间存在着根本的不平等，而这种不平等来自于神。一些人被神选中做统治者，而另一些人被选中做臣民。神并非任意做出这些决定，而是依据人们的自然差异做出的选择。② 而作为统治者，则要按照神明的意思，小心辨别出子孙后代身上所混入的是哪一种金属（也即是拥有什么样的自然特质），而使其处在城邦中适合的位置，做适合自己的事情。

施特劳斯认为，谎言的第二部分是至关重要的，在这一部分中神认可了人们之间的自然差异，并在此基础上确立了城邦之中人与人之间的不平等。用施特劳斯的话来说："对自然遗传的神圣认可，为士兵们服从统治者并全心全意地服务于城邦提供了必需的动机。"③ 也就是说，如果没有第二个步骤神对人们自然差异的确认，那么城邦中的平民就有可能不安于自己的地位，士兵也有可能不服从，城邦中三个阶层的分工也就不可能实

---

① ［古希腊］柏拉图：《理想国》，郭斌和、张竹明译，商务印书馆2009年版，第127—128页。
② Leo Strauss, *The City and Men*, University of Chicago Press, pp. 102 – 103.
③ Ibid., p. 103.

现。施特劳斯认为，城邦正义的实现是以谎言为基础的，"没有根本性的假话，好的城邦是不可能的；它无法基于真理和自然而存在"①。可以说，苏格拉底所引入的"高贵的谎言"正是城邦实现正义的必要条件。另一方面，如何看待不平等，施特劳斯认为："既然神是一切好的事物的来源，那么不平等看起来就是一件好事了。"② 从这里我们看到，在施特劳斯的阐释中，柏拉图的正义观念与不平等之间不仅没有矛盾之处，甚至是完全一致的。城邦的正义正是建立在对人们的自然差异的确认之上，城邦中的人们被分成三六九等，这正是对人们自然差异的确认，而且是神圣的确认。经过这种神圣的确认，人与人之间的自然差异便演化成一种根深蒂固的不平等，一种出生之前就已被确定的不平等。这种不平等在时间上和逻辑上都先于个体的存在，是一种本质的不平等。

与施特劳斯针锋相对，波普尔对柏拉图所述的"高贵的谎言"进行了言辞犀利的批判。在《开放社会及其敌人》一书中，波普尔将柏拉图所构建的正义城邦斥为一种严格的等级制的社会，认为柏拉图拒绝人类社会的任何变化，"用保持严格的阶级差别和阶级统治的方法，来遏制一切变化"③。而"高贵的谎言"则是试图阻止任何变化的"种族主义"的主张。波普尔认为，在"高贵的谎言"中，柏拉图虽然肯定当孩子生下来，有可能混入其父母并不具备的金属，此时就应根据他们自身所具有的金属而安排他们合适的位置。但是，这一主张在柏拉图后面的论述中被推翻了。波普尔引证柏拉图在后文的论述："铁和银、铜和金一旦混合起来，将产生变种和荒唐的不一致（的事物）；只要哪里有变种和不一致，就在那里引起战争和仇恨。不论冲突发生在何地，我们必须认为这就是血统和出身的冲突。"④ 波普尔认为，按照柏拉图的说法，"低贱金属的任何混合种都必须从高等阶级当中排除出去……任何生来低贱的都不能提升上来"⑤。在波普尔看来，这是一种类似于纳粹的极端种族主义思想，其目的是为严格的等级制和极权主义辩护。

综合以上两方面的论述我们看到，不论是赞同柏拉图的思想家还是批

---

① Leo Strauss, *The City and Men*, University of Chicago Press, p. 102.
② Ibid., p. 103.
③ ［英］卡尔·波普尔：《开放社会及其敌人》，陆衡等译，中国社会科学出版社 1999 年版，第 176 页。
④ 同上书，第 260 页；［古希腊］柏拉图：《理想国》，郭斌和、张竹明译，商务印书馆 2009 年版，第 316 页。
⑤ ［英］卡尔·波普尔：《开放社会及其敌人》，陆衡等译，中国社会科学出版社 1999 年版，第 260 页。

判柏拉图的思想家都共同认为，柏拉图"高贵的谎言"表达了一种"人人生而不平等"的思想。尤其是从施特劳斯的分析中我们看到，通过神对人们自然的不平等的确认，人与人之间的不平等有了神圣的来源，并由此而变得合理而正当。与现代人所理解的平等和正义的关系相反，柏拉图的正义理论是建立在"不平等"而非"平等"的基础上，正如波普尔所说，"平等主义是他的头号敌人，他将倾力摧毁它，毫无疑问就他的真实信仰看，平等主义是最大的邪恶，最大的危险，但他对平等主义的攻击并不足信。柏拉图不敢公开地直面这位敌人"①。

人们对"人人生而不平等"的看法是随着斯多葛学派的兴起和盛行而转变的。在斯多葛学派中，对存在意义上的平等进行过深刻论述的代表人物是罗马帝国时代的塞涅卡。吕齐乌斯·安涅·塞涅卡（Lucius Annaeus Seneca 约公元前4年至公元65年）出生在罗马帝国的行省科尔多巴城（即今天西班牙的科尔多瓦城）。塞涅卡早年跟随其父亲学习修辞、演说、辩论以及财政金融方面的知识，成年后很快进入政界，如鱼得水、平步青云，还曾受命担任少年尼禄的家庭教师。但因尼禄在继承皇位以后恣意妄为、无法无天，塞涅卡也就日益失宠、受到排挤。塞涅卡在公元62年隐退，潜心著述，但仍然在公元65年被尼禄处死。

塞涅卡一生著述颇丰，现存哲学著作有12篇关于道德的谈话和论文，124篇《道德书简》和《自然问题》，另有9部悲剧等文学作品。塞涅卡是罗马晚期斯多葛学派三大思想家中影响最大的一位，他的学说和思想对其后的宗教时代产生了极大的影响。《圣经·新约》中的许多论述直接来源于塞涅卡的著述。然而很有意思的是，在13—14世纪，当人们即将走出神圣的黑暗时代，重新发现"人"的价值时，却仍然钟情于塞涅卡。文艺复兴时期，塞涅卡的作品再次流行，因为塞涅卡的作品虽然充满宗教性，但都是从人的角度来探讨道德问题。塞涅卡的道德著述在西方世界可谓家喻户晓，被广泛接受。

塞涅卡对于平等问题的论述集中在塞涅卡写的一封信中。塞涅卡曾给吕西里阿写了124封有关道德问题的信件，内容涉及生死、友谊、贫困、幸福、旅行等人生的各个方面。其中第四十七封通信的主题是"奴隶"。在这封通信中，塞涅卡明确地表达了"人人生而平等"的思想，并为奴隶的平等地位进行辩护。

---

① ［英］卡尔·波普尔：《开放社会及其敌人》，陆衡等译，中国社会科学出版社1999年版，第187页。

在信的一开头，塞涅卡就以对问的形式否定了奴隶的不平等地位：

> 他们是奴隶，人们说。
> 不，他们是人。
> "他们是奴隶"，但他们和我们生活在同一个天底下。
> "他们是奴隶"，不，他们是朋友，谦恭的朋友。
> "他们是奴隶"，严格说来，他们是我们的奴隶伙伴，只要你反思一下就会明白，命运对我们也像对他们一样行使着同样大小的权力。①

在这段话中，塞涅卡首先否定了当时人们将奴隶当作一种低贱的存在的看法，肯定其与他人的平等关系。可以看到，塞涅卡从三个方面来论证奴隶在存在意义上的平等：第一，在同为人的意义上，奴隶与其他人是平等的。第二，奴隶与其他所有人一样，生活在同一片天底下。第三，任何人都无法完全掌控自己的命运，在这一点上奴隶与其他人也是平等的。

在接下来的论证中，塞涅卡又否定了一系列将奴隶看作较低贱的存在的理由，这其中包括出身、衣着和社会地位。对于出身，塞涅卡论述道："你称之为奴隶的人，追本溯源，他和你是来自同一祖先的，也和你居于同一晴空之下，和你同样呼吸，同样生活，同样死亡。"② 而对于以衣着和社会地位来判断别人的贵贱，塞涅卡不无讽刺地打比方说："一个人外出买马，却只检查鞍座和缰绳，不检查马本身，那真是个傻瓜。同样地，也只有绝对的傻瓜才会仅凭服装衣着或社会地位取人。社会地位毕竟只是像衣着一样的东西。"③

塞涅卡不遗余力地对奴隶的平等地位进行辩护，其中最关键的一点在于证明：奴隶生而自由。从概念上来说，判断一个人是不是奴隶的关键并不是看其出身、衣着或社会地位，而是看他是否自由。而奴隶也正是因为

---

① ［古罗马］塞涅卡：《幸福而短促的人生——塞涅卡道德书简》，赵又春、张建军译，上海三联书店1989年版，第90页。
② 同上书，第93页。
③ 同上书，第96页。

其不自由而低人一等，成为一种低贱的生命存在。① 然而，塞涅卡认为，奴隶虽然并不拥有行动的自由（其行动必须听从其主人的意志），但却拥有精神的自由。塞涅卡论述道："'他是奴隶'但他可以有自由人的精神。'他是个奴隶'但这就真的降低了他的价值吗？请你给我指出一个不是奴隶的人来看。你指出来的人，将不是性欲的奴隶，就是金钱的奴隶，或者是野心的奴隶。他们又都是希望或恐惧的奴隶。"② 塞涅卡在这里表达了斯多葛学派对于自由的经典观点：自由不在于欲望的实现，而在于欲望的消除。

斯多葛学派的另一位代表人物爱比克泰德曾对"精神自由"有极为生动的描述。据史料记载，爱比克泰德（Epictetus，约55—130年）命运多舛、身患残疾，他原先是一个奴隶，后来重获自由。爱比克泰德从其曲折的人生经历中发展出了一种凭借内心的力量而获得自由的理论。他在《哲学谈话录》的"论自由"一篇中论述道："宙斯给了我自由，你能把我怎么样？你要锁住我吗？要砍掉我的腿？要把我投入牢狱或者流放他乡？你请随便吧，这是在你权能范围之内的事；但是我的意志，是连宙斯都不能征服的。我必须死，是的，但我必须哀号呻吟着死去吗？谁能阻止我心如止水从容赴死？"③ 爱比克泰德认为，外在的障碍只能限制人们行动上的自由，而人的心灵和精神是锁不住的。如果一个无法实现的愿望使人们变得不自由，那么只要消除那个愿望，不再欲求那些得不到的东西，就可以重获自由。

爱比克泰德表达的是一种被20世纪的著名政治思想家以赛亚·伯林（Isaiah Berlin，1909—1997）批判为"积极自由"的自由理论。伯林在其著名的演讲《两种自由概念》中，将爱比克泰德所阐述的自由理论描述为"向内心堡垒的无限退缩"。伯林论述说，这就好像是"我开始追求幸福、权力、知识……但是我无法把握它们，于是，我决意不欲求自己得不到的东西。……我就仿佛作出了一个战略性的退却，退回到我的

---

① 从这里也引申出自由与平等的关系：一个被决定的、不自由的存在物，必定不能与拥有自由意志的人平起平坐。所以，"人人平等"的结论植根于"人人自由"的假设。在下一节"康德的目的王国"中将更详细地讨论这个问题。
② ［古罗马］塞涅卡：《幸福而短促的人生——塞涅卡道德书简》，赵又春、张建军译，上海三联书店1989年版，第96页。
③ 对于《哲学谈话录》的引用本文参照了 Epictetus, *The discourses Book III – IV, Fragments Encheiridion*, with an English Translation by W. A. Oldfater, Harvard University Press, Cambridge, Massachusetts, London, England, pp. 243 – 305.［古罗马］爱比克泰德著：《哲学谈话录》，吴欲波等译，中国社会科学出版社2004年版，第267—287页。

内在堡垒——我的理性、我的灵魂、我的'不朽'自我中，不管是外部自然的盲目的力量，还是人类的恶意，都无法靠近。"① 伯林认为，这种禁欲主义的自我否定很难和自由的意义相一致，这样的理论走到极端只能是奴役和自杀。伯林认为，按照爱比克泰德的说法，"智者身为奴隶仍有自由，傻瓜虽然统治世界却仍然处于奴役之中"②，这被伯林称作"幸福的奴隶"悖论。

由此看来，在奴隶是否自由的问题上，支持不同自由理论的思想家之间存在着极大的争议。斯多葛学派的自由理论是在自然法思想的背景下发展起来的。斯多葛学派的思想家强调神的意志是宇宙万物运行的普遍规律，这被称作自然法，对于人来说自然法就是"命运"。而"命运"是不关心个人的意志的，它决定个人的行为和生活，正如塞涅卡所言，愿意的人，被命运领着走，不愿意的人，被命运拖着走。在这种命定论的框架之下，人的自由被局限于内心之中，人们只能通过精神的抗争和心灵的救赎来获得自由和尊严，也只有在这样的意义上，奴隶才可能拥有自由。而奴隶一旦拥有了自由，就真的可以和所有人平起平坐了，因为他们拥有了人的尊严，在存在的意义上成为平等的人。

在平等主义思想被大众所认同的今天，塞涅卡对于平等存在的论述看起来很容易被接受，然而我们不要忘记，当塞涅卡提出这些深刻的平等思想的时候，人类还处于奴隶社会，那是一个人人都想当然地认为奴隶生来就低人一等，不具有平等的尊严和自由的时代。由此看来，塞涅卡所阐发的平等思想确实具有深刻的进步意义。塞涅卡的平等思想被其后发展起来的神学思想所吸收。基督教神学强调"上帝面前人人平等"。然而，对于平等存在的更加深刻的哲学建构是康德在《道德形而上学原理》中所阐述的"将所有人当作目的"的理论。这一理论也是当代政治哲学讨论中几乎所有平等主义观点的根据和基础。

## 第二节　康德对"平等存在"的阐释

你的行动，要把你自己人身中的人性，和其他人身中的人性，在

---

① Isaiah Berlin, *Two Concepts of Liberty*, Oxford: Clarendon Press, 1958, pp. 20–25.
② Ibid..

任何时候都同样看作是目的，永远不能只看作是手段。①

——伊曼努尔·康德《道德形而上学原理》

在思想史上可能没有哪一位思想家能够像伊曼努尔·康德（Immanuel Kant, 1724—1804）那样，在形而上的意义上，为人，或者说为一切有理性的存在，确立自由和尊严。早在两千多年前的古希腊，从智者学派阐发自然法思想开始，人们就一直被一个难题所困扰。那就是，如果说自然法是宇宙间万事万物所遵循的恒定不变的法则，那么人还有自由吗？既然人也必须遵循自然法，或者说人的行为必然被自然法所规定，那么所谓的自由岂不成了人类自己的幻想？在万事万物都被决定的世界中，人类的自由该何处摆放？

随着人类历史的发展，人们对世界的各个领域展开了深入地探索。然而，自由意志与恒定不变的法则之间的矛盾不仅没有被解决，反而变得更加深刻。尤其是在涉及人自身行为的领域，随着心理学、遗传学以及社会学等实验社会科学的发展，人们逐渐发现，人的各种行为都可以通过特定的环境因素、遗传因素，以及身体中的某种激素作用得到解释。换句话说，人的行为也就是被这些因素所决定的，并非来自于"我"的选择。在科学实验的领域里，"我的选择"正在被逐步消解而失去意义，而科学所穷尽的领域越广泛，世界被因果性所决定的领域也就越广泛，人们也就越难以找到安放"自由意志"的家园。然而，如果我们的世界完全由自然法则确定，那我们还有什么自由和尊严可言呢？任何人不是被基因决定的就是被家庭环境所决定的，或者是被社会关系所决定的……这不正像古希腊斯多葛学派的塞涅卡所说：每个人"不是性欲的奴隶，就是金钱的奴隶，或者是野心的奴隶。他们又都是希望或恐惧的奴隶"②。人类，如果丧失了自由，又如何能确立"自我"，人与世间的万事万物又有什么区别呢？

康德在《道德形而上学原理》一书中为人们解答自由意志与决定论之间的难题提供了可行的思路，为确立人类的自由和尊严奠定了基础。康德认为，"在自然界中每一物件都是按照规律起作用。唯独有理性的东西有能力按照对规律的观念，也就是按照原则而行动，或者说，具有

---

① ［德］伊曼努尔·康德：《道德形而上学原理》，苗力田译，上海人民出版社2012年版，第37页。
② ［古罗马］塞涅卡：《幸福而短促的人生——塞涅卡道德书简》，赵又春、张建军译，上海三联书店1989年版，第96页。

意志。"① 也就是说,人因为具有"意志",而与世间万物相区别。康德将意志定义为"一种按照对一定规律的表象(Vorstellung)自身规定行为的能力"②。康德认为,意志是人根据规律而制定自己行动的原则的能力。例如:牛顿所发现的"万有引力"是一条普遍适用的自然规律,人作为世间万事万物的一种,也必然要遵循这一规律,然而这并不意味着人必然被这一规律所决定。打个比方,根据牛顿万有引力,我知道当我站在阳台上把石头扔向楼下邻居家的阳光房时,就会砸坏邻居家的玻璃。而我,作为一个有理性的存在,可以有自己的意志,也就是按照自己的原则而行动,有可能"扔"石头也有可能"不扔"石头,而这则取决于我做事的原则是什么。

康德认为,人们行动的原则只可能有两种形式:假言命令和定言命令。所谓假言命令,指的是有条件的命令,其形式是:如果……那么……在上述例子中一个假言命令可能是:如果你不想被邻居抗议的话,那么你就别把石头扔下去。在这一表述中,行为者为了不被邻居抗议而不扔石头。他不扔石头并非出于对邻居的尊重,而是因为害怕被邻居抗议。康德认为,这样的行为并不具有任何道德意义。道德的行为应该是出于对规则本身的尊重,是出于责任的行为。例如,一个人救助了一个落水的人,他这样做并不是因为救人能给自己带来什么好处或是赢得美名,也不是贪图获救者的感激,甚至也不是出于他善良的本性,后者是孟子的观点,孟子曰:"人皆有不忍人之心。"(《孟子·公孙丑章句上》)而是出于对"救死扶伤"这一普遍原则的尊重,在这一行为中,"救人"是无条件的,以被救之人自身为目的,不附加任何其他动机。在康德看来只有这样的行为才是道德的行为,因此所有的道德律令都是"定言命令"。

康德认为"定言命令"具有普遍性,是普遍规律。因为在"定言命令"中没有假设的条件,其适用性并不依赖于任何前提,因此,作为道德律令的"定言命令"必然是普遍适用的命令,也就是普遍规律,类似于自然规律。康德只给出了一条"定言命令",这就是:"要只按照你同时认为也能成为普遍规律的准则去行动。"③

现在,我们可以在上文所举的两个例子中来考察"定言命令"在道德行为中是如何起作用的。在"扔石头"的例子中,当我在考虑要不要扔石头的时候,我就应该思考"我这样恶作剧的行为准则是不是能成为

---

① [德]伊曼努尔·康德:《道德形而上学原理》,苗力田译,上海人民出版社2012年版,第23页。
② 同上书,第35页。
③ 同上书,第30页。

普遍规律?"也就是说"是不是所有人都可以像我这样恶作剧?"经过这一番思考,我必然得出否定的结论,因为如果每个人都这样恶作剧的话,我可能早就自身难保了。而在"救落水者"的例子中,我也会这样问自己:"救助落水者这样的行为可以普遍化吗?""每个人都这样做的话是不是可以挽救更多的生命?"……而答案当然是肯定的。在现实生活中,我们也可以从许多见义勇为者的亲身体验中得到对康德道德理论的佐证。大多数见义勇为者在事后接受采访时都会说:"我想,任何人处在我那种情况下都会去救人,我只是做了我应该做的事。"

通过上述的分析我们注意到,康德在道德理论中不但没有摒弃"普遍规律",反而处处在强调这一概念。那么,人的自由怎么办呢?我们最开始提出的自由与必然规律之间的矛盾到底有没有解决呢?康德论述道:"你的行动,应该把行为准则通过你的意志变为普遍的自然规律。"① 这句话彻底地解决了自由与必然性之间的矛盾。在康德看来,人的自由在于人拥有意志,而意志可以为人自身的行为立法,当人将自身的行为法则普遍化,成为普遍适用的自然规律时,意志的自由与规律的普遍性就合二为一了。也就是说,人的行为并非被普遍规律所规定,而是恰恰相反,是人自己制定了行为的准则并使其普遍化。可以这样来理解,世间的万事万物皆被自然规律所决定,因而不自由;唯有人(或者说所有理性的存在)则因其有能力为自身的行为制定法则并使其普遍化而自由。就因果性来说,人是一切环环相扣的因果链条最开端的那个因,而并非中间的某一环,或者是最末端的果,因此人是自由的。在自由意志与自然规律间的关系中,是人通过自身的理性能力,为自然立法,为自身立法,因此人是自由的。人因自由而获得尊严,也因自由而平等。

康德的道德学说对于"所有人都是平等的存在"进行了有力的论证。康德认为,对于"定言命令",亦即普遍的道德规律,只有一种东西能成为其依据,这就是人本身。康德论述道:"有理性的东西,叫作人身(Personen),因为,他们的本性表明自身自在地就是目的,是种不可被当作手段使用的东西,从而限制了一切任性,并且是一个受尊重的对象。"② 因此,如果你要将自己的行为准则普遍化,或者是要遵循某种普遍的道德规律的话,"你的行动,要把你自己人身中的人性,和其他人身中的人性,在任

---

① [德]伊曼努尔·康德:《道德形而上学原理》,苗力田译,上海人民出版社2012年版,第30页。
② 同上书,第36页。

何时候都同样看作是目的,永远不能只看作是手段。"① 这就是著名的"把所有人当作目的"的康德的道德命令。基于这一命令,康德认为,所有人,或者说所有理性的存在,都是目的王国的平等成员。目的王国(ein Reichder Zwecke)是一个"由普遍客观规律约束起来的、不同的有理性东西的体系"②。这一体系由拥有尊严和自由意志的成员构成,他们相互尊重;互相之间把对方当作目的本身,而不仅仅是手段。康德关于目的王国的理论向我们阐明,作为目的而存在的每一个个体在根本上是平等的,他们依照普遍规律而相互对待,不能做出纯粹将对方作为工具和手段的行为。

康德所阐发的"把所有人当作目的"的理论一方面延续了斯多葛学派以来人们关于"平等存在"的思想,并对其进行了开创性的建构;另一方面,这一理论还开启了当代平等主义各流派对于平等问题的深入研究。正是从对这一命题的不同阐释出发,当代的平等主义者们阐发了各自不同的平等主义主张。借用日本学者安倍能成的说法,康德的思想就像一处水波不惊的池塘,西方两千多年以来的思想都汇入其中了,而其后的思想都从中流出、得其滋养。下面我将重点讨论当代政治哲学研究对"把所有人当作目的"道德律令的不同阐释和发展。

## 第三节 关于康德目的原则的当代讨论

> 对行为的边界约束反映了康德主义的根本原则:个人是目的,而不仅仅是手段;没有他们的同意,他们不能被牺牲或被用来达到其他的目的。个人是神圣不可侵犯的。③
> ——诺奇克《无政府、国家和乌托邦》

罗伯特·诺奇克(Robert Nozick)是当代政治哲学研究中的自由至上主义者(Libertarian)。诺奇克的国家理论和分配正义理论都建立在康德"把所有人当作目的"的道德基础上,他将这一道德律令阐释为道德的

---

① [德]伊曼努尔·康德:《道德形而上学原理》,苗力田译,上海人民出版社2012年版,第37页。
② 同上书,第40页。
③ Robert Nozick, *Anarchy, Sate and Utopia*, Blackwell, 1974, pp. 30 – 31. 中文翻译参见[美]罗伯特·诺奇克《无政府、国家和乌托邦》,姚大志译,中国社会科学出版社2008年版,第37页。

"边界约束"（side constrains），并以此为基础构建权利概念和最小国家理论。可以说，在诺奇克构建的自由主义理论大厦中，康德所阐述的"把所有人当作目的"的道德律令是其重要的理论支柱。然而，诺奇克对康德目的命题的阐释却受到当代政治哲学中分析马克思主义流派柯亨（G. A. Cohen）的质疑，柯亨认为，诺奇克错误地以康德命题为自己的资格理论辩护。本节将深入分析诺奇克对康德命题的阐释，以及柯亨对诺奇克之阐释的质疑。

## 一 诺奇克对"把所有人当作目的"的阐释

诺奇克认为，有两种可能的方式来考虑一个国家的道德问题：一种是为国家树立一些道德目标，例如：国家的富强、人民生活的安康、人与人之间的和谐……并且假定这些目标之间不会相互矛盾，所有的道德目标都可以纳入到一个统一的"善"之中。这是古典政治哲学中典型的"目的论"的思维方式，柏拉图和亚里士多德的政治哲学都设立了这样的终极善的道德目标。在近代以来的政治思想中，自由主义思想中的功利主义流派也采用了目的论的理论路径，将国家的所有道德目标都统一到"功利"这一最终的善之中，并以社会全体总功利的增多或减少作为评判一切政策、制度以及个人行为的价值标准。然而，我们还可以有另外一种考虑道德关切的方式，这就是将道德原则作为个人的行为以及国家和政府之行为的"约束"，这被诺奇克称为"道德约束"。也就是说，在制度层面国家并不对每个人或者所有人作为一个整体提出任何道德目标，而是对所有行为主体（包括个人、政府及国家）进行底线约束，以划定其行为的界限。诺奇克认为："人们可以将权利当作对所要从事的行为的边界约束（side constraints）：不要违反约束。其他人的权利决定了对你的行为所施加的约束。"①

诺奇克有关"道德约束"的观点继承了"权利论"的核心理念。②

---

① Robert Nozick, *Anarchy, Sate and Utopia*, Blackwell, 1974, p. 29.
② "权利论"与"功利主义"是自由主义的两大派别，它们虽然共同支持自由、平等、民主等自由主义的核心价值理念，但是两派对于"权利"的不同看法构成了它们之间的根本分歧。支持"权利论"的思想家，大多为社会契约论者，他们对"权利"的经典阐释可以追溯到霍布斯所阐发的"自然权利论"。"权利论者"认为，"权利"是一个超验的概念，它来源于自然法，是不证自明、生而既有的。其本身即是目的，不应为任何其他目的（如福利、共同利益等）而牺牲。发端于边沁和密尔的"功利主义者"则认为，评判社会制度的唯一标准就是"功利"的增加或减少，"权利"之所以重要，不过是因为它有助于增加社会整体的功利。因此，"权利"并不是神圣不可侵犯的，在特定情况下，为了增大社会整体的"功利"，可以牺牲个别人的权利。

近代以来，在市场经济日益繁荣的背景之下，西方国家在文化、宗教以及生活方式上日趋多元化，任何一种统一的道德理想或生活方式都很难再拥有统摄一切政治原则的权威。在这种情况下，道德不再充当人们共同的理想，而只能作为一种对人们自由的约束而发挥作用。因此，"权利"被当作是对所有行为主体的"边界约束"。对于个人来说，每个人有设定自己道德目标的自由，但不论每个人的道德理想是什么，其行为都不能超出自身权利的范围；对于国家来说，一方面对所有的价值理论保持中立，不再为人们设定任何道德目标，另一方面国家的行为也不能超出"边界约束"的范围，不能侵犯任何个人的权利。

诺奇克认为"道德约束"的思想"表达了他人的神圣不可侵犯性"，也就是"不要以某些特定的方式利用人们"①，而这与康德"把所有人当作目的"的思想是吻合的。诺奇克在《无政府、国家和乌托邦》一书中论述道："对行为的边界约束反映了康德主义的根本原则：个人是目的，而不仅仅是手段；没有他们的同意，他们不能被牺牲或被用来达到其他的目的。个人是神圣不可侵犯的。"② 为了说明这一点，诺奇克讨论了人们对于工具的使用。诺奇克认为，当人们将某物纯粹当作工具使用的时候，对如何使用它是没有任何限制的。例如：我在地上捡起一根棍子来挖土，为了达到挖土这个目的，我可以削尖木棍、可以折断木棍，甚至可以扔了重新找一根……这样看来，我可以对木棍做任何事情，为了达到挖土的目的我的行为可以没有任何限制。当然，在生活中我们也可以举出许多"爱惜"工具的例子。比如，我有一架心爱的自行车，我每天把它擦拭得非常干净，上班回来把它放在房间里最显眼的地方；别人要是向我借车，我会告诉他"你不能骑到泥水里去，不能放在太阳下晒，不能过多换挡……"那这些是不是使用工具时行为受到的约束和限制呢？在这个例子中，当我在使用这辆自行车的时候，对自己的行为施加了许多限制，在诺奇克看来，实际上我已经不是把自行车纯粹当作工具在使用了，而是在其作为交通工具的工具价值之外附加了观赏、珍藏等价值，把它当作了一件宝贝。另一方面，当我将车子借给别人，我对借车的人进行了各种限制，而借车的人受到的这些限制并非源自自行车本身，而是源自我作为车主的权利。也就是说，借车的人是因为不应侵犯我的权利（具体来说是财产权），其行为应受到限制，而不是因为自行车本身而受到限制。按照

---

① Robert Nozick, *Anarchy, Sate and Utopia*, Blackwell, 1974, p. 32.
② Ibid., p. 31.

康德的思想来理解，其行为是要把我当作目的而不是把自行车当作目的。

通过上述对使用工具的考察，诺奇克将康德命题"把所有人当作目的"阐释成"道德约束"。在诺奇克看来，"把所有人当作目的"的道德律令要求我们对利用他人的方式进行限定，以排除某些超出"边界约束"的利用方式。而这些被排除在外的利用方式，就是那些侵犯人们基本权利的方式。诺奇克认为，"道德约束"反映了这样一个事实，这就是不能在人们之间进行"道德上的平衡"①。为了社会中大多数人的利益，或者是社会整体的利益而僭越"边界约束"、侵犯某些人的权利，这种做法就是将这些人纯粹当作工具来利用的行为，其正当性是无法得到证明的。

诺奇克在讨论分配的正义时，将"道德约束"与"自我所有论"结合起来，认为"将所有人当作目的"的康德原则与"自我所有论"是一致的。"自我所有论"源自洛克所阐述的"自我所有权"概念。洛克在《政府论》（下篇）中论述道："每个人都拥有对于自己的人身的所有权；除了他自己，任何别人对此都没有权利。我们可以说，他身体的劳动以及他双手的工作都属于他自己。"② 由此，诺奇克认为，如果我们夺走别人的劳动成果，就等于是夺走了他的时间、他的生命，也就是侵犯了他对自己的所有权，亦即自我所有权。在诺奇克看来，这样的行为必然超出了道德的边界约束，同时也就违反了康德"将所有人当作目的"的原则。基于"自我所有论"，诺奇克反对在分配领域进行任何形式的"再分配"。因为，在未经人们允许的情况下剥夺人们的劳动成果，在诺奇克看来，是纯粹将人们用作工具的行为。

综上所述，在对康德的解读中，诺奇克将"把所有人当作目的""道德约束"以及"自我所有论"三者结合起来，并且将它们看作是一致的。这一点遭到当代政治哲学研究中的马克思主义者柯亨（G. A. Cohen）的极力反对，柯亨针对诺奇克对康德的解读提出了全方位的质疑，并且从根本上反对诺奇克的资格理论。

## 二 柯亨对诺奇克的质疑

柯亨仔细分析了诺奇克的论述，"对行为的边界约束反映了康德主义的根本原则：个人是目的，而不仅仅是手段；没有他们的同意，他们不能

---

① Robert Nozick, *Anarchy, Sate and Utopia*, Blackwell, 1974, p. 33.
② ［英］约翰·洛克：《政府论》（下篇），叶启芳、瞿菊农译，商务印书馆2007年版，第18页。洛克虽然描述了"自我所有权"概念，但他本人并没有使用"自我所有权"这一术语，这一术语是在当代政治哲学的讨论中产生的。

被牺牲或被用来达到其他的目的。个人是神圣不可侵犯的。"① 并且认为，诺奇克曲解了康德的本意。柯亨指出，诺奇克的这段话中实际上包含着两个原则：康德目的原则和诺奇克同意原则，而这两个原则并不统一。其中，康德目的原则：个人是目的，而不仅仅是手段；诺奇克同意原则：没有人们的同意，他们不能被牺牲或被用来达到其他的目的；再结合诺奇克所推崇的自我所有论：人们的身体、身体的劳动以及他双手的工作都属于他自己；柯亨认为，这三个原则相互之间有很大的差异，并不能像诺奇克那样简单地将它们等同起来。柯亨对这三个原则进行了两两比较。

第一，"康德目的原则"与"诺奇克同意原则"并不一致。柯亨指出，诺奇克同意原则隐含着这样的意思：只要当事人同意，那么其身体和劳动就可以用来达到其他目的，甚至被牺牲。也就是说，人并不是不可以被纯粹地当作工具，只要事先征得其同意，就可以将其用作工具。与之相反，柯亨认为，"康德目的原则"并不强调实际的同意，而是强调对人的尊重。柯亨引用了康德的一段话来说明康德对于"同意"的理解：

> 一个人在打算对别人做不兑现的诺言时就看得出来，他这是把别人仅仅当作自己的工具，而不同时把他当作自在的目的。通过这样的诺言，被用之于我的意图的那个人不可能同意我对待他的方式，从而他自己不可能忍受这一行为的目的。②

康德《道德形而上学原理》一书中描述了一个明知道自己还不起钱却承诺还钱的人。康德认为，如果对方知道"还钱"是一个虚假承诺的话，对方是不可能同意借钱给他的。柯亨指出，康德在这里所讨论的"同意"与诺奇克同意原则中的"同意"有着根本的区别。诺奇克所说的是一种"实际的同意"，而康德指的则是一种"可能的同意"。柯亨将其称作是"规范上的可能"，也就是说在规范的意义上不应该同意。因此，如果说康德也提到了"同意"这一标准的话，"康德要求的是同意标准的可能性，诺奇克要求的是同意标准的实际性，这两者之间是不同的。"③

柯亨举出了强奸和卖淫的例子来说明康德和诺奇克之间的不同。根据

---

① Robert Nozick, *Anarchy, Sate and Utopia*, Blackwell, 1974, p. 31.
② [德] 伊曼努尔·康德：《道德形而上学原理》，苗力田译，上海人民出版社 2012 年版，第 37 页。
③ [英] G. A. 柯亨：《自我所有、自由和平等》，李朝晖译，东方出版社 2008 年版，第 272 页。

诺奇克的同意原则，强奸肯定是道德上不被允许的行为，因为其性行为没有得到当事人的同意，而卖淫却可能是被允许的，因为当事人是自愿的。但是，根据康德的目的原则，这两种行为都是道德上不被允许的，因为，这两种行为都将人纯粹用作寻欢作乐的工具，没有同时把人当作目的。站在康德的立场上，我们可以这样来分析卖淫的例子，卖淫者虽然实际上同意了这桩交易，但在规范的意义上他（她）不应该同意，因为这样是将自己仅仅当作了供他人享乐的工具，当作了赚钱的工具。

第二，在讨论康德目的原则与自我所有论之间的关系时，柯亨强调，康德的目的原则并不禁止将人当作工具，而是禁止将人仅仅用作工具。柯亨举出自动售票机和售票员之间的区别来说明这一点[①]：对于自动售票机，我们仅仅将其当作工具，如果它坏掉了我们可能敲打它一下，或者直接换掉；但对于售票员，如果他生病了不能工作，我们除了让人顶替他之外还会去关心他的身体状况，为其提供医疗服务。所以说，如果我们能同时将人作为独立的价值的话，是可以将人用作工具的。亚里士多德曾说，人只有在城邦生活中才能自给自足。所谓的"自给自足"并不是说人们在社会生活中不需要他人的帮助（如果不需要别人的帮助就可以自给自足的话，人就没有必要在城邦中生活了，那人也就和野兽无异了），而是说人们在相互帮助的过程中获得了一种人格的独立。实际上，人类社会中的人们无时无刻不在相互利用，每个人都像一部巨大的机器中的一个细小的零件，不停地为整个机器的运转或者劳心、或者出力。每一个人在利用他人的同时，也被他人所利用。因此，"把所有人当作目的"不是禁止人们利用他人，而是强调人们不能仅仅将他人当作实现自己目的的手段和工具。

基于上述理解，柯亨指出，康德的目的原则和诺奇克所推崇的自我所有论并不是一致的。以"税收政策"为例：柯亨认为这一政策虽然违背了诺奇克所说的自我所有论，将富人的劳动成果转移至穷人的手中，但却有可能符合康德的目的原则。劫富济贫的"税收政策"将属于富人的资源转移到穷人以及那些急需用钱的人手中，这样的做法虽然违背了富人的意愿，也侵犯了富人的自我所有权，同时还有将富人当作维持穷人基本生活之工具的嫌疑；但是，"税收政策"并没有将富人仅仅当作工具。因为，通过劫富济贫的"税收政策"，社会中更多的人的基本生活得到保

---

[①] [英] G. A. 柯亨：《自我所有、自由和平等》，李朝晖译，东方出版社2008年版，第270页。

障，同时也使得人们的尊严得到最大程度的维护。按照罗尔斯的说法，人的自尊基于"一个合理的生活计划"①，而任何合理的生活计划都需要一些最基本的条件：最低限度的食物供给、干净的饮用水、基本的医疗保健、年幼时的义务教育……这些都是人们形成自尊、维护自尊的最基本的条件。如果没有"税收政策"，那么对于那些在社会中处于不利位置的人们（例如：天生残疾者、出生于贫民窟的孩子、在自然灾害中丧失了一切的人、遭遇重大疾病的人……），其尊严就将随着基本物质条件的丧失而被消磨殆尽。这样看来，"税收政策"虽然不满足诺奇克的同意原则，也违背了诺奇克所推崇的自我所有论，却仍然符合康德目的原则。因为，"税收政策"在将人们当作工具的同时，也尊重了每一个人。

第三，柯亨进一步质疑诺奇克主张的同意原则与自我所有论之间的一致性，对诺奇克理论自身的一贯性提出了质疑。以在劳动力市场上极其缺乏谈判控制力的无产者为例，为了生存，这些工人同意以很低的价格出卖自己的劳动力。柯亨认为，即使我们同意诺奇克对自愿的定义——"是否使一个人的行为成为不自愿的，取决于这些其他人是否有权利这样做"②，将这桩交易看作是自愿的，这桩交易也不符合自我所有论。③ 根据马克思对于"剥削"问题的分析，劳动者创造的价值应该完全属于劳动者本人，但是，资本家付给工人的报酬仅仅是工人创造的价值的一小部分，而其余的部分（马克思称为剩余价值）则被资本家无偿地占有了，这是对劳动者自我所有权的严重侵犯。基于此，在工人贱价出卖自己劳动力的实例中，这桩交易虽然是自愿的，符合诺奇克的同意原则，但却违背

---

① [美]约翰·罗尔斯：《正义论》，何怀宏、何包钢、廖申白译，中国社会科学出版社2006年版，第442—449页。
② Robert Nozick, *Anarchy, Sate and Utopia*, Blackwell, 1974, p. 262.
③ 对于工人在劳动力市场上是否自愿出卖自己劳动力的问题，马克思与诺奇克的看法是相反的。马克思在论述剥削问题的时候，其描述是"无产者不得不为资本家工作"，也就是说，在劳动力市场上无产者也许并非自愿出卖自己的劳动力。按照诺奇克对"自愿"的定义，在自由市场上劳动者必定是自愿将自己的劳动力出卖给资本家。因为，资本家完全有权力通过压低工资而获得更高的利润。事实上，资本家与无产者之间在财产上的悬殊使得资本家对生产资料的私人占有权利变成了一种资本家压迫工人的权力。由法律所确定的私有财产权使得无产者在和资本家的议价中始终处于弱势。劳动力市场中所发生的讨价还价，对于无产者来说是活命的问题，而对于资本家来说仅仅是赚多赚少的选择。然而，站在马克思的立场上，以"别人是否有权利这样做"来划定行为者"自愿"与否的方式来理解剥削问题是不够的。因为，在马克思看来，诺奇克的"自愿"定义所依赖的权利概念本身就是有问题的，私有财产权当它从以自己劳动为基础的私有制转变为以剥削劳动为基础的私有制的时候，就变成罪恶的了。也就是说，"私有财产权"这一概念本身就是需要批判的，不能以此来划定行为者"自愿"的界限。

了自我所有论。所以说，同意原则与自我所有论并非像诺奇克所认为的那样是相互一致的。在这里，诺奇克有将"自由"与"自愿"相混淆的嫌疑。"自我所有论"中"自我所有权"的概念是基于"权利"概念，而"权利"概念又来自于"自由"概念，即伯林所说的"消极自由"。另一方面，同意原则中所强调的则是"自愿"，"自由"和"自愿"并不总是相互一致。在某些情况下，人们的自愿行为很有可能出卖了自己的权利和自由。例如，贿选的行为，一些人为了金钱而出卖自己的政治权利；还有前面讨论过的卖淫的例子，将自己作为别人寻欢作乐的工具；以及赤贫者贱价出售自己劳动力的例子，为了生活不得不舍弃自己的大部分劳动成果……在这些例子中，人们的自愿行为与自由和权利就并不一致，甚至可以说是"自愿地舍弃了自由"。归根结底，自愿行为体现的是自由市场的逻辑：在市场上，只要是你情我愿，就能做成一桩交易；但是，这样的交易就一定是正当的吗？我们是否应该将权利和自由作为一种独立的价值标准和道德要求（而不是像诺奇克那样，以"自愿"来定义"自由"），来评判各种交易的正当性？不管怎么说，即使有人愿意出售，我们也不能用金钱去兑换所有的东西，金钱并非是万能的。

基于上述三方面的质疑，柯亨认为诺奇克对康德原则的解读并不符合康德的原意，诺奇克将康德对人们的普遍的道德要求阐释为基于"同意"的道德要求，这为市场上那些侵犯人们基本权利的行为开了方便之门。实际上，从诺奇克的理论的总倾向我们也可以察觉到他对康德原则的误读。诺奇克的最小国家理论和分配领域的资格理论是一种将"自由"进行到底的理论，而这种不为其他任何价值而妥协的自由在市场领域必然造成人与人之间的巨大的不平等。这与康德所强调的人们作为目的王国的合法成员之间的平等形成了巨大的反差。正是基于这一原因，在自由至上主义者内部，也有许多学者批评诺奇克，认为他不应该在平等主义的哲学基础上来建构自己的理论。

综上所述，康德"把所有人当作目的"的道德律令为人与人之间的平等奠定了坚实的哲学基础。在当代政治哲学研究中，对分配问题的讨论引发了人们对平等问题的关注，各种平等主义或反平等主义的主张都希冀从康德原则中汲取养分。康德的魅力在于阐释的多种可能性，而哲学的魅力则在于以理性和思辨的方式提出自己的主张。

# 第二章 平等权利从何而来

> 我们认为下面这些真理是不言而喻的：人人生而平等，造物者赋予他们若干不可剥夺的权利，其中包括生命权、自由权和追求幸福的权利。为了保障这些权利，人类才在他们之间建立政府，而政府之正当权力，是经被治理者的同意而产生的。当任何形式的政府对这些目标具破坏作用时，人民便有权利改变或废除它，以建立一个新的政府；其赖以奠基的原则，其组织权力的方式，务使人民认为唯有这样才最可能获得他们的安全和幸福……
>
> ——美国《独立宣言》

在认同平等存在的基础上，人类追求平等的步伐向着政治和法律的领域迈进。上述引文来自美国革命中最重要的政治文献《独立宣言》，美国的独立战争旨在为国家中的每一个人争取平等的"权利"，这一"平等权利"是通过推翻英国的专制统治而获得的。而"平等权利"的保障则依赖于一个基于合法权力的宪政政府。在所有人同意的基础上，国家统治权力的应用受到宪法的约束，以每个人的基本权利为目的和界限，以此保障所有人的"平等权利"。然而，我们可能会追问：为什么国家必须平等地对待所有人呢？为什么合法权力管辖下的每一个人都有资格获得某种平等的权利呢？人与人之间有这样那样的差异，是什么构成了平等对待每一个人的基础呢？下面我们就具体地探讨这一问题：人们获得平等权利的基础是什么？

## 第一节 "人人生而平等"的论证困境

"人人生而平等"是自然权利论的基本政治信念，这一政治信念在社会契约论的理论体系中被表述为"自然状态下人人平等"，这一命题充当了霍布斯和洛克所开创的社会契约论的论证基础。正是基于在自然状态下人人平等的假设，自然权利论者才得以论证，在社会和国家建立之后，政治权力的应用应以保障每个人的基本权利为目的和界限。那么，霍布斯和洛克是如何论证"自然状态下人人平等"的呢？霍布斯和洛克为我们提供了人与人之间在自然状态下平等的三种论证。具体来说，霍布斯和洛克都阐述了（1）人们在自然状态下能力大致相等，（2）所有人在自然状态下平等地拥有"自然权利"，而洛克除了前两个论证外，还试图证明（3）在自然状态下人们平等地拥有"生命、财产和自由"三项基本权利。下面我将逐一分析霍布斯和洛克所阐述的这三个论证。

## 一　自然状态下人们的能力是否平等？

霍布斯和洛克都认为大自然赋予了人们大致相等的能力。霍布斯对这一点进行了深入的阐释，略举一二："自然使人在身心两方面的能力都十分相等，以致有时某人的体力虽则显然比另一人强，或是脑力比另一人敏捷；但这一切加在一起，也不会使人与人之间的差别大到使这人能要求获得人家不能像他一样要求的任何利益……我还发现人与人之间更加平等……相等的时间就可以使人们在同样从事的事物中获得相等的分量。可能使人不相信这种平等状况的只是对自己智慧的自负而已。"①洛克对这一点则是一笔带过："极为明显，同种和同等的人们既毫无差别地生来就享有自然的一切同样的有利条件，能够运用相同的身心能力……"②

霍布斯和洛克所阐释的人与人之间在能力上的"平等"是比较好理解的，但却是我们不容易接受的。众所周知，由于人种、天赋、遗传、气候、饮食等各种因素的影响，人们在生理条件和能力上会有很大的差别，有的人生来人高马大、身体强壮，有的人生来就身材矮小、羸弱不堪，有的人天资聪慧，有的人天生愚钝，有的人貌美如花，有的人其貌不扬……另外，人们生下来就有性别差异，男人和女人在各种生理条件和能力上也存在很大差别，因此，我们很难想象，在自然状态下人与人之间在能力上基本一致。所以说，不论是在自然状态下，还是在社会和国家形成之后，人与人之间在生理和能力上的差异都是普遍存在的。当然，在不利于平等的社会条件下，人与人之间在自然条件上的差异及其影响会进一步扩大，

---

① ［英］托马斯·霍布斯：《利维坦》，黎思复、黎廷弼译，杨昌裕校，商务印书馆1985年版，第92—93页。
② ［英］约翰·洛克：《政府论》（下篇），叶启芳、瞿菊农译，商务印书馆1982年版，第3页。

但我们不能因此就说在自然状态下人与人之间在生理和能力上是平等的。在这一点上，卢梭也不会同意霍布斯和洛克的看法，因为卢梭曾多次强调人与人之间在生理上存在着差异，并将其称为"自然的差异"（natural inequality）。总之，在"能力相等"的意义上来说"自然状态下人人平等"是不可信的。

既然人与人之间在各项能力上的差异是显而易见的，那么霍布斯和洛克为何要苦苦寻求人们在能力上的平等呢？实际上，霍布斯和洛克的论证意图并不是证明人们平等地拥有某项能力，而是试图为平等地对待所有人寻找理论依据。如果我们赞同亚里士多德对平等的经典论述——"相同的情形相同对待"（treat like cases as like）①，那么，只要我们能确定所有人在各方面能力上大致相等，就能为在某方面平等地对待所有人提供理由。更进一步说，如果我们能够找到一项所有人都平等拥有，而动物却并不具备的能力，就能为给予所有人"平等权利"（而不是给予动物"权利"）进行辩护。②

在当代政治哲学的讨论中，将人们具有的某种能力作为人们获得平等权利的基础的论证仍然在继续。然而，由于很难找到一种人们平等地拥有的能力，哲学家们换了一种思路，不再寻求人们在能力上的平等，而是力图证明人们所拥有的这种能力，或强或弱，都落在某一范围之内。伊恩·卡特（Ian Carter）详细讨论了范围属性的概念："范围属性（Range Property）是一种二元（binary）属性：要么具有，要么不具有。具有范围属性意味着在一定的程度范围内具有另外一些属性，而这些属性是度量性的

---

① 亚里士多德对于这一点的详细讨论可参见（[古希腊]亚里士多德：《政治学》第 3 卷，吴寿彭译，商务印书馆 2008 年版，第十二章）："大家认为相等的人就该配给到相等的事物。可是，这里引起这样的问题，所谓'相等'和'不相等'，它们所等和所不等者究竟为何物？"（[古希腊]亚里士多德：《政治学》，吴寿彭译，商务印书馆 2008 年版，第 152 页）。
② 人之区别于动物的根本之点到底是什么？对于这一问题一向是聚讼纷纭：有人认为是"反思"，如苏格拉底所言："不经过思考的生活是不值得过的"，"做一个痛苦的人比作一只快乐的猪要强"；边沁和密尔所代表的功利主义者会认为，每个人都拥有感受快乐和痛苦的能力，所以人们应被赋予权利；对于康德主义者来说，人之为人的本质在于人的自由意志和道德主体性；而大多数哲学家则认为，人之区别于动物的能力是理性（虽然对于何谓"理性"又有许多不同的观点）；最后，动物权利论者干脆否认有这样一项仅仅人类具有而动物不具有的特性，强调各种能力在人与动物之间只有强弱之分，而不是"有"或"没有"的区别，主张动物也拥有"权利"。当然，这一主题已经超出了本书所要讨论的范围，本书关注的问题是：人们是否平等地拥有某项区别于动物的能力，以便为人们的"平等权利"提供基础。

(scalar)。这样，我们就可以说平等的基础在于人性，而一个人通过在一定程度上具有一些基本的度量属性（比方说理性）而具有人性。人性就是这样一种范围属性，只要具有人性，这种具有就是平等的。就平等之基础的基础（the basis of the basis of equality）——以理性为例——而言，仍然存在人际差异，然而，只要在某个临界值以上，我们就不去注意这种人际差异。"① 罗尔斯在《正义论》"平等的基础"一节中详细讨论了"范围属性"。罗尔斯认为人们无法找到一项所有人平等拥有的自然能力的事实并不影响我们将自然能力作为平等对待所有人的基础。罗尔斯认为，平等的权利属于道德的人，而道德的人具有两个特点："第一是有能力获得（也被看作获得）一种关于他们的（由一个合理生活计划表达的）善的观念；第二是有能力获得（也被看作获得）一种正义感，一种在正常情况下有效地应用和实行——至少是在一个较小程度上——正义原则的欲望。"与此同时，"道德能力是获得平等正义权利的一个充分条件……只要具备了最低的道德人格一个人就有权得到全部正义保证。""我们必须做的是选择一种范围特性，（我想这样说）并给满足它的条件的人们以平等的正义。"② 范围属性的应用很好地解决了人与人之间在能力上存在差异的问题，借助于范围属性的概念，我们得以将人们所拥有的各项能力作为平等地对待所有人的依据。

通过上述论证我们看到，霍布斯和洛克声称人们在自然状态下拥有同等的能力，并不是要论证人们的自然能力的平等，而是要为平等地对待所有人寻找根据。但是，霍布斯和洛克并没有成功地做到这一点，因为他们的论证开始于——"人们在自然状态下能力大致相等"——这样一个很难让人信服的假设。

## 二 自然状态下人们是否平等地拥有"自然权利"？

霍布斯和洛克为"自然状态下人人平等"给出的第二个论证是：自然状态下每个人都拥有"自然权利"，在这一点上人与人之间是平等的。霍布斯是首先将自然法与权利概念联系起来的哲学家，当代政治哲学家列奥·施特劳斯（Leo Strauss，1899—1973）对这一点有深入的阐述："在将自然法移植到马基雅维利那一层面时，霍布斯确实开启了一种崭新的政

---

① Ian Carter, Respect and the Basis of Equality, *Ethics*, Vol. 121, No. 3, April 2011, pp. 538–571.

② [美] 约翰·罗尔斯：《正义论》，何怀宏、何包钢、廖申白译，中国社会科学出版社2006年版，第507—510页。

治学说。前现代的自然法学说教导的是人的义务……尤以自然义务为取向转到以自然权利为取向的根本性变化，在霍布斯的学说中得到了最为明确有力的表达。"① 霍布斯在《利维坦》中将自然权利定义为："每个人按照自己所愿意的方式运用自己的力量保全自己的天性——也就是保全自己的生命——的自由。"紧接着，霍布斯又对自由进行了定义："自由就是外界障碍不存在的状态。"② 联系这两个定义我们就能推知，霍布斯所谓的"自然权利"指的就是：在自然状态下，人们可以不受外界障碍的干涉而保全自己的生命。那这里的"外界障碍"指的是什么呢？我们可以推测，"外界障碍"不可能是指自然因素的阻碍，如大风、雷电、暴雨、火灾、地震，等等，因为自然状态下人们的行为必然会受到这些因素的影响；也不可能是指他人行动的阻碍，因为自然状态下他人的干涉随时存在。也许我们可以在洛克对自然状态的描述中找到什么是这里所指的"外界障碍"的答案③："那是一种完备无缺的自由状态，他们在自然法的范围内，按照他们认为合适的办法，决定他们的行动和处理他们的财产和人身，而无须得到任何人的许可或听命于任何人的意志。"④ 洛克在这里阐释的是"自由"的含义，而洛克所说的"无须得到任何人的许可或听命于任何人的意志"就对应于霍布斯自然权利概念中所说的"不受外界障碍的干涉"。因此，综合霍布斯和洛克的论述就可以得出结论：所谓人人拥有的"自然权利"是指：每个人按照自己所愿意的方式运用自己的力量保全自己的生命，而无须得到任何人的许可或听命于任何人的意志。换句话说，"人人拥有自然权利"是指在自然状态下，人们的行动不受任

---

① ［德］列奥·施特劳斯：《自然权利与历史》，彭刚译，生活·读书·新知三联书店2003年版，第185—186页。
② 霍布斯对自由的定义是典型的消极自由的定义，霍布斯也因这一定义而成为消极自由理论的鼻祖。
③ 关于洛克与霍布斯的自然权利学说的异同：首先，洛克最初定义的"自然权利"的概念与霍布斯的"自然权利"概念是完全一致的。但是，当洛克进一步说"任何人不得侵害他人的生命、健康、自由和财产"时，"自然权利"的概念就偏离了霍布斯对"自然权利"的定义。这一点在下文中还会详细讨论。第二，在我看来，洛克在根本上延续了霍布斯的许多观点，虽然洛克在许多地方批评过霍布斯，这有可能是因为霍布斯在当时名声并不太好。我们看到，洛克在《政府论》中大量引用被尊称为"明智的胡克尔"的论述，然而，洛克的学说却与胡克尔的学说有着根本差别。施特劳斯在《自然权利与历史》一书中专门指出了洛克在这个问题上的矛盾性，并将其称为洛克的"谨慎"（参见［德］列奥·施特劳斯《自然权利与历史》，彭刚译，生活·读书·新知三联书店2003年版，第211—212页）。
④ ［英］约翰·洛克：《政府论》（下篇），叶启芳、瞿菊农译，商务印书馆1982年版，第3页。

何公共权力的干涉，而人与人之间也正是在这个意义上是平等的。正像洛克所说的："这也是一种平等的状态，在这种状态下，一切权力和管辖权都是相互的，没有一个人享有多于别人的权力。"① 洛克在这里所说的"没有一个人享有多于别人的权力"，并不是说任何人不能强制他人干他不愿意干的事情，因为，在自然状态下，为了保全自己的性命，人们什么都可以干，甚至是吃掉对方（正是在这个意义上，霍布斯说"每一个人对每一种事物都具有权利，甚至对彼此的身体也是这样"②）；而是说没有人拥有公共权力，没有公共权力对人们的行为进行规范和限制，人们不需要听命于公共权力的意志。

霍布斯和洛克对"自然权利"的理解与他们所设定的自然状态是紧密相关的。在霍布斯和洛克的社会契约论中，自然状态区别于社会状态的根本特征就是公共权力的缺失，这与卢梭对自然状态的理解是不一样的。卢梭认为自然状态下人与人之间没有任何联系，人处于孤立绝缘之中，语言和理性都还没有发展起来。霍布斯和洛克则认为，自然状态下人们的理性已经发展起来，并且会应用理性来保全自身，人们正是在理性的指引下，遵循自然法，才一步步进入到社会状态之中。因此，在霍布斯和洛克看来，自然状态与社会状态最大的区别不在于人们是否具备理性、语言等各方面的能力，而在于"公共权力"的缺失。那么，在不存在公共权力的自然状态中，每一个人的行为自然不会受到公共权力的干涉，这一点是毫无疑问的。但是，我们是否能就此得出结论，人们在"不受公共权力干涉"这一点上的相同状况构成了他们在自然状态下的平等，并声称"人人生而平等"呢？我认为，这一推理是很有问题的。我们可以做两个思想试验：一是，在自然状态下，野兽的行为也不会受到公共权力的干涉（因为公共权力根本不存在），那我们是否也认为在自然状态下野兽和人是平等的呢？二是，在自然状态下，还没有飞机，那我们是否能因为自然状态下任何人都无法坐飞机而断定在自然状态下人人平等呢？显然，这两个推理过程都是荒谬的，但其推导的形式与霍布斯和洛克对自然状态下人人拥有平等的"自然权利"的推导是一致的，可见"自然权利"意义上的自然状态下人人平等，并没有得到有效的论证。

---

① ［英］约翰·洛克：《政府论》（下篇），叶启芳、瞿菊农译，商务印书馆1982年版，第3页。
② ［英］托马斯·霍布斯：《利维坦》，黎思复、黎廷弼译，杨昌裕校，商务印书馆1985年版，第98页。

## 三 自然状态下人们是否拥有"生命、自由和财产"三项平等权利?

当然,洛克的自然权利理论比霍布斯的要复杂很多,上述讨论的是他们相同的部分,下面重点来讨论一下洛克的自然权利理论中不同于霍布斯的方面。洛克在重复了霍布斯对"自然权利"的最初定义之后,试图进一步扩充"自然权利"的内容。众所周知,"生命、自由和财产"是洛克所认定的三项基本权利,这三项权利稍加修改之后被写入了美国的《独立宣言》,从此对美国的政治传统产生了深远的影响。站在洛克的立场上,我们可以这样来为"自然状态下人人平等"辩护:如果说自然状态下人们不能在"不受公共权力干涉地进行自保"的意义上平等的话,那么人们可以在拥有"生命、自由和财产"这三项基本权利的意义上平等。然而,上述三项权利必然只能在每个人不侵害他人的这三项权利的基础上才可能存在。也就是说,三项基本权利的存在要以人们履行相应的义务为条件。洛克确实想从"自然权利"引申出人们在自然状态下应有的义务,然而他的论证是不成功的。

洛克在讨论了"自保"的自然权利之后,大段引用了明智的胡克尔对"自然义务"的论述,接着指出:"自然状态有一种为人人所应遵守的自然法对他起着支配作用;而理性,也就是自然法教导着有意遵从理性的全人类:人们既然都是平等和独立的,任何人就不得侵害他人的生命、健康、自由和财产。"① 在洛克看来,人类有理性,能够认识约束世间万事万物的自然法,人类必然也受到自然法的约束。而且,自然法不仅赋予了人们"自保"的权利,还加给人们"保护他人"的义务:"正是因为每个人必须保存自己,不能擅自改变他的地位,所以基于同样的理由,当他保存自身不成问题时,他就应该尽其所能保存其余的人类,而除非为了惩罚一个罪犯,不应该夺去或损害另一个人的生命以及一切有助于保存另一个人的生命、自由、健康、肢体或物品的事物。"② 我们暂且不说自然法赋予人们的权利和义务会不会发生矛盾,以及发生矛盾的时候该怎么办③,

---

① [英]约翰·洛克:《政府论》(下篇),叶启芳、瞿菊农译,商务印书馆1982年版,第4页。
② 同上书,第5页。
③ 关于这一讨论,可以参见 Robert A. Goldwin, Locke's State of Nature in Political Society, *The Western Political Quarterly*, Vol. 29, No. 1、Mar 1976, pp. 129 – 130。文中作者将两者都称为义务:"自我保存的义务"和"保护他人的义务",但笔者认为自我保存是洛克对"自然权利"的初始定义,因此,"自保"是一种权利而不是一种义务。

我们先来看看洛克所指的"人类受自然法约束"的确切含义是什么。

在20世纪四五十年代被新发掘出的洛克的一批手稿中有八篇关于自然法的论文,其中有一篇题为《人类受自然法的约束吗?》。洛克在这篇论文中论述道:"除非一个人对我们享有权利和权力,否则没有任何人可责成或约束我们做任何事。……因此约束来自任何君临于我们和我们的行为之上的主人的身份和命令,就我们从属于另一个人而言,我们负有一项义务。……义务存在于一个人凌驾于另一个人之上的权威和统治。"① 简言之,所谓人类受自然法的约束,是指自然法要求我们履行义务,而义务之所以存在,是因为存在一个凌驾于我之上的权威和统治。那么,在自然状态下,这一"权威和统治"是什么呢?我们知道,在定义"自然权利"的时候,洛克强调在自然状态下人们为了自保,"无须得到任何人的许可或听命于任何人的意志",也就是说其行为不受人世间任何公共权力的干涉,而洛克在谈到自然状态与战争状态的区别时也强调:"人们受理性支配而生活在一起,不存在拥有对他们进行裁判的权力的人世间的共同尊长,他们正是处在自然状态中。"② 如果说,在自然状态下,人们受到自然法的约束,负有"保存他人"的义务,那凌驾于人们之上的那个权威和统治是什么呢?

既然,自然状态下不存在"拥有对人们进行裁判的权力的人世间的共同尊长",那么,这一凌驾于人们之上的权威和统治就只能是上帝。从洛克的论述中我们的确可以得出这样的结论。"这一权威和统治有时是通过自然权利和创造的权力而来的,就像万物都合理地从属于创造并保存它们的权威那样。"③ 上帝创造万事万物,也创造了人类,在自然状态下,上帝就是那个约束人们的权威和统治。但是这一说法又面临新的难题:在上帝的统治下,人们会违反自然法吗?如果不会,也就是说,每个人都能遵循自然法而履行保全他人的义务,那么,人世间公共的政治权力还会产生吗?还有必要存在吗?换句话说,如果在上帝的权威下每个人都能遵守自然法的话,那么人世间的公共权力就永远不会产生,人类就永远走不出自然状态。正是因为上帝的权威无法保证人们对自然义务的履行,所以,人世间的公共权力以及国家和政府才成为必要。

---

① [英]约翰·洛克:《自然法论文集》,刘时工译,上海三联书店2012年版,第148—149页。
② [英]约翰·洛克:《政府论》(下篇),叶启芳、瞿菊农译,商务印书馆1982年版,第12页。
③ [英]约翰·洛克:《自然法论文集》,刘时工译,上海三联书店2012年版,第149页。

另一方面，如果说在上帝的统治下，人们会违反自然法，那么谁来惩罚犯法的罪犯呢？如果说，是上帝来惩罚违反自然法的人，那这种惩罚只能是一种"良心的惩罚"，确实"每个犯罪的人都逃脱不了自己良心的惩罚"，但是，这种惩罚在大多数情况下是无效的。一个人可以一面受着良心的煎熬，一面作恶多端；也可以作恶多端而根本不感到愧疚和自责。我们没有理由去要求在自然状态下的人能在所谓良心的约束下自觉遵循自然法的教导。而如果"良心的惩罚"是无效的，那么自然法就不能"有效地"约束人们的行为。当然，洛克没有选择上述答案，而是给出了另一答案：每个人都有权惩罚违反自然法的人。洛克论述道："为了约束所有的人不侵犯他人的权利、不互相伤害，使大家都遵守旨在维护和平和保卫全人类的自然法，自然法便在那种状态下交给每个人去执行，使每个人都有权惩罚违反自然法的人，以制止违反自然法为度。"① 洛克深知，如果没有人拥有惩罚违反自然法的罪犯的权力，那自然法将毫无用处。而在自然状态下，没有任何人的权力凌驾于其他人之上，因此，如果一个人拥有惩罚他人的权力，那么所有人都拥有这一权力。

然而，洛克的这一解决方案存在着无法回避的困难，他自己也意识到了这一点："对于这一奇怪的学说——即认为在自然状态下，人人都拥有执行自然法的权力——我相信总会有人提出反对：人们充当自己案件的裁判者是不合理的，自私会使人们偏袒自己和他们的朋友，而在另一方面，心地不良、感情用事和报复心理都会使他们过分地惩罚别人，结果只会发生混乱和无秩序。"② 然而，洛克并没有正面回应这一困难，而是一笔带过："所以上帝确曾用政府来约束人们的偏私和暴力"，接着开始讨论政府和国家的问题。洛克转移话题的手法非常具有欺骗性。实际上，我们在这里讨论的不是自然状态和社会状态孰优孰劣，或者谁是谁的补救的问题，而是自然状态下人们有否可能受自然法约束的问题。如果按照洛克的说法，每个人都有权惩罚违反自然法的人，那其结果必然是人人为了自保而"惩罚"对自己造成伤害或有威胁的人，而且最好给予对方以致命的打击而使其不再有"惩罚"自己的机会，就连洛克自己也说："我享有毁灭那以毁灭来威胁我的东西的权利，这是合理和正当的。"③ 在这样的情形下，人们的基本权利"生命、自由和财产"根本得不到保障。人人有

---

① [英]约翰·洛克：《政府论》（下篇），叶启芳、瞿菊农译，商务印书馆1982年版，第5页。
② 同上书，第8页。
③ 同上书，第11页。

权惩罚违反自然法的人以及人们的自私和恐惧，使得自然法无法得到有效的遵守，人们之间时时处于敌对混战以及暴力死亡的威胁之中。自然法变成一纸空文，对人们没有任何约束力，每个人都可以打着执行自然法的幌子来伤害他人，最终的结果就是进入所有人反对所有人的战争状态。

洛克费了很大的力气来区分自然状态和战争状态，并且在这个问题上批评霍布斯："这就是自然状态和战争状态的明显区别，尽管有些人（霍布斯）把它们混为一谈。它们之间的区别，正像和平、善意、互助和安全的状态和敌对、恶意、暴力和互相残杀的状态之间的区别那样迥然不相同。人们受理性支配而生活在一起，不存在拥有对他们进行裁判的权力的人世间的共同尊长，他们正是处在自然状态中。但是，对另一个人的人身用强力或表示企图使用强力，而又不存在人世间可以向其诉请救助的共同尊长，这是战争状态。"① 从洛克的论述中我们看到，自然状态和战争状态都是不存在人世间的公共权力的状态，它们之间的区别就在于，自然状态是和平的，而战争状态是充满暴力的。但是，从以上的分析中我们看到，洛克所描绘的"人人有权执行自然法"的自然状态必然也是充满暴力的，因此，也必然是一种战争状态。所以说，洛克想要区分自然状态和战争状态的努力是徒劳的，他对霍布斯的批评也是没有道理的。

综上所述，洛克对自然状态下人们拥有"生命、自由和财产"三项平等权利的论证是不成功的，自然状态下，只可能存在霍布斯所定义的自然权利——每个人按照自己所愿意的方式运用自己的力量保全自己的生命——也就是自保的权利。因为，在人世间还不存在令人们慑服的共同权力的情况下，任何义务都得不到履行，除非为了自保，人们绝不会自觉遵守自然法。

实际上，洛克所说的三项基本权利的论证困境也曾体现在美国革命的政治纲领《独立宣言》诞生的过程当中。洛克的自然权利理论在《独立宣言》中得到系统表述："我们认为下述真理是不言自明的：一切人生来平等。造物主赋予他们以某些（固有的和）不可剥夺的权利。其中包括生命、自由和追求幸福。"② 这是美利坚合众国十三个州通过的《独立宣言》版本，唯一的不同只是将洛克的"财产权"替换成了"追求幸福的

---

① [英] 约翰·洛克：《政府论》（下篇），叶启芳、瞿菊农译，商务印书馆1982年版，第12—13页，"有些人"指霍布斯。
② [美] 杰斐逊：《杰斐逊选集》，朱曾汶译，商务印书馆1999年版，第48页。

权利"。然而，在杰斐逊交给富兰克林的草稿中，最初写的却不是"下述真理是不言自明"，而是"下述真理是神圣而不可否认的"，后来，无法考证是杰斐逊，还是富兰克林将"神圣而不可否认的"改为"不言自明的"。① 从这里我们看到，美国的开国政治家们最初想从上帝那里得到对于自然权利的论证，后来觉得不妥，又改从常识的"自明性"来理解三项基本自然权利的存在。究其原因，还是因为洛克没有能够成功地论证三项基本权利的存在以及"人人生而平等"，或者说，"人人生而平等"本来就是无法证明的。

综合以上三方面的论述，我们得出结论：霍布斯和洛克并没有能够证明"人人生而平等"或者说"自然状态下人人平等"这一自然权利论的基本政治信念，人们在社会状态下应该享有的"平等权利"只能从其他理论资源中寻找根据。

## 第二节　卢梭论不平等的起源

> 随着观念和情感的相互推动，精神和心灵的相互为用，人类便日益文明化。联系日多，关系也就日益紧密……每个人都开始注意别人，也愿意别人注意自己。于是公众的重视有了一种价值。最善于歌舞的人、最美的人、最有力的人、最灵巧的人或最有口才的人，变成了最受尊重的人。这就是走向不平等的第一步；同时也是走向邪恶的第一步。②
> 
> ——卢梭《论人类不平等的起源和基础》

对于"自然状态下人与人之间是否平等"的问题，卢梭似乎表达了两种相互矛盾的意见。卢梭在《论不平等》③"本论"中论述到：平等分为两种：一种是"自然的不平等"，包括人们在年龄、健康、体力以及智慧或心灵的性质等各方面的差异；另一种是"协议的不平等"，包括人们

---

① 参见［美］卡尔·贝克尔《18世纪哲学家的天城》，何兆武等译，生活·读书·新知三联书店2001年版，第286页。
② ［法］让·雅克·卢梭：《论人类不平等的起源和基础》，李常山译，东林校，商务印书馆1982年版，第118页。
③ 下文中《论不平等》指代卢梭的著作《论人类不平等的起源和基础》。

在财富、权势、社会地位等方面的不平等。① 在卢梭看来，自然状态下的人处于孤立绝缘的状态，人与人之间的关系还没有建立起来，当然不存在"协议的不平等"；但是，人与人之间在体力、智力、情感等各方面的差异却固然是存在的，因此在自然状态下存在"自然的不平等"。这一推理看似非常可信。但是，卢梭在《论不平等》这部著作的结尾却给出了与此相反的结论："根据我的说明，我们可以断言，在自然状态中，不平等几乎是不存在的。由于人类能力的发展和人类智慧的进步，不平等才获得了它的力量并成长起来；由于私有制和法律的建立，不平等终于变得根深蒂固而成为合法的了。"② 从上述引文我们可以清楚地看到，卢梭认为在自然状态下，人与人之间不存在"不平等"，不平等是在人们日益文明化的过程中发展起来的。但这一结论又与卢梭对两种不平等的区分存在矛盾之处。为了更深入地探究"自然状态中存不存在不平等"的问题，我们不能只靠只言片语地引用卢梭的原话，还必须考察卢梭关于自然状态的理论。

## 一　何谓自然状态？

卢梭所理解的自然状态与霍布斯和洛克的都不一样，霍布斯和洛克虽然想象一种社会公约建立之前人的生存状态，但是，他们在其中掺杂了人们在社会中才有的观念和思想，例如理性、权利等。而卢梭所描述的自然状态是在人们形成理性、语言和任何人与人之间的关系之前的状态。③卢梭甚至认为那是一种比新大陆上的土著人还要原始的状态。事实上，在许多卢梭同时代的批评家看来，卢梭是参照野兽而不是任何已有的人类族

---

① 原文如下："我认为在人类中有两种不平等：一种，我把它叫作自然的或生理上的不平等，因为它是基于自然，由年龄、健康、体力以及智慧或心灵的性质的不同而产生的；另一种可以成为精神上的或政治上的不平等，因为它是起因于一种协议，由于人们的同意而设定的，或者至少是它的存在为大家所认可的。第二种不平等包括某一些人由于损害别人而得以享受的各种特权，譬如：比别人更富足、更光荣、更有权势，或者甚至叫别人服从他们。"（［法］让·雅克·卢梭：《论人类不平等的起源和基础》，李常山译，东林校，商务印书馆1982年版，第70页。）

② ［法］让·雅克·卢梭：《论人类不平等的起源和基础》，李常山译，东林校，商务印书馆1982年版，第149页。

③ 卢梭对自然状态的理解与霍布斯和洛克的理解不同，这一点可以从《论不平等》的题词中得到佐证。卢梭在《论不平等》的开篇引用了亚里士多德在《政治学》中的话："不应当在变了质的事物里而应当在合乎自然法则的事物里来观察自然。"这里所说的"变了质的事物"就是指霍布斯和洛克所考察的并非原始的"自然状态"，而是已经发展到一定程度的人类社会。

群来理解人的自然状态的。① 关于人类的起源，卢梭认为人类是从低于人的动物逐渐发展而来的，他反对亚里士多德所说的人天生是社会动物的观点，认为人的社会性以及人与人之间的联系是在逐步文明化的过程中发展起来的。《论不平等》的第一部分集中讨论了卢梭所理解的人的自然状态，归纳起来大概有如下几个特征：容易满足、同野兽一样凶猛和敏捷、不会使用工具、少有疾病、孤独、没有建立任何人与人之间的联系，没有理性，没有语言，唯一关心的是自我保存。下面我们通过几段引文来具体讨论自然状态下人的这些特征。

在卢梭看来，自然状态下的人是容易满足的，他们的"唯一需要就是食物、性和休息；畏惧的唯一灾难就是疼痛和饥饿"②。对于食物和休息，卢梭论述道，"我看到他在橡树下饱餐，在随便遇到的一条河沟里饮水，在供给他食物的树下找到睡觉的地方，于是他的需要便完全满足了"③。对于性的需要，卢梭是这样理解的："男女两性的结合也是偶然的，或因巧遇，或因机缘，或因意愿关系，并不需要语言作为他们彼此间表达意思的工具。他们的分离也是同样的容易"④；"野蛮人只听从天然气质的支配，而并不听从他尚未能获得的爱好的支配；任何女人，对他来说，都是同样合适的。……每个野蛮人只是静候着自然的冲动，当他服从这种冲动的时候，对于对象并无所选择……需要一经满足，欲望便完全消失了"⑤。

在卢梭笔下，野蛮人的需求类似于野兽的需求，而他们的身体特征也与野兽相似。他们与野兽一样凶猛而敏捷，"如果让一只熊或一只狼去和一个粗壮、敏捷、勇敢（所有野蛮人都是这样），而用石头和棍子武装起来的野蛮人搏斗，你将会相信，至少是双方都有生命的危险"；"奔跑起来的人和其他动物同样敏捷"⑥。

野蛮人容易满足的需求与凶猛而敏捷的身体特征决定了他们不需要许多人们在社会状态下所必需的东西。第一，野蛮人不需要使用工具，"野

---

① 参见美国学者普拉特纳（Plattner）在《卢梭的自然状态》一书中对这一点所作的引证。《卢梭的自然状态》：尚新建、于灵灵译，刘小枫、甘阳主编，华夏出版社 2008 年版，第 35 页。
② ［法］让·雅克·卢梭：《论人类不平等的起源和基础》，李常山译，东林校，商务印书馆 1982 年版，第 85 页。
③ 同上书，第 75 页。
④ 同上书，第 89 页。
⑤ 同上书，第 105 页。
⑥ 同上书，第 77 页。

蛮人的身体是他们所认识的唯一工具，他们把身体用于各种用途"①，也是出于这一原因，他们的身体才如此强壮而敏捷。而社会状态下的人，则是由于使用了各种各样的工具，所以身体的各种能力才退化了。第二，野蛮人不需要衣服、不需要住处，"第一个为自己制作衣服或建筑住处的人，实际上不过是给自己创造了一些很不必要的东西"②。因为，野蛮人完全和自然融为一体，他们的皮毛足以抵抗严寒，而大自然茂密的森林也足以为他们提供休息的场所。第三，野蛮人也不需要医生和药物，他们"除受伤和衰老以外几乎不晓得其他的疾病"③。

野蛮人有限的需求以及与大自然融为一体的生存状态决定了自然状态下的人是孤独的，人与人之间的关系还没有建立起来。我们知道，人类最基本的组织形式就是"家庭"，其建立在两种关系即夫妻关系和父母与子女的关系之上。首先，关于夫妻关系，在卢梭看来，野蛮人对性的需求犹如他们对食物的需求，一经满足，欲望就消失。因此，不可能建立长久的两性关系。卢梭在《论不平等》的附注［十二］中费了许多笔墨来批评洛克的说法。洛克认为，为了延续种类，两性之间的结合会长久地继续下去。卢梭认为洛克仅仅提出了一个自己认为有益于人类的想法，而并非人类社会尚未建立时人们生活的事实。在自然状态下，"人们过着孤独的生活，一个人没有理由和另一个人生活在一起，甚至或许这些人没有理由和另一些人生活在一起……自从有了社会，人们就经常有共营共同生活的必要，而且每个人也常常有和另一个男人或女人营共同生活的必要了"④。第二，关于母子关系，卢梭论述道："母亲哺乳幼儿，起初只是为了她自己生理上的需求，后来由于习惯使她觉得小孩可爱，她才为了小孩的需求而喂养他们。但是，孩子一旦有了自己寻找食物的能力，就毫不迟疑地离开母亲；而且，他们除了永不失散，谁也看得见谁以外，几乎没有任何其他保持互相认识的方法，因此他们往往会很快就互不相识了。"⑤ 母子关系尚且如此，那就更不用说父子关系了。⑥ 由此看来，在自然状态下，父母与子女之间的关系也尚未建立。

---

① ［法］让·雅克·卢梭：《论人类不平等的起源和基础》，李常山译，东林校，商务印书馆1982年版，第76页。
② 同上书，第81页。
③ 同上书，第79页。
④ 同上书，第182页。
⑤ 同上书，第89—90页。
⑥ 卢梭在《论不平等》中根本就没有提到自然状态下的父子关系，父亲不用哺乳幼儿，就更没有理由要和自己的子女生活在一起了。

人类生活的孤独状态使得野蛮人各方面的能力也都还没有发展起来。由于人与人之间的联系几乎没有，野蛮人还没有语言的需求，不具备语言的能力。而语言是人们思考的工具，思考与语言的形成是同一个过程，因此野蛮人还不具备理性思考的能力。卢梭甚至认为："思考的状态是违反自然的一种状态，而沉思的人乃是变了质的动物。"① 由于语言和理性思考的缺失，野蛮人的认知和情欲也非常有限，也谈不上任何预见或好奇心。

最后，卢梭对他所理解的自然状态进行了如下归纳："漂泊于森林中的野蛮人，没有农工业，没有语言，没有住所，没有战争，彼此之间也没有任何联系，他对于同类既无所需求，也无加害意图，甚至也许从来不能辨认他同类中的任何人。这样的野蛮人不会有多少情欲，只过着无求于人的孤独生活，所以他仅有适合于这种状态的感情和知识。"②

## 二 自然状态中存在不平等吗？

如上所述，自然状态下的人是孤独的，那么在尚未建立任何"关系"的人与人之间存在着不平等吗？我们来看看卢梭自己对这一问题的回答："自然在给人分配天赋时，即使真的像人们所说，往往厚此而薄彼，但是在人与人之间几乎不可能发生任何关系的环境中，那些得天独厚的人们，因受到自然偏爱而获得的好处，对别人又有什么损害呢？在没有爱情的地方，美丽有什么用呢？对于没有语言的人，才智有什么用呢？对于不互通交易的人，狡诈有什么用呢？"③ 卢梭在这段话中很好地说明了为什么人与人之间的自然差异或生理上的差异并不构成自然状态下人与人之间的不平等。在每个人都孤立生活的状态下，一个人相对于另一个人的强壮，与一只狮子相对于他的强壮又有什么区别呢？如果说人与人之间生理状况上的差异构成了他们在自然状态下的不平等，那么是不是可以说在自然状态下狮子与人之间也存在不平等呢？这一结论显然是荒谬的。所以说，卢梭虽然讲到了自然的或生理上的不平等，但是这并不代表卢梭认为，人与人之间在生理上的差异构成了自然状态下人与人之间的不平等。恰恰相反，他认为人与人之间生理上的差异在自然状态下是没有任何意义的，因为人与人之间的关系还没有建立起来，还没有机会让这些

---

① 卢梭因这句话被一些人当成是反理性主义者，参见[法]让·雅克·卢梭《论人类不平等的起源和基础》，李常山译，东林校，商务印书馆1982年版，第79页。
② [法]让·雅克·卢梭：《论人类不平等的起源和基础》，李常山译，东林校，商务印书馆1982年版，第106页。
③ 同上书，第107—108页。

差异发挥它们的作用。所以,"不平等在自然状态中几乎是感觉不到的,它的影响也几乎是等于零的"①。

那么,在人类历史的发展过程中不平等是什么时候出现的呢?卢梭向来否认人类直接从自然状态进入社会状态的说法。他认为,人类在自然状态之后进入一个萌芽社会(nascent society)状态的时期,这是人类的黄金时代。卢梭认为,自然状态下的人虽然形同野兽,但是,人与野兽之间还是有着根本的区别,例如:人具有潜在的学习能力和适应能力,拥有自由、是自由的行动者,具有自我完善的能力,有怜悯心,等等。在一系列偶然事件的作用下,野蛮人的这些潜在能力被激发,并且逐步地发展起来。野蛮人获得越来越多的知识,对于同类之间的关系有了新的观念。丈夫、妻子、父母、子女开始生活在一起,每个家庭开始变成一个结合得很好的小社会。在这样的萌芽状态的社会中,人与人之间开始有了爱的观念,而爱使人们产生嫉妒和攀比,于是催生出了人与人之间的不平等。卢梭论述道:"随着观念和情感的相互推动,精神和心灵的相互为用,人类便日益文明化。联系日多,关系也就日益紧密……每个人都开始注意别人,也愿意别人注意自己。于是公众的重视有了一种价值。最善于歌舞的人、最美的人、最有力的人、最灵巧的人或最有口才的人,变成了最受尊重的人。这就是走向不平等的第一步;同时也是走向邪恶的第一步。"②

在上述引文中,卢梭对不平等出现的过程进行了描述。但是,在这一过程中,真正决定不平等出现的是什么呢?我们可以从微观和宏观两个层面来分析这个问题。首先在微观层面,正像卢梭研究学者毛里斯·克兰斯顿③所指出的,正是当人们的"自爱心"(amour-de-soi)转变为"自尊心"(amour-propre)时,人与人之间的不平等就出现了。卢梭在《论不平等》的附录〔十五〕中详细讨论了"自爱心"与"自尊心"的区别,卢梭论述道:"不应该把自尊心和自爱心混为一谈,这两种感情,无论按它们的性质或者效果来说,都是迥然不同的。自爱心是一种自然的感情,它使所有的动物都自我保存……自尊心只是一种相对的、人为的,而且是在社会中产生的感情,它使每一个人重视自己甚于重视其他任何人,它促

---

① 〔法〕让·雅克·卢梭:《论人类不平等的起源和基础》,李常山译,东林校,商务印书馆1982年版,第109页。
② 同上书,第118页。
③ 毛里斯·克兰斯顿(Maurice Cranston, 1920 – 1993)是英国著名的卢梭研究专家,此处所讨论的内容参见 Maurice Cranston, "Rousseau On Eqaulity", *Social Philosophy and Policy*, Vol. 2, No. 1, 1984, pp. 115 – 124。

使人们彼此间做出种种的恶，它是荣誉心的真正根源。"① 按照卢梭的理解，"自爱心"是自然状态下人与禽兽所共有的自然情感，它专注于自我保存；而"自尊心"则是因人们之间的相互联系而产生的情感，自尊心的产生说明人们开始重视别人对自己的看法，这是一种社会情感。那么，为什么说自尊心的产生就标志着不平等的产生呢？我们再体会一下卢梭对这一点的论述，"每个人都开始注意别人，也愿意别人注意自己。于是公众的重视有了一种价值。"② 实际上，人们微观层面的心理变化，必然是由人类社会宏观层面的变化引起的。每个人内心对自己的看重是由人们之间的"评价"引发的。在每个人的内心产生"自尊心"的同时，在人们之间也出现了"公众的评价"。而正是或好或坏，或赞赏或贬低，或仰慕或轻蔑的公众评价构成了人与人之间最初的不平等。克兰斯顿指明了这一点，他论述道："这就是卢梭关于不平等起源的所有论述，之前存在着人类个体之间外貌和能力上的差异；当某些特征被赋予比其他特征更高的评价和尊敬的时候，这些差异就转变成了（become）不平等；当比较的观念进入到人们的头脑中，人们对他人恭敬之心的要求并无止境，当这成为必需的时候，不平等就成为人类自身条件的一部分了。"③

综上所述，在卢梭看来，人的自然状态是一种类似野兽的状态，在一个个孤独的人之间有着种种生理上的差异，他们或强壮，或羸弱，或高大，或矮小，或机灵，或笨拙；但是，在他们之间尚未建立任何关系，还没有形成公众的评价；因此，自然状态下人与人之间不存在真正意义上的不平等。

### 三 自然状态中人们是平等的吗？

自然状态下人与人之间不存在不平等是否就意味着自然状态下的人是

---

① [法]让·雅克·卢梭：《论人类不平等的起源和基础》，李常山译，东林校，商务印书馆1982年版，第184页。
② 同上书，第118页。
③ 此段引文转引自刘国栋的文章《论卢梭的平等思想》。刘国栋在文章中批评了克兰斯顿的这段话，在我看来，刘国栋显然误解了克兰斯顿的论述："自然的差异转变成了不平等"，不是说自然的差异不存在了，而是说在差异的基础上附加上了人们关于优劣、好坏、美丑、善恶等评价，而这些评价构成了人与人之间的不平等，而且，这种不平等是基于人们生理上的差异的。参见刘国栋《论卢梭的平等思想》，《政治思想史》2013年第1期，第84页。

平等的呢？卢梭似乎流露了这种想法。① 在《社会契约论》一书第一卷的结尾处卢梭论述道："基本公约并没有摧毁自然的平等，反而是以道德的与法律的平等来代替自然所造成的人与人之间的身体上的不平等；从而，人们尽可以在力量上和才智上不平等，但是由于约定并且根据权利，他们却是人人平等的。"② 在这段话中出现了"自然的平等"和"自然所造成的人与人之间的身体上的不平等"两种表达，根据本文第二部分的分析，我们知道所谓自然所造成的人与人之间的"身体上的不平等"指的是人与人之间在生理和天赋的差异，那这里所说的"自然的平等"指的又是什么呢？在自然状态下，一个个孤立的人之间在什么意义上是平等的呢？卢梭自己没有给出进一步的解释。我们再来看卢梭《社会契约论》中的另一段话："我们不妨认为家庭是政治社会的原始模型：首领就是父亲的影子，人民就是孩子的影子；并且，每个人都生而自由、平等，他只是为了自己的利益，才会转让自己的自由。"③ 卢梭在这里表达了"人人生而平等"的观点，但同样地，卢梭也没有给出任何论证和解释。实际上，"人们在自然状态下是平等的"以及"人人生而平等"的观点是由霍布斯和洛克所阐发的自然权利论的观点。卢梭生活在自然权利论影响甚广的时代，并且与霍布斯和洛克同为社会契约论的阐述者，必然受到自然权利论的影响。因此，他才会在行文中不自觉地表达人人生而平等的观点。

如上节所述，在霍布斯和洛克看来，平等是一种"自然的"现实存在，因而也就是一种道德上"应该的"权利。自然权利论的逻辑是，因为人们在自然状态下是"平等"的，所以在社会公约建立之后，我们应该给予每个人平等的权利。这一推理有三个问题：首先，霍布斯和洛克所描述的自然状态并不是一个历史事实。霍布斯和洛克所构想的自然状态并非依据于任何具体的史料记载，虽然洛克认为自己所构想的自然状态是真实存在过的，但洛克并没有为此提供任何可靠的证据。这里可能的情况是，霍布斯和洛克认为人与人之间应该是平等的，于是就描述了这样一个平等的自然状态，并参照此自然状态来批判当时专制的社会现状。卢梭对此早有察觉，所以才在《论不平等》一书的题词中借用亚里士多德的话来暗指，霍布斯和洛克事实上是参照了人类的社会状

---

① 克兰斯顿就持这样的观点，认为卢梭赞同一个人人平等的自然状态。参见 Maurice Cranston, "Rousseau On Eqaulity", *Social Philosophy and Policy*, Vol. 2, No. 1, 1984, p. 115。
② ［法］让·雅克·卢梭：《社会契约论》，何兆武译，商务印书馆2005年版，第30页。
③ 同上书，第6—7页。

态来构想其自然状态。第二，即使霍布斯和洛克所描述的平等的"自然状态"是一个历史事实，然而从自然状态的平等中推出社会状态的"平等权利"犯了20世纪元伦理学的开创者 G. E. 摩尔所说的"自然主义谬误"。① 摩尔认为，哲学家们习惯用事物的自然属性来定义"好的""善的""应当"等事关价值的概念，他们混淆了自然事实与价值判断。正像休谟所指出的，从"是"并不能推出"应当""事实"与"价值"是二分的。按照摩尔和休谟的说法，我们不能因为自然状态下人们是平等的，就推断出在社会状态下人们应该拥有平等的权利。这样的说法是不成立的。第三，自然状态下人们所拥有的"自然权利"，其性质与社会状态下人们应该拥有的"平等权利"的含义有很大差异。自然状态下的"自然权利"是指，人的行为不受公共权力的干涉；而人们在社会状态下应该拥有的"平等权利"指的是，公共权力"平等"地对待每一个人，干涉或阻止某些人的越轨行为以保障所有人的基本自由。从这里我们看到，"自然权利"与社会状态下的"平等权利"有很大差异，很难用"自然权利"来论证社会中人们应该拥有的"平等权利"。

与霍布斯和洛克不同，卢梭虽然也受到了自然权利论的影响，但并没有向我们系统地阐述自然状态下人与人之间平等的观点，没有给我们描述一个平等的自然状态。所以，我们不能下结论说，在卢梭的理论中，自然状态下人与人之间是平等的。

那我们该如何来理解卢梭理论中自然状态下的平等问题呢？要解答这个问题，我们必须先回到"平等"的概念上来。平等本质上指的是一种价值上的相等，区别于人与人之间在某一特征上的同一。因此，在人类社会的价值体系还没有建立起来之前，也就是在卢梭所理解的自然状态下，我们可以比较人与人之间在体力、智力和情感等各方面的差异，但是却没有办法比较他们在价值上的高低。因此，在自然状态下，人与人之间既没有不平等，也谈不上平等，那是一个无所谓"平等"与"不平等"的状态。因为，在形成公众评价的价值体系之前，平等的概念还派不上用场。当然，卢梭谈到了"自然的不平等"，但这指的仅仅是人与人之间

---

① G. E. 摩尔（George Edward Moore，1873—1958）是20世纪英国重要的伦理学家，他于1903年出版的《伦理学原理》一书开创了元伦理学直觉主义传统。摩尔认为与伦理相关的概念不可能用自然概念来解释，而只能通过直觉感知。

的"差异"①，这种自然的差异，不仅在自然状态中存在，而且在任何人类社会中都存在。我们不能说人与人之间在自然条件上的差异构成了自然状态下人与人之间的不平等；而只能说在人类发展的过程中，人与人之间在自然条件上的差异构成了人们之间不平等的基础。

生活在既定的价值体系中，我们很难想象没有评价体系、平等概念还派不上用场的状态。在这一点上，也许我们可以参考人刚出生的状态：一个出生不久的婴儿，直到他上学之前的一段时期内，他的父母会觉得他哪都好。长得胖很可爱，长得瘦也可爱；有头发很可爱，不怎么长头发也很可爱；爱笑可爱，爱哭也很可爱……这样的"自我欣赏"会一直持续到孩子第一次拿着不理想的考试成绩回家的那一天。这时他的父母才恍然发现，哦，原来我的孩子不是最好的，还有这么多孩子都比他强，我以前怎么都没发现呢？所以，只有在"考试"这一统一的评价体系之下，儿童之间的差别和能力的不均等才真正体现出来。由此开始，后进生便有了压力，而优等生则可以在众人的羡慕和夸奖中"沾沾自喜"，孩子之间的"不平等"便由此产生，而老师则被要求对所有孩子要"平等"对待。

综上所述，卢梭所描述的自然状态是人人孤立无援的状态。在这样的状态下，公众评价和外在的价值体系还没有形成，无法对人们进行价值上的比较，也就谈不上人与人之间的平等与不平等。所以说，人们在自然状态下无所谓"平等"与"不平等"，"平等"与"不平等"的观念是在人类发展过程中随着公众评价的形成而发展起来的。

## 第三节 "同意"作为"平等权利"的基础

既然任何人对于自己的同类都没有任何天然的权威，既然强力并不能产生任何权利，于是便只剩下来约定才可以成为人间一切合法权威的基础。②

——卢梭《社会契约论》

---

① 关于翻译，实际上法语的 inégalité 和英语的 inequality 都可以解释成"不同""差异"的意思，不一定非得翻译成"不平等"。如果将"natural inequality"翻译成"自然的差异"，那卢梭的平等理论中就不会有这么多令人费解的疑惑了。参见笔者文章《"平等"一词的中英文差异及其生成》，《中国社会科学报》2015年1月9日。

② [法]让·雅克·卢梭：《社会契约论》，何兆武译，商务印书馆2005年版，第10页。

## 一 "人人同意"构成"人人平等"的基础

从以上两节的分析中我们看到,霍布斯和洛克所代表的自然权利论者常用的论证——以自然状态下的"自然权利"论证社会状态下的"平等权利"——是成问题的。那么,霍布斯、洛克和卢梭,这三位社会契约论者是否为我们提供了"人人平等"的其他论证呢?我认为,是的。这一论证是内在于社会契约论的结构当中的。纵观西方政治思想史,自霍布斯始,任何形式的社会契约论都包含着这样一种思想,那就是:公共权力的合法性是来自于受公共权力管辖的人们的同意。你没有权力命令我,我也没有义务服从你,除非我自愿屈从于你的权力。公共权力之所以使人们慑服,是由于它源自所有人的授权,因此"全体一致同意"就构成了政治权力合法行使其权威的必要条件。① 而一种公共权力要让所有人都同意其应用,就必须"平等"地对待所有人。由此,在人们签订社会契约、形成"人人同意"的公共权力的过程中,"人人平等"就得到了论证。在霍布斯、洛克和卢梭的社会契约论中都可以看到这一论证形式。

霍布斯认为,自然状态下有理性的人们认识到,为了保全自身不得不追求和平,而为了追求和平,就要放弃自然权利。于是,霍布斯推导出这样一条自然法:"当一个人为了和平与自卫的目的认为必要时,会自愿放弃这种对一切事物的权利(指自然权利);而在对他人的自由权方面满足于相当于自己让他人对自己所具有的自由权利。"② 也就是说,人们为了自保不得不放弃一部分自然权利,而这种"放弃"是相互的、平等的:你放弃多少权利,我就放弃多少权利,你保留的权利,我也将保留给自己。于是,在人们放弃部分自然权利而形成公共权力的过程中,人们所保留的部分权利就成为人们在社会状态中所拥有的"平等权利",这一权利是人人平等拥有的。人们为自身保留同等的"权利",被霍布斯论述为"第十自然法":"进入和平状态时,任何人都不应要求为自己保留任何他

---

① 虽然这一公共权力形成之后有可能交给一个人行使(君主制)、少数人行使(贵族制)或者多数人行使(民主制),但这一公共权力的形成依赖于每一个社会成员的授权。如果有任何人不同意,那这个人就不被包括在公共权力管辖的范围之内,而在公共权力的管辖范围之内的每一个人都对公共权力的运用表示了同意。因此,人们进入社会状态的最初契约必然是一份"全体一致同意"的契约,而不是符合民主原则的"大多同意"的契约。

② [英]托马斯·霍布斯:《利维坦》,黎思复、黎廷弼译,杨昌裕校,商务印书馆1985年版,第98页。

不赞成其余每一个人要为自己保留的权利。"① 由此看来，在进入和平状态的过程中，通过两两自愿签订契约，每个人都只能为自己保留与其他人相等的权利，这就保证了在社会状态下人人拥有"平等权利"。

在洛克的论述中，人们在社会中的平等"权利"是在专制权力向合法权力转化的过程中得到辩护的。洛克在《政府论》（下篇）中对于何谓"专制权力"进行了清晰的界定："专制权力是一个人对另一个人的一种绝对的专断的权力，可以随意夺取另一个人的生命。"洛克认为，专制权力不是自然所赋予的权力，因为自然没有让任何人强大到可以随意夺取他人性命的程度；也不是通过契约给予的权力，因为任何人不可能给予他人随意夺取自己生命的专断权力；专制权力类似野兽的强力，只有人权的丧失才会产生专制权力。② 从洛克的论述中我们可以总结出专制权力的几个特征：1. 专制权力不以人们的契约和自愿同意为基础。2. 专制权力是不受限制的权力，不以人们的权利为限。与此同时，洛克讨论了与专制权力相反的合法政治权力："政治权力是每个人交给社会的他在自然状态中所有的权利，由社会交给它设置在自身上面的统治者，附以明确的或默许的委托，即规定这种权力应用来为他们谋福利和保护他们的财产。……（合法的政治权力）起源于契约和协议，以及构成社会的人们的相互同意。"③ 按照洛克的说法，合法的政治权力是通过人们缔结契约让渡出一部分权利而形成的一种公共权力。人们之所以要让渡出一部分自然权利，就是为了能更好地保护自己的生命、自由和财产。因此，合法的政治权力，其存在的基础和目的就必然是为了保护人们的生命、自由和财产等基本权利。由此，合法的政治权力就必然以人们的基本权利为界限。

从洛克的论述中我们可以看到，专制权力与合法权力的根本区别在于两点：1. 是否基于人们的同意；2. 是否以个人权利为目的和界限。专制权力向合法权力转变的关键问题就是权力的应用必须得到人们的同意。一种权力要想得到所有人的同意和承认，其应用就必须以个人的权利为目的和界限，必须保障每一个人的生命、财产和安全。这一"权利"必须是人人平等拥有的。因为，如果这一"权利"不是人人平等拥有的，那么

---

① ［英］托马斯·霍布斯：《利维坦》，黎思复、黎廷弼译，杨昌裕校，商务印书馆1985年版，第117页。
② 参见［英］约翰·洛克《政府论》（下篇），叶启芳、瞿菊农译，商务印书馆1982年版，第109—110页。
③ ［英］约翰·洛克：《政府论》（下篇），叶启芳、瞿菊农译，商务印书馆1982年版，第108—109页。

被不平等对待的人或人们就必然不会同意,而专制权力就无法被承认为合法权力。这样,在洛克的社会契约论中,人人拥有"平等权利",就在专制权力向合法权力转化的过程中得到了辩护。

在特定的社会制度下,人人拥有的"平等权利"集中体现为"法律面前人人平等"。卢梭在《社会契约论》中对这一点进行了完美的论证。卢梭认为,当自然状态中孤立的个人遭遇到单个人所无法应对的种种障碍时,人们就会联合起来,通过协商达成共识,签订社会公约而进入社会状态:"只是一瞬间,这一结合行为就产生了一个道德的与集体的共同体,以代替每个订约者的个人。组成共同体的成员数目就等于大会中所有的票数①,共同体就以这一行为获得了它的统一性、它的公共的大我,它的生命和它的意志。②这一由全体人的结合所形成的公共人格,以前称为城邦,现在则称为共和国或政治体;当它是被动时,它的成员就称它为国家;当它是主动时,就称它为主权者……至于结合者,他们集体地就称为人民;个别地,作为主权权威的参与者,就叫作公民,作为国家法律的服从者,就叫作臣民。"③ 从这段论述中我们可以看到,在进入社会状态之后,社会中的每一个成员都有着双重的身份:作为主权权威的参与者,他们是公民;作为国家法律的服从者,他们是臣民。④

在卢梭的论述中,法律又是什么呢?首先,卢梭认为,"法律是公意的行为"⑤。在卢梭的理论结构中,公意是共同体的意志,也就是主权者的意志。由此,所谓"法律是公意的行为",其含义就是说,法律是主权意志的行为。与此同时,卢梭认为共同体中所有的公民都是主权权威的参与者,由此,我们就得到卢梭对法律的另一表述:法律是"所有人对所有人做出的规定"⑥。如此定义的法律具有双重的"普遍性":一方面,做出法律规定的人是共同体中的所有公民;另一方面,法律的应用对象是共同体中的所有臣民。而共同体中的每一个人都既是公民又是臣民,因此,

---

① 共同体成员的数目等于所投的票数,这也证明了这一结合是"全体一致同意"的结果,那些不赞成最初社会公约的人就不是共同体的成员。
② 这里"它的意志"指共同体的意志,也就是卢梭所说的"公意",法文是 Volonté générale,有学者建议翻译成普遍意志。
③ [法]让·雅克·卢梭:《社会契约论》,何兆武译,商务印书馆2005年版,第21页。
④ 实际上,亚里士多德早就表达过这一看法。在讨论什么是公民的美德的时候,亚里士多德论述道:"公民兼为统治者和被统治者,就应熟悉两方面的才识。"(参见[古希腊]亚里士多德《政治学》,吴寿彭译,商务印书馆2008年版,第126页)
⑤ [法]让·雅克·卢梭:《社会契约论》,何兆武译,商务印书馆2005年版,第47页。
⑥ 同上书,第46页。

法律成了人们加之于自身的法则，是"所有人对自己的规定"①。法律应用对象的普遍性直接决定了人们之间的平等："法律只考虑臣民的共同体以及抽象的行为，而绝不考虑个别的人以及个别的行为。因此，法律很可以规定有各种特权，但是它却决不能指名把特权赋予某一个人；法律可以把公民划分为若干等级，甚至于规定取得各该等级的权利的种种资格，但是他却不能指名把某某列入某个等级之中；它可以确立一种王朝政府和一种世袭的继承制，但是他却不能选定一个国王，也不能指定一家王室；总之，一切有关个别对象的职能都丝毫不属于立法权力。"②

上述引文不仅阐述了什么是法律的普遍性要求，同时也阐明了卢梭意义上的"法律面前人人平等"的含义。从这段话中我们可以看到，卢梭所主张的人与人之间的平等还远远没有提出消除公民之间的等级差别，消除特权，以及消除等级社会之类的要求，甚至也还没有提出消除人与人之间由于财产占有的不同而产生的经济不平等的要求。对于人们在经济领域的平等，卢梭认为只需达到这样的限度："就财富而言，没有一个公民可以富得足以购买另一人，也没有一个公民穷得不得不出卖自身。这就要求大人物这一方必须节制财富与权势，而小人物这一方必须节制贪得与觊求。"③

## 二　社会契约论中的"平等"

从上述论述中我们看到，在社会契约论中，人人拥有的"平等权利"是通过一个"人人同意"的社会契约而得到论证的。如果我们不满足于这样的论证而继续追问，可能会产生两个问题：一是，社会契约为什么要求"人人同意"。社会契约论者的回答是：这是因为人是自由的，如非本人同意，我们不能强迫任何人进入社会状态。用卢梭的话来说，只有我自愿加之于自己的法则我才有义务去遵守。④ 二是，"人人同意"的社会契约为什么必须平等地对待所有人，按照霍布斯的说法，这是因为"人们

---

① 也正是出于这一原因，卢梭认为人们在进入社会状态后仍然是自由的。在卢梭看来，自由不在于没有法则，而在于遵循自己为自己订立的法则。这一思想被康德所继承，成为康德道德哲学的根基。
② [法] 让·雅克·卢梭：《社会契约论》，何兆武译，商务印书馆2005年版，第47页。
③ 同上书，第66页。
④ 卢梭的"公意"理论集中体现了自由的思想。在卢梭看来，进入社会状态之后，人的自由在于遵循"公意"，而"公意"正是人们一致同意而形成的公共权力的意志，是人们签订社会契约时承诺要服从的意志。因此，人的自由在于服从我自己加之于自身的法则。

认为自己平等",如果不平等地对待每一个人,人们就不会自愿进入社会状态。霍布斯在推出"第九自然法"——每一个人都应当承认他人与自己生而平等,违反这一准则的就是自傲①——时论述道:人生而平等,这种平等应该予以承认,即使"人生而不平等",那也由于人们认为自己平等,除了在平等的条件下不愿意进入和平状态!因而同样必须承认这种平等"②。霍布斯的这句话可谓是一语中的,据此可知,即使霍布斯和洛克没有能够成功地论证"人人生而平等",他们也必然要肯定人的平等。因为,社会契约论者认为,"人们认为自己平等",如果不平等地对待每一个签约者,那人们就不会签订社会契约,就无法进入社会状态。

　　针对社会契约论者的这两个回答,我们可以提出下述两个问题:"人真的是自由的吗?"以及"人们真的认为自己平等吗?"显然,对于这两个问题,不同的人会有不同的看法。这两点并不是自明的真理。否则,亚里士多德就不会因认为"一些人天生宜于治人,而另一些人天生受制于人"的观点而被霍布斯批评③。而柏拉图也就不会想出"高贵的谎言"来糊弄人了。在这里,我们可以肯定的只能是:1. 社会契约论者认为"人人生而自由";2. 社会契约论者认为"人人生而平等"。④

　　传统社会契约论的这一特征也体现在当代社会契约论的表述中。罗尔斯在洛克、卢梭和康德的社会契约论的基础上建构了自己的正义理论⑤,并且将传统社会契约理论中的"自然状态"抽象为"原初状态"。在论述"原初状态"中的平等条件时,罗尔斯实际上给出了"人人生而平等"的第三种论证(区别于"人们在能力上平等"以及"平等基于人人同意的社会契约"):人们只有在平等的条件下才能订立公平正义的契约。罗尔斯将其正义理论称作是"作为公平的正义",强调正义的原则是人们在"公平"的条件下达成的一致同意的协议。其中,"公平"的条件具体指

---

① [英] 托马斯·霍布斯:《利维坦》,黎思复、黎廷弼译,杨昌裕校,商务印书馆1985年版,第117页。
② 同上。
③ 同上。
④ 如果不能证明"人人生而平等"的话,社会契约论对"平等"的论证就陷入了循环当中:社会状态下人们之所以平等,基于"人人同意"的社会契约;而社会契约之所以要"人人同意",是因为"人们认为人人平等";但事实上,并非人人认为"人人平等",而只有社会契约论者认为"人人平等"。所以,社会契约论者的论证就变成了:从认为"人人平等"推出"人人平等",这一荒谬的形式。
⑤ 关于罗尔斯正义理论的思想来源,参见约翰·罗尔斯《正义论》,何怀宏、何包钢、廖申白译,中国社会科学出版社1988年版,第2页。

的就是罗尔斯所描述的"原初状态"①。罗尔斯将原初状态设定为平等的,是指"每个人在选择原则的过程中都有同样的权利,每个人都能参加提议,并说明接受它们的理由等等"。罗尔斯之所以要将原初状态如此设定,则是为了使人们"在其中达到的基本契约是公平的"②。简言之,只有在"人人平等"的条件下,人与人之间才有可能订立公平的契约、建构正义的原则。反之,没有了平等的保证,人们则只能签订不平等的条约,像战败国与战胜国之间的条约那样。由此我们就不应感到惊讶:不论是在霍布斯和洛克所论述的"自然状态"下,还是在罗尔斯所论述的"原初状态"下,人与人之间都是平等的。因为"平等"这一设定是社会契约论本身的理论结构所要求的(虽然"平等"也许并非是一个事实)。

综上所述,"人人生而平等"是社会契约论者的理论假设。霍布斯、洛克和卢梭所代表的权利论政治思想家所提出的平等理论反映了17、18世纪革命浪潮中的政治思想家们对政治平等的诉求。"人人平等"的政治理想推动了英国、美国以及法国的政治革命,成为当时一系列革命的政治口号。然而,权利论思想家所提出的"人人平等"仅限于人人拥有"平等权利",在社会制度上体现为"法律面前人人平等"。这一阶段平等的实现依赖于"专制权力"向"合法权力"的转变,这一变革将公共权力的应用置于"个人权利"的制约之下。然而,人类迈向平等的步伐并没有停留在这一阶段,"革命尚未成功,同志仍须努力",人与人之间更深刻的不平等还有待后来者揭示和批判。

---

① 关于罗尔斯正义理论的思想来源,参见约翰·罗尔斯《正义论》,何怀宏、何包钢、廖申白译,中国社会科学出版社1988年版,第18页。
② 同上书,第17—18页。

# 第三章　私有权的秘密

　　权利的平等是人们在肯定存在之平等的基础上向现实的平等迈出的一大步。通过这一步骤，人类社会的法律和政治制度的平等框架得以确立。社会中不同出身、不同性别、不同种族、不同社会地位的人们得以享受"法律面前人人平等"，以及平等的政治权利。人们以平等的人格，在权利受到保护的前提下建立各种各样的相互关系，而人类的尊严也得到了极大的维护。然而，在众多的平等权利中，有一种权利却具有"双重身份"，它像一个"间谍"隐藏在平等的外衣之下，这一权利就是"私有权"。一方面，私有权是人们平等权利中的重要内容，在整个权利体系中占据重要地位；另一方面，私有权又无时无刻不在动摇着人与人之间的平等，总是企图破坏人们之间的和谐关系，将人们分成三六九等，甚至是将穷人推向被富人剥削的窘境。基于私有权的"两面性"，一些思想家为私有权大唱赞歌，将其看作是平等的本质；另一些思想家则深刻批判"私有权"，揭示权利平等的虚伪，提出消灭私有制的政治理想。在本章的讨论中，笔者将分别讨论洛克和马克思发展出的支持与反对私有权的两种相关理论，涉及的问题有：洛克对私有权的论证、私有权的洛克式限制条款、马克思的剥削理论，以及当代学者诺奇克对洛克私有权理论的发展以及其对马克思剥削理论的质疑。

## 第一节　私有权及其限制条款

　　谁第一个把一块土地圈起来并想到说：这是我的，而且找到一些头脑十分简单的人居然相信了他的话，谁就是文明社会的真正奠基者。假如有人拔掉木桩或者填平沟壑，并向他的同类大声疾呼："不要听信这个骗子的话，如果你们忘记土地的果实是大家所有的，土地不属于任何人的，那你们就要遭殃了！"这个人该会使人类免去多少罪行、战争和杀害,免去多少苦难和恐惧啊!①
——卢梭《论人类不平等的起源与基础》

卢梭这段著名的关于私有权的论述很好地展现了私有财产制度的两面性:一方面,如卢梭所言,人类社会的故事是从分清"你的"和"我的"开始的,私有权财产制度是文明社会的基石;另一方面,私有权制度的发生和发展肯定了富人与穷人之间的不平等,给人类带来无穷无尽的争斗和苦难。如果说走向文明社会是人类的宿命,那么私有财产制度就是人类的必经之路。这一制度究竟给人们带来了什么?为什么有人将其奉为神赐,又有人将其视为魔鬼?下面我们先从洛克对私有权的推导和论证中来探寻人们最初是怎么获取财产的。

## 一 洛克对私有权的论证

洛克是将私有财产制度奉若神赐的思想家。与霍布斯②和休谟③不同,洛克认为私有权是人们在自然状态下就拥有的三项基本权利——自由、生命和财产——之一,不是人们进入社会状态之后才拥有的。因此,私有权并不是基于人们的同意——社会契约——而产生的权利。洛克还进一步认为,私有权是三项基本自然权利的核心。因为,自由权可理解为支配我所拥有的东西的权利,而生命权可理解为对自我本身的拥有(也就是后文将详细讨论的自我所有权)。所以说,自由和生命两种权利都可以划归为私有权。因此,私有权是自然权利的核心。

在洛克的笔下,私有权有着神圣的来源。在《政府论》(下篇)中洛克对私有权进行了论证,其论证分为两个步骤:第一,论证土地、土地所滋养的植物和动物以及大自然中对人们有益的其他物品属于人类共有;第二,推导人们以何种方式将人类所共有的物品挪为私用,并论证人们对被挪为私用的物品拥有权利(私有权)。

---

① [法]让·雅克·卢梭:《论人类不平等的起源和基础》,李常山译,东林校,商务印书馆1982年版,第111页。
② 霍布斯认为,在自然状态下,人们没有私有权。参见霍布斯的这段话:"这种状况(自然状态)还是下面情况产生的结果,那便是没有财产,没有统治权,没有'你的'、'我的'之分;每一个人能得到手的东西,在他能保住的时期内便是他的。"([英]托马斯·霍布斯《利维坦》,黎思复、黎廷弼译,杨昌裕校,商务印书馆1985年版,第96页。)
③ 参见 David Hume, *A Treatise of Human Nature* [1739], L. A. Selby - Bigge and P. H. Nidditch (eds.), Oxford: Clarendon Press, 1978, p. 490。

在论证第一个论点时,洛克给出了"自然的理性"和"上帝的启示"两个理由:"不论我们就自然理性来说,人类一出生即享有生存权利,因而可以享用肉食和饮料以及自然所供应的以维持他们生存的其他物品;或者就上帝的启示来说……上帝'把地给了世人',给人类共有。"① 也就是说,从自然理性和上帝的启示我们都可以得出如下结论:土地以及土地所产出的东西属于人类共有。

接着,洛克开始推导和论证人们对这些共有物的私人占有。洛克举出这样的例子:如果一个人在树下捡拾橡子,并带回家煮了吃掉,我们不能否认这些橡子应由他消受。那么,在这一过程中,从哪一刻开始这些橡子变成他的了呢?是在他捡拾的时候?在他把它们带回家的时候?在他煮的时候?还是在他消化的时候?洛克的答案是:在他捡拾它们的时候这些橡子就属于他了。因为,"劳动使它们(这些橡子)同共同的东西有所区别……使它们成为他的私有的权利"②。

洛克充分认识到了劳动在人们的最初获取中的重要性,并由此发展出劳动获取理论。对于劳动之所以在人们对外在物品的获取中扮演着关键角色,洛克给出了两个论证:第一个论证是,一个人的劳动将某物从自然的手里取出来,在其中掺入了属于自己的东西,由此确立了此人对此物的专属权利。洛克的这一论证是建立在自我所有权(self-ownership)基础之上的:洛克认为,"每个人对自己的人身(person)享有一种所有权,除他以外任何人都没有这种权利"③。也就是说,虽然土地及其产出为所有人共有,但是构成我之为"我"的东西是属于我自己的。我的思想、我的欲望、我的身体以及身体的一切活动都是属于我的。基于对自我所有权的理解,洛克进一步推论:"我的身体所从事的劳动和双手所进行的工作也是正当地属于我的"④,也就是说我的劳动是属于我的。最后,洛克得出结论:那些我通过自己的劳动而改变其自然所处的状态的东西也是属于我的,因为我在其中掺入了属于自己的东西。由此,我们得到洛克劳动获取理论的三个论证步骤:从"自我所有权"推出"我的劳动属于我",再推出"我的劳动成果属于我"。诺奇克在《无政府、国家与乌托邦》一书中对洛克的"掺入论证"提出了质疑。诺奇克论述道:"把我拥有的东西与

---

① [英]约翰·洛克:《政府论》(下篇),叶启芳、瞿菊农译,商务印书馆1982年版,第17页。
② 同上书,第18页。
③ 同上。
④ 同上。

我并不拥有的东西混合在一起，为什么不是我失去了我所拥有的东西，而是我得到了我并不拥有的东西？如果我拥有一罐番茄汁并把它倒入大海，以致它的分子（使其带有放射性，从而我可以进行检测）均匀地混合于整个大海之中，那么我是拥有了这片大海，还是愚蠢地浪费了我的番茄汁？"① 诺奇克的这一质疑可谓击中了劳动获取理论的"掺入论证"的要害，使我们不得不转向洛克提供的第二种论证。

洛克劳动获取理论的第二个论证是：人们的劳动使得其劳动对象被改善，"使一切东西具有不同的价值"②，由此确立了人们对其劳动成果的专属权利。洛克认为，自然和土地只提供本身几乎没有价值的资料；一片未经耕种、放牧或栽培的土地只能被称作荒地，几乎没有价值。洛克以我们日常食用的面包为例：生产面包的过程中需耗费各种人力，犁地、收割、打麦、烤面包……甚至还包括训练耕牛，采掘、冶铁和矿石，砍伐并准备木材制造犁……"如果我们正确地把供我们使用的东西加以估计并计算有关它们的各项费用——哪些纯然是得自自然的，哪些是从劳动得来的——我们就会发现，在绝大多数的东西中，百分之九十九全然要归之于劳动。"③

综上所述，洛克认为劳动创造了价值，也正是因为劳动创造了价值，才使得劳动者有资格去获取其劳动成果并对其享有专属的权利。与此同时，我们还应注意，洛克的劳动创造价值的思想不仅论证了私有财产的获得，也排除了"不劳而获"的正当性。在"论财产"一节的结尾处，洛克论述道："一个人有权享受所有那些他能施加劳动的东西，同时他也不愿为他所享用不了的东西花费劳动。"④ 也就是说，如果有人强迫我为他人所享用的东西去劳动，或者有人可以不劳而获，这都是不正当的。

## 二 私有权的洛克式限制条款

洛克认为，一个东西之所以是属于我的，是因为它是我的劳动成果，我的劳动为其增加了价值。但是，洛克在肯定人们占有劳动所得之正当性的同时并不认为人们可以通过劳动而毫无限制地增加财产，洛克提出了私有财产的限制条款："如果它们（食物或土地）在他手里未经适当利用即

---

① Robert Nozick, *Anarchy, Sate and Utopia*, Blackwell, 1974, pp. 174 – 175.
② [英]约翰·洛克：《政府论》（下篇），叶启芳、瞿菊农译，商务印书馆1982年版，第26页。
③ 同上。
④ 同上书，第32页。

告毁坏；在他未能消费以前果子腐烂或者鹿肉败坏，他就违反了自然的共同法则，就会受到惩罚，他侵犯了他的邻人的应享部分，因为当这些东西超过他的必要用途和可能提供给他的生活需要的限度时，他就不再享有权利。……凡是经过耕种、收获、储存起来的东西，在败坏之前予以利用，那是他特有的权利。凡是圈入、加以饲养和利用的牲畜和产品也都是他的。但是，如果在他圈用范围内的草在地上腐烂，或者他所种植的果实因未被摘采和储存而败坏，这块土地，尽管经他圈用，还是被看作是荒废的，可以为任何其他人所占有。"①

洛克对私有权之限制的论述可以总结为两条限制条款。第一条限制是：一个人通过劳动获取的同时，要将足够好和足够多的土地及其产出留给他人耕种和享用。也就是说，一个人只要留有足够的土地及产品给其他人，就可以尽量多地通过自己的劳动去占有，即使其占有超过了自己的需要。支持这一限制条款的理由是，上帝将土地及其产品赐给人们所共有，因此，每个人在通过劳动获取的过程中，不能只顾自己而不顾他人。第二条限制是：通过劳动，一个人只可以占有其有能力耕种的土地和可供利用的产品。也就是说，一个人能耕种多少土地就只能占有多少土地，能享用多少产品就只能占有多少产品，其占有不能超出自己可以利用的范围。支持这一限制条款的理由是：上帝造的东西不是供人们糟蹋或败坏的，因此，人们在利用资源的时候不能浪费。

洛克认为，在货币产生之前，人们会自愿地遵守劳动获取的第二条限制，人们并不会想要占有自己所无法利用的土地及其产品。他设想这样的情况："试问，如果一个人在美洲大陆的中部拥有一万英亩或十万英亩上好的土地，他耕种得很好，也有很多牛羊，但他无法和世界的其他部分进行贸易，通过出卖产品换取货币，他将对这块土地做什么评价呢？圈用这种土地不会合算；我们会看到他只保留一块能够供应他自己和他家属以生活用品的土地，而把多余的部分重新放弃给自然的旷野。"② 然而，在货币产生之后人们便开始想要无限制地扩大自己的财富，因为货币并不会腐烂；与此同时，劳动获取的第二条限制条款就失效了。因为，此时人们可以将自己享用不了的劳动产品换成货币储存起来，而不会让多余的食物腐烂掉。于是，洛克得出结论："这些结实耐久的东西（货币），他喜欢积

---

① ［英］约翰·洛克：《政府论》（下篇），叶启芳、瞿菊农译，商务印书馆1982年版，第24—25页。
② 同上书，第31页。

聚多少都可以。超过他的正当财产的范围与否，不在于他占有多少，而在于是否有什么东西在他手里一无用处地毁坏掉。"① 由此，在洛克看来，货币产生之后对私人占有的限制就只剩下第一条限制：一个人通过劳动获取时，要将同样好的和足够多的土地及其产出留给其他人共享。

在当代政治哲学的讨论中，诺奇克是洛克所开创的古典自由主义传统最有力的辩护者。他以洛克的权利理论为基础发展出了一种"看不见的手"的国家学说和否定任何再分配的资格理论。在理论结构上，诺奇克的国家学说和分配正义的资格理论都建立在最基本的权利概念上。正是在保护个人权利、不侵犯个人权利的基础上，"最小国家"以及分配正义的资格理论得到了辩护。可以说，权利至上是诺奇克整个理论大厦的根基。② 与此同时，在种种权利当中，对于分配正义具有根本重要意义的则是私有财产权。因此，诺奇克对洛克所论证的私有权极为重视。然而，正如诺奇克自己所说，"任何关于获取的适当正义理论都会包含一个限制条款"③。洛克的私有权理论也必然包含相应的限制条款。诺奇克分析并发展了洛克给出的私有权之限制条款。下面我将具体论述私有权的洛克式限制条款，并提出质疑和批评。

诺奇克在《无政府、国家与乌托邦》一书中进一步发展了洛克对私有权的这一限制条款——将足够的和同样好的东西留给他人共有。首先，诺奇克批驳了这样一种看法："这一限制条款在过去是成立的，但现在不再成立了。"④ 诺奇克引入了一个回溯的证明，这一论证可以简化如下：A、X、Y、Z四个人住在同一片土地上，A为了生活耕种土地的1/3，X和Y也相继占有了土地的1/3。这时，Y的占有显然违反了洛克的限制条款，因为他没有给Z留下足够多和同样好的东西；而Y之所以会这样做，完全是因为X在他之前占用了土地的1/3，而X之所以会这样做又是因为A首先占用了土地的1/3。由此回溯，A对土地的获取也违反了洛克的限制条款。这一证明似乎向我们表明，如果严格遵循洛克的限制条款，任何违反限制条款的私人占有都涉及之前所有人的占有，并使之前所有人的占有变得不合法。

---

① [英]约翰·洛克：《政府论》（下篇），叶启芳、瞿菊农译，商务印书馆1982年版，第30页。
② 诺奇克也因此而被称作是"自由至上主义者"（libertarian），在这一表述中，所谓的自由是伯林所说的"消极自由"，在政治制度中就体现为权利。
③ Robert Nozick, *Anarchy, Sate and Utopia*, Blackwell, 1974, p. 178.
④ Ibid., p. 176.

为了解决这一难题，诺奇克区分了限制条款弱和强的两种表达。诺奇克认为，洛克劳动获取的限制条款——将足够的和同样好的东西留给他人共有——的实质是说：一个人的占有不会使另外一个人的处境变坏。一个人的占有使另外一个人的处境变坏有两种方式：第一，使他失去通过任何一种特殊的占有来改善自己处境的机会；第二，使他不再能够自由地使用他以前（若无占有）能够使用的东西。简言之，某人对某物的占有使他人不能再占有此物或类似物，或者某人对某物的占有使他人不能再使用某物或类似物。诺奇克认为，私有权限制条款的强的表达要求一个人的占有排除第一种和第二种两种方式；私有权限制条款的弱的表达只要求一个人的占有排除第一种方式。也就是说，洛克式限制条款的弱的表达只要求某人的占有不影响其他人使用他们之前可以自由使用的东西。诺奇克认为，如果我们采用私有权限制条款的弱的表达而非强的表达的话，就不会出现从 Y 的不合法占有回溯至 A 的不合法占有的问题。因为，即使 Y 的占有是不合法的，X 的占有并不一定是不合法的，X 可以占有 1/3 的土地，但同时允许 Y 使用它，以满足限制条款的弱的表达。由此我们将诺奇克的限制条款表述为：判断某一占有是否正当的标准是——其占有是否允许他人使用他以前能够使用的东西（而不致使其境况变坏）。正如诺奇克所言，如此表达的限制条款并不排除"使他人占有机会减少"的占有。①

诺奇克限制条款的弱的表达不仅解决了无限回溯的问题，还为正当占有开了另一方便之门——通过"赔偿"使占有正当化。诺奇克认为，某些占有或许违反了强的限制条款（例如占有了仅剩的土地），但"只要他对其他人给予赔偿以使他们的处境不致变坏，他仍然可以占有。"②举例来说，A 和 B 两人生活在同一片土地之上，各自耕种以谋生活。有一天，A 私自占有了整片土地，但是他并没有禁止 B 使用他所占有的土地，并且作为"赔偿"，A 还付给 B 一部分工资，而且此工资甚至高于 A 与 B 共同拥有土地时 B 所得到的土地产出。根据诺奇克所阐释的洛克式限制条款，此时 B 的处境并没有因为 A 的占有而变坏。因为，一方面 B 仍然可以使用以前所使用的土地，也就是说，A 的占有满足弱的洛克式限制条款；另一方面，A 还为自己的占有进行了"赔偿"。因此，在这样的情况下 A 的占有是合法的。

---

① Robert Nozick, *Anarchy, Sate and Utopia*, Blackwell, 1974, p.178.
② Ibid..

## 三 质疑私有权的洛克式限制条款

诺奇克所阐述的私有权的洛克式限制条款在当代政治哲学的讨论中极富争议，威尔·金里卡（Will Kymlicka）、G. A. 柯亨（G. A. Cohen）、克尔诺汉（Kernohan）等人都对诺奇克的观点进行了深入的批评。他们批评洛克式限制条款的关键之点在于：洛克式限制条款中"不使他人处境变坏"的含义过于偏狭，导致一些违背公平正义的占有变得合法。在诺奇克的阐述中，所谓某人的占有"不使他人处境变坏"，是将受此占有影响的人的处境在占有之前和占有之后进行比较，而且这种比较仅限于此人的福利有没有因他人的占有而受到损害。批评者认为，诺奇克的这一理解过于狭隘。

金里卡从两方面批评了诺奇克所阐述的洛克式限制条款[1]：首先，金里卡认为诺奇克仅从福利的角度判断"他人的处境是否变坏"是极其不当的，并且自相矛盾。让我们回到 A 与 B 共有土地的例子中，B 在 A 私自占有了整片土地之后，虽然还可以使用这片土地，并且也得到了经济赔偿（因为合理的劳动分工和组织得当等原因，B 此时所获的"赔偿"甚至超过自己在土地共有时的劳动所得），但是，B 却丧失了一样重要的东西，这就是自主（autonomy）。

洛克对私有权的论证植根于"自我所有权"这一重要的观念：正因为我的思想、我的身体、我身体的活动都是属于我的，我的劳动才是属于我的；由此，我的劳动成果才是属于我的。自我所有权观念强调每个人生命的自主性，强调每个人按照自己的想法去主导自己的人生，不受他人的限制和干涉。然而，在 A 强占土地的例子中，当 A 占有了整片土地，B 对自己的生活丧失了极大的自主性，这体现在两个方面：第一，A 对土地的占有没有得到 B 的同意，这严重侵犯了 B 的自由；第二，B 现在如何生活在很大程度上受制于 A，为了谋生 B 必须接受工资形式的"赔偿"，必须为 A 提供特定形式的劳动，而不是像以前那样可以自由地主宰自己的生活。正像金里卡所述："本恩（B）也许还有这样一种人生观：他愿意当一个与自然和谐相处的牧羊人。可如今，他不得不放弃这种追求，转

---

[1] Will Kymlicka, *Contemporary Political Philosophy*, Oxford University Press, 2001, pp. 110-121. 中文译文参见［加拿大］威尔·金里卡《当代政治哲学》（上），刘莘译，上海三联书店 2004 年版，第 212—224 页。

而服从阿眯（A）的命令。"① 所以说，被诺奇克所推崇的洛克式限制条款实际上恰恰违背了私有权论证的基本预设。正如柯亨所言："权利理论家经常无视人们添加在自己与他人之间的权利关系上的价值，并且，因为所谓的自由至上主义者公开地宣称要捍卫人的自主权并赋予自主驾驭生活的权利以至高无上的意义，所以这种忽视给人一种不同寻常的感觉。"②由此看来，当诺奇克想要通过福利增减的比较为私有权这种绝对权利的合法性进行论证的时候，却从根本上否定了这一权利。如果我们珍视自由，那就绝没有理由忽视因他人对财产的占有而产生的无财产者的不自主和不自由，仅仅从福利的角度来判断"某人的处境是否变坏"，忽略了人们按照自己的人生观主宰人生的重要性，是极为不当的。

金里卡对诺奇克的第二个批评是说，洛克式限制条款忽略了除私有制以外的许多相关替代方案。在这里，关键的问题是：所谓"不使他人境况变差"是与什么境况相比？金里卡认为，诺奇克在做此比较时只参照了原始的"公地状态"③，这是远远不够的。在金里卡看来，有许多可替代的方案，都能满足"不使他人境况变差"的限制条件，而不一定非得是绝对的私人占有，"包括：国有制、工人所有制、克布兹似的集体所有制（kibbutz-like communal ownership）"④，以及一些有限的所有权形式，例如亚里士多德所阐述的"公有私用"所有制形式，以及不包括财产遗赠权的有限所有权，等等。

柯亨进一步发展了金里卡的批评，指出我们即使接受洛克式限制条款仅仅从福利角度对人们的境况进行比较，仍然可能得出一些荒谬的结论：假设，在A强占土地的例子中，在A与B共同拥有土地的情况下，A能种出m斤小麦，B能种出n斤小麦；在A占有了全部土地之后，由于劳动分工和组织得当（这一切可能都要归功于A），这片土地产出的总的小麦增多了，而A将n+q（q>0）斤小麦付给B作为工资，A自己获得m+p斤小麦，其中p>q（p>q大概是因为土地的增产是由于A的管理

---

① Will Kymlicka, *Contemporary Political Philosophy*, Oxford University Press, 2001, pp. 116 - 117.

② ［英］G. A. 柯亨：《自我所有、自由和平等》，李朝晖译，东方出版社2008年版，第94页。

③ 原始的"公地状态"指的是所有人共同拥有土地的状态，支持私有制的理论家指出，"公地状态"会导致"公地悲剧"，即由于所有人共有资源，所以对于每一个人来说，尽量多地掠夺资源就是理性的选择，并且没有人会为了公共的利益去保护资源，其结果必然使得人们所共有的资源过早地消耗殆尽。

④ Will Kymlicka, *Contemporary Political Philosophy*, Oxford University Press, 2001, p. 118.

得当)。在此例中，A 的占有完全满足洛克式限制条款，因为 B 的福利不仅没有减少，反而增加了。柯亨对这一例证提出了两点质疑：第一，在此例中，A 与 B 的位子完全可以互换，也就是说，如果是 B 强占了土地，只要不使得 A 的利益比土地被占之前减少，其占有也是合法的。A 与 B 的位置可以互换说明洛克式限制条款没有在道德层面上对占有过程进行任何限制。这使得在占有过程中采取什么手段都可以，甚至是武力和威胁，谁厉害谁就强占，只要不在福利的意义上使其他人的境况变差就可以。柯亨的第二个质疑是，在例证中，即使是因为 B 的管理和组织能力而使得土地增产，A 仍然可以获得增产中比较多的份额（即保持 $p>q$），因为 B 的利益毕竟没有减少（因为 $q>0$）。用柯亨的话来说："即使私有化产生了新价值，私有者也并不必然就是价值的增加者，如果人们认为价值的增加者应该得到回报的话，那么请注意，诺奇克的条件并不能保证他们能够得到回报。"①

如果我们想要否认诺奇克所阐述的获取理论允许人们以武力进行强占，那就只能认为诺奇克实际上支持先占原则。将先占原则和洛克式限制条款相结合，就得到这样的获取原则：只要先占者的占有没有使后来者的境况变坏，或者是给予相应的赔偿，那么先占者的占有就是合法的，而不需要征得后来者的同意。但是，先占原则的应用在两个方面是有问题的：第一，应用先占原则的前提是：被占用的东西是无主物，而这显然不符合洛克论证私有权的前提。洛克认为，"上帝'把地给了世人'，给人类共有"②。也就是说，被人们挪为私用的东西不是"无主物"，而是所有人的共有物。第二，先占原则没有赋予人们公平获取的机会，我们很难证明这是一种正义的原则。尤其是当先占者使用了暴力，侵犯他人权利变成强占时，我们就更难接受这种"先来先得"的占有原则了。可见，诺奇克所发展的洛克的占有理论缺乏对"什么是占用的合法步骤"的解释。对于"先来先得"是否须征得后来者同意的问题，洛克曾给出过一个很弱的论证。洛克在发展出自己的劳动获取理论的同时，曾批驳当时流行的私有权基于人们协议的理论。按照普芬道夫的说法③，人们对土地及其产品的占

---

① ［英］G. A. 柯亨：《自我所有、自由和平等》，李朝晖译，东方出版社 2008 年版，第 96 页。
② ［英］约翰·洛克：《政府论》（下篇），叶启芳、瞿菊农译，商务印书馆 1982 年版，第 17 页。
③ 参见［德］普芬道夫《论人与公民在自然法上的责任》，支振锋译，北京大学出版社 2010 年版，第十二章。

有是基于所有人的约定,人们将共有物挪为私用要得到其他人的同意。针对这样的观点,洛克反驳说:"如果人们的同意是必要的话,那么,尽管上帝给予人类很丰富的东西,人类早已饿死了。"① 洛克认为,根据人类保存自身的自然法则,后来者的"同意"是不必要的。但对这一论证我们会有这样的疑问:在后来者还没出现的时候,先占者也许确实有权为了保存自身而将某些东西挪为私用,但在后来者出现之后,这一占用是否依然合法呢?是否应该为了"公平"起见,将原先挪为私用的东西拿出来重新分配呢?洛克的论证并不能排除后来者的这一诉求。

最后,柯亨对诺奇克所捍卫的绝对的私有权进行了总结性的抨击:柯亨认为,私有权的洛克式限制条款——"不使他人境况变差",使权利概念陷入了"经验"的泥潭。为了判断"是否使他人的境况变差",自由至上主义者不得不借助经验性的比较。而这种经验性的比较必然是漏洞百出,难以自圆其说。更致命的是,自由至上主义者原以为"权利"是绝对的,具有超验性,却又不得不纠缠于功利主义似的经验比较,这将其理论的矛盾性暴露无遗。或许,正如诺奇克自己所言"每一个财产所有者对其财产的资格,都因为关于占用的洛克式限制性条件而被蒙上了历史的阴影"②。

综上所述,洛克对私有权限制条款的阐述是含混的,诺奇克在洛克提出的私有权之限制条款的基础上,将私有权的限制阐释为:"某人对于某种资源的占有不能使其他人的境况变差"。然而,诺奇克单从经济利益的角度,并且仅与原始的公地状态相比较,考察当事人的境况是否变差,这是片面且狭隘的。诺奇克对私有权的限制忽略了私人占有(尤其是对于土地和固定资产的私人占有)对当事人的生活方式和自主权利的影响,以及在占有事件中相关当事人权力地位的变化(在很多情况下,占有往往是剥削的第一步)。由此看来,诺奇克对于私有权的限制过于宽松,没能为私有权这匹野马勒上公平正义的缰绳。缺乏适当限制的私有权在自由市场经济的发生和发展过程中会产生一系列的社会问题,有可能导致社会成员之间巨大的贫富差距、资本占有者对弱势群体的剥削、甚至是"圈地运动"式的强取豪夺。下面笔者将转向对历史与现实的考察。

---

① [英]约翰·洛克:《政府论》(下篇),叶启芳、瞿菊农译,商务印书馆1982年版,第19页。
② Robert Nozick, *Anarchy, Sate and Utopia*, Blackwell, 1974, p. 180.

## 四 历史与现实

众所周知，与欧洲资本主义生产方式的兴起相伴而生的"圈地运动"是一段血腥的强取豪夺的历史。然而，诺奇克或许会说那些将手无寸铁的牧羊人和农民赶出家园、赶进工厂的新兴资产阶级并没有使工人们的境况变坏（因为与原始的"公地状态"相比，他们至少有稳定的收入可以维持基本的生活）；"而对那些劳动力卖不出去的无产阶级来说，虽然他们处在诺奇克所说的没有福利的国家只有死路一条（因为没有慈善事业），但是在自然状态下他们反正也已经死了。"① 因此，按照诺奇克所论述的私有权的洛克式限制条款，在"圈地运动"中新兴资产阶级对土地的强占是完全合法的。然而，这样的论断显然有悖于人们对公平正义的道德直觉：那些严重侵犯个人权利的占有行为，那些将本可以自给自足的简单劳动者逼得家破人亡的原始积累都变成合法的了，而那些因强占而得以压榨无数穷苦劳动者的资本家则似乎是为世界做了最好的事情。

诺奇克所阐释的私有权限制条款不仅在资本主义发展初期推出与道德直觉相悖的结论，在资本主义一步步发展的过程中也同样推出不合情理的结论。如金里卡所述："诺奇克所允许的那些最初占用的行为方式很快导致这样一种状况：所有的有用之物都被占用。那些有占有能力的人拥有大量财富，而没有占有能力的人则处于完全的赤贫状态。这些差异将向后代传递，一些人的后代将被迫过早工作，而另一些人的后代则拥有生活的各种特权。"② 但是，只要没有人的状况比所有人共同拥有土地的原始时代差，这些极端不平等的状况就是被允许的。我们甚至还能得出更加荒谬的结论：即使资本家的占有方式使得一些人衣不蔽体、食不果腹，这样的占有方式也有可能是合法的，因为如果所有人共有土地和财产的话，大家就会争先恐后地掠夺共有的资源，而人类可能早就灭亡了。这些悖谬的论断告诉我们，诺奇克所阐释的洛克式限制条款所允许的占有方式，已经完全违背了我们对公平正义的基本直觉。

改革开放之后的中国，逐步建立起完善的市场经济体制；与此同时，随着《物权法》的颁布，人们的财产权得到了国家和法律的承认。在激烈的市场竞争中，一些人借助有利条件先富起来，所有权赋予了他们远远

---

① ［英］G. A. 柯亨：《自我所有、自由和平等》，李朝晖译，东方出版社2008年版，第100页。
② Will Kymlicka, *Contemporary Political Philosophy*, Oxford University Press, 2001, p. 118.

超出一般人的强大的占有能力,如果他们的占有不受限制、不受约束,社会的各种不平等就会急剧上升,随之而来的将是各种各样的社会问题和政治动荡。所以,私有权的限制对于维护当下中国社会的公平正义起着关键的作用,是处理好当下中国众多社会问题的关键之点。下面将具体分析诺奇克所阐述的私有权的限制在下述社会议题中可能存在的问题:农村土地流转,拆迁,买房买车的"限购"令,财产税、遗产税的征收,等等。

第一,当下中国农村正在进行的土地流转不仅仅涉及经济补偿的问题,还与农民生活方式的转变相关。我国正处于由传统农业向现代农业的转变过程中,也就是从分散、粗放的耕种方式向集约化、规模化的耕种方式转变。然而,土地的合法流转,并非如诺奇克所认为的,只需要对农民进行经济补偿,因为这涉及农民生活方式的根本转变。原本拥有小片土地,可以通过耕种自给自足的农民,在转让了土地权利之后,必须受雇于土地的承包商以赚取生活费用。如果农民非自愿地失去了土地,即使承包商给予其高于原收入的经济补偿,农民的生活还是丧失了许多有价值的东西。在这一过程中,农民不仅丧失了对于生活的自主,而且还被迫置于权力对比关系中的不利地位。所以,在土地流转的过程中,"经济利益的补偿"仅仅是问题的一个方面,我们还应看到,在农业生产规模化、现代化的过程中,农民生活的自主性和可能性也在减少。由此看来,农村土地的流转在推行过程中,应该提供更多的可选项,为农民保留更多可选择的空间。

第二,"拆迁"问题与农村土地流转的情况有类似之处,关涉人们生活的根本性变化。在城市的大规模建设中,开发商往往拥有雄厚的财力,他们可以从政府手里购买地皮,但却没有将这块土地上的原有住户全部赶走的权利。同样,"拆迁"涉及的不完全是"经济补偿"的问题,正像金里卡对诺奇克的批评:仅仅从经济补偿的角度来考虑"是否使他人的处境变差"是过于褊狭的。一处居所对于人们而言不只是住的地方,它承载着一个社群的共同记忆,积淀了一个群体的经验与历史,显然,这些是不可能用金钱来交换的,每个人都会在心里无比地珍惜这些对自己具有特定意义的内容。如果我们仅从"经济赔偿"的角度来理解拆迁,并且支持一种"足够赔偿条件下的强拆",这是否从根本上侵犯了人们的权利和自由呢?

第三,住房市场中的"限购令"是对私有权的有力限制。按照诺奇克的私有权之限制的解读,任何"限购令"都是对私有权的过度限制,都是不合法的。在诺奇克看来,"购买"基于人们的自愿行为,如果对自愿行为进行限制，那就是侵犯了人们的权利。然而，具体到房屋的买卖很有可能会出现这样的情况：一些财力雄厚的个人将会在北京、上海、深圳这样的一线城市购买大量的住房，这些购买行为会在客观上抬高房价。在房价飞涨的情况下，这些买主甚至不会去出租这些住房，只需坐等房子升值，就能赚到很多钱。而另一方面，一些急需住房的年轻人却因富人炒房而不得不为买房或租房而承受巨大的经济压力，或者根本就负担不起。由此看来，自由市场并非想象中那样公平，拥有大量资金的人主导着市场的走向，通过压榨他人而使自己获利。在自由市场中，巨大的财富使得一些人的私有权有可能从权利演变成一种压迫性的权力。住房市场中的"限购令"正是对私有权进行了超出诺奇克所允许的限制，只有这样才能维护不同社会成员之间的公平正义。

第四，购置车辆的"限购令"与环境问题直接相关，同时也与社会成员间的公平正义相关。试想，如果买车不用摇号，想买多少辆就买多少辆，那么城市的环境就会迅速恶化，而交通也会陷入令人绝望的拥堵。即使按照诺奇克的方式，对给城市居民造成的不便进行经济上的补偿，（例如，买两辆车以上就需缴纳相应的税，买得越多税交得越多，并将税费补贴给没有买车的市民），普通市民对清洁空气和便利出行的基本权利还是受到了侵犯。所以说，购置车辆的"限购令"在北京、上海、深圳这样大气污染、交通拥堵的大城市是必要的。在这一问题上，诺奇克对私有权的限制是远远不够的，并不是给予了他人足够的经济补偿就可以无节制地消耗资源。因为，富人滥用资源、破坏环境的后果是由所有社会成员共同承担的，有限的"经济补偿"并不能为富人推卸相应的责任。为了保护环境以及维护社会成员间的基本公平，私有权必须受到比诺奇克构想的更严格的限制。

第五，对超过一定数量的财产是否应该征税的问题，对于维护社会成员之间的平等起着至关重要的作用。诺奇克反对任何形式的"再分配"政策，他对私有权的限制仅限于给予他人足够的经济赔偿，而这一"赔偿"完全可以通过市场中的自愿交换来完成：当一个人想要占有另一个人的东西时，他只需将其买下就可以了。然而，如果国家和政府对自由市场不进行任何宏观调控和干涉，那么最容易出现的情况就是"穷人越来越穷，富人越来越富"。造成这一状况的原因在于，穷人和富人在市场中获利的方式是不同的。不受温饱问题所累的富人通常是以资本获利，而没有多少积蓄的穷人则须靠劳动获利。在自由市场中，资金越雄厚的人越容易主导市场，使其向着有利于自己的方向发展，而穷人则不得不在市场中随波逐流（最典型的例子就是股市中庄家与散户的对比）。由此看来，富人赚钱的速度远远超过穷人挣钱的速度，市场竞争的最终结果必然是"富人越富，穷人越穷"。而且，为了保证一定数量的人愿意为自己干活，富人还会有意将穷人的数量维持在某一水平。如此看来，一个人人都当老板的社会是永远不可能从市场经济的自由竞争中产生出来的。因此，为了维护社会成员之间在经济领域的相对平等，必须通过税收政策，对市场的初次分配结果进行再分配。也就是对那些拥有过多财富、其私有权已经危害到社会公平的人进行更多的限制，并利用税收资金建立保证人们基本需求的社会保障体系、医疗体系以及义务教育体系。总之，收取"财产税"是对私有权的必要的限制，也是完善社会主义市场经济体制的必要之举。

第六，"遗产税"的征收与"财产税"的征收相似，也是对私有权进行的合理限制。如果"穷人越穷，富人越富"的现象在代际之间传递，那么穷人的孩子也将是穷人，而富人的孩子则必定是富人。也就是说，社会的不平等会在代际之间传递，其结果将是社会阶层的固化，并最终引向一个死气沉沉、停滞不前的等级社会。导致不平等的代际传递的关键因素就是"遗产继承"。有钱人的孩子生下来就拥有最优的营养、最美的环境以及最好的教育；而穷人的孩子却一无所有，生活在穷乡僻壤，或城市的阴暗角落，连基本的卫生条件和初期教育都不具备。可想而知，在他们成年后的市场竞争中，富人的孩子将极有可能凭借自身所拥有的各种资源（包括教育、人脉、资金等）占据绝对的优势，而穷人的孩子却很难出人头地。所以说，为了维护社会成员之间的基本公平，防止社会阶层的固化，国家和政府除了为年轻人提供更多的上升通道外，还应从根本上调节人们在出生时所占有的财富的不同。通过征收"遗产税"而削减富人留给自己后代的财富，并利用税收资金建立完善的社会保障体系，以维护在市场竞争中处于弱势的社会成员的基本生活。"遗产税"的征收远远超出了诺奇克所构想的对私有权的限制，在诺奇克看来没有理由对继承的财富征税，因为富二代并不禁止穷二代使用自己所占有的资源，例如在富二代占有的土地和厂房上，穷二代仍然可以打工，并得到工资。按照诺奇克的说法，富二代对于资源的占有并没有使穷二代的境况变差，并且还以工资的形式给予了足够的经济赔偿。然而，如果我们深入地考察穷二代从出生、成长到就业的过程中所丧失的种种条件和机会，就会发现穷二代的处境确实因为富二代对于各种资源的占有而变得很差。所以说，诺奇克仅从经济赔偿的角度考虑对私有权的限制是远远不够的。就其对社会平等的巨大影响来说，私有权理应受到更强的限制。

"坚持共享发展，必须坚持发展为了人民、发展依靠人民、发展成果由人民共享，做出更有效的制度安排，使全体人民在共建共享发展中有更多获得感，增强发展动力，增进人民团结，朝着共同富裕方向稳步前进。"这是2015年10月，党的十八届五中全会提出的五大发展理念之一的"共享发展"的目标。改革开放三十多年以来，我国逐步建立了社会主义市场经济体制，这有赖于所有权的确立。一个承认所有权的自由市场可能很好地配置资源、协调供需关系，但绝不可能自动维护不同社会成员间的公平和正义。当一些人所拥有的财富足够多的时候，私有权有可能从一种平等权利变成压迫性的权力。因此，为了让更广大的人民群众共享改革开放所带来的发展成果，让处于不同境况中的社会成员最终实现共同富裕，我们需要通过制度建构对私有权进行有效的限制。

## 第二节 马克思的剥削理论

马克思是将私有权视作魔鬼的思想家，他对与雇佣劳动制度相结合的私有财产制度进行了深刻的批判。马克思对私有权的批判集中体现为其剥削理论，而马克思的剥削理论又是建立在劳动价值论的基础之上。因此，在本节的讨论中，我将首先阐述马克思的劳动价值论以及当代学界对这一理论的探讨，并在此基础上分析马克思的剥削理论。

### 一 劳动价值论及相关讨论

> 任何一个物品的真实价格，即要取得这物品实际上所付出的代价，乃是获得它的辛苦和麻烦。以货币或货物购买物品，就是用劳动购买，正如我们用自己的劳动取得一样。此等货币或货物，使我们能够免除相当的劳动。它们含有一定劳动量的价值，我们用以交换其他当时被认为有同量劳动价值的物品。劳动是第一性价值，是最初购买一切货物的代价。世间一切财富，原来都是用劳动购买而不使用金银购买的。①
>
> ——亚当·斯密《国民财富的性质和原因的研究》

---

① [英]亚当·斯密：《国民财富的性质和原因的研究》，郭大力、王亚南译，商务印书馆2007年版，第27页。

洛克所阐发的"劳动创造价值"的思想被亚当·斯密（Adam Smith）所继承，而亚当·斯密的思想又对马克思产生了重要的影响。马克思在洛克和亚当·斯密的基础上发展出了更加深刻而精致的劳动价值论，下面我进入对马克思的劳动价值论的分析。马克思基于劳动创造价值的观点发展出了"劳动价值论"。马克思认为，人类社会的财富表现为各种各样的商品，而商品的价值来源于人们的劳动。对于劳动，我们可以通过劳动时间来衡量。因此，商品的价值可以用"凝结在其中的社会必要劳动时间"来衡量。① 马克思的劳动价值论自提出以来受到了许多质疑，我将重点讨论以下四点质疑。

第一，劳动价值论的核心内容是要以劳动为尺度来度量劳动所创造的商品的价值。马克思给我们提供了进行具体度量的公式："商品的价值是凝结在其中的社会必要劳动时间。"做出这一判断，需要对各式各样、各种效率的劳动进行同一化。也就是认为，人类的劳动在本质上都是一样的，都可以用同样的标准——劳动时间——来衡量，复杂的劳动仅是简单劳动的叠加。这被称作是劳动的同质化。马克思在《资本论》第一卷中多处表达了这一观点："如果把商品的使用价值撇开，商品体就只剩下一个属性，即劳动产品这个属性……此时，这些劳动产品也不再是木匠劳动、瓦匠劳动、纺纱劳动或其他某种一定的生产劳动的产品了。……各种劳动不再有什么差别，全都化为相同的人类劳动，抽象人类劳动。"② 根据这一观点，如果两个商品花费的社会必要劳动时间是一样的，那这两个商品的价值就是一样的。这一将人类劳动同一化的努力可能会受到两方面的攻击：一方面，人们可能否认不同种的劳动可以同一化；另一方面，人们也可能认为不同效率的同种劳动无法同一化。实际上，亚当·斯密在马克思之前阐述劳动价值论的时候，就感到了"劳动创造价值"所隐含的这一困难。斯密在《国富论》中具体讨论了将不同种劳动进行同一化的困难："劳动虽是一切商品交换价值的真实尺度，但一切商品的价值，通常不是按劳动估定的。要确定两个不同的劳动量的比例，往往很困难。两种不同工作所费去的时间，往往不是决定这比例的唯一因素，他们的不同困难程度和精巧程度，也须加以考虑。一个钟头的困难工作，比一个钟头的容易工作，也许包含有更多的劳动量；需要十年学习的工作做一小时，比普通业务做一月所含劳动量也可能较多。但是，困难程度和精巧程度的

---

① 《马克思恩格斯选集》第2卷，中央编译出版社1995年版，第118页。
② 同上书，第116—117页。

准确尺度不容易找到。……在进行交换时，不是按任何准确尺度来做调整，而是通过市场上议价来做大体上两不亏的调整。"①

第二，对于不同效率的同种劳动无法同一化的问题我们可以这样来理解：在马克思的劳动价值论中，决定商品价值的不是"你的劳动时间"或者"我的劳动时间"，也不是任何个人的劳动时间，而是"社会必要劳动时间"。马克思将"社会必要劳动时间"定义为："在一定的社会状态中，在一定的社会平均生产条件下，在所用劳动的一定的社会平均强度和平均熟练程度下，生产这个商品所必需的劳动量。"② 根据这一定义，决定商品价值的"社会必要劳动时间"被理解为某一时期生产某一产品所需的"平均劳动时间"。也就是说，决定商品价值的不是任何具体个人生产这一商品所需的劳动时间，而是某一时期，在某一社会状态下，所有生产者生产这一商品所需的劳动时间的平均值。由此我们看到，如果有任何人制造这一商品的劳动时间恰好等于"平均劳动时间"的话，可以说他的劳动创造了价值；否则，我们不能说任何具体个人的劳动创造了价值。因为，商品的价值并不由任何具体的生产者生产这商品所需的劳动时间来决定，而是由所有生产者生产这一商品所需劳动时间的平均值来决定。而这一抽象的"平均劳动时间"，由于脱离了任何具体的生产者，就给"劳动创造了价值"这一命题造成了困难。

第三，如果上述将不同种劳动以及不同效率的同种劳动统一化的困难还不足以让我们放弃"劳动创造价值"这一命题的话，那么柯亨从时间角度所揭示劳动价值论所隐含的问题绝不是我们可以忽视的。柯亨在《劳动价值论与剥削概念》③一文中论述到，如果说"商品的价值是凝结在商品中的社会必要劳动时间"的话，那么这个"社会必要劳动时间"就应该是：当商品在市场上出售时生产这一商品所需的社会必要劳动时间，而不是当这一商品生产时所需的社会必要劳动时间。可能的情况是，劳动者在很久以前生产了这一商品，而当这一商品在市场上出售时，其价值可能由于生产效率的提高而远低于当时生产者生产这一产品时所花费的劳动时间，或者是相反的情况。总之，根据柯亨的理解，在马克思的劳动价值论中，决定商品价值的不是直接生产这一商品所花费的社会必要劳动时间，而是这一商品被出售时生产这一商品所需的社会必要劳动时间。既

---

① 《马克思恩格斯选集》第 2 卷，中央编译出版社 1995 年版，第 27 页。
② 同上书，第 70 页。
③ [英] G. A. 柯亨：《马克思与诺奇克之间——G. A. 柯亨文选》，吕增奎编，江苏人民出版社，第 18—35 页。

然如此，我们就不能下结论说生产这一商品的劳动直接创造了这一商品的价值，而只能说，生产这一商品的劳动使这一商品变得有价值，而其具体的价值则是由出售这一商品时的社会必要劳动时间所决定的。因此，柯亨认为，应该将"劳动创造价值"这一命题修正为"劳动创造了有价值的东西"。

第四，劳动价值论面临的第四个困难是"价值"与"价格"之间转换的问题。马克思对价值与价格之间关系的看法基本上继承了亚当·斯密的观点。马克思认为，"价格"是商品"价值"的货币表现。也就是说，商品价值多少，用货币来表示就是"价格"。这一价格被称作商品的"自然价格"，这一价格等同于商品的价值，是由生产这一商品的社会必要劳动时间决定的。然而在市场中，商品的价格不仅受到生产这一商品的社会必要劳动时间的影响，还受到供需关系的影响。供给大于需求，商品的价格就下降；供给小于需求，商品的价格就上升。因此，商品在市场被出售的时候，其是上下波动的。但是，亚当·斯密和马克思都认为，商品价格的波动会"趋向某一中心价格"，这一中心价格是当供给与需求处于均衡状态时的价格，也被称为"均衡价格"。而"均衡价格"就是商品的"自然价格"。因此得出结论："如果供给和需求互相平衡，则商品的市场价格相当于它们的自然价格，也就是说，相当于它们的价值，这个价值是由生产它们所必需的劳动量决定的。"[①] 在这一推导中，有一个值得我们注意的步骤，这就是将"均衡价格"等同于"自然价格"。这一步骤的理由是什么呢？根据定义，我们知道，"均衡价格"是由市场决定的，是当供给与需求相等时商品的价格；"自然价格"是由商品的价值决定的，是凝结在商品中的社会必要劳动时间。也就是说，"均衡价格"取决于供给与需求两方面的因素，而"自然价格"仅仅取决于劳动这一因素，也可以说仅仅取决于供给这一因素。那这两种价格为什么会相等呢？还是我们定义它们相等？如果是定义它们相等，那是用"自然价格"定义"均衡价格"呢？还是用"均衡价格"定义"自然价格"？

亚当·斯密对这一问题给出了一种回答。斯密阐发了"有效需求"的概念，将其定义为"愿意支付商品的自然价格的人"[②]。在如此定义之后，商品的"均衡价格"就从供给等于需求时的价格变成了供给等于有

---

[①] 《马克思恩格斯选集》第2卷，中央编译出版社1995年版，第73页。
[②] [英] 亚当·斯密：《国民财富的性质和原因的研究》，郭大力、王亚南译，商务印书馆2007年版，第51页。

效需求时的价格，而这一价格必然等于商品的"自然价格"。如此定义的"有效需求"成功地充当了"价值"与"价格"之间的桥梁。而这一做法本身并不像看起来那样成功，因为斯密实际上是在用自然价格来定义"均衡价格"。在"有效需求"的理解之下，"均衡价格"不再受制于供需关系了，而是决定于商品的"自然价格"（因为"有效需求"受制于"自然价格"）。换句话说，当市场上的供需关系改变时，商品的"价格"有可能变化，而商品的"均衡价格"却不会再变了，因为它永远等于"有效需求"等于供给时的价格，而"有效需求"是"愿意支付商品的自然价格的人"，所以只要商品的"自然价格"不变，"有效需求"就不会变化。由此看来，如此定义的"均衡价格"完全变成了商品"自然价格"的另一件外衣，根本不能体现市场上供需关系的变动。

因此，对于商品的"价值"与"价格"之间的关系，如果我们一方面坚持认为商品的"价值"并不受制于市场的供需关系，而是决定于生产这一商品的社会必要劳动时间；另一方面坚持认为，商品的"价格"必然受市场供需关系的影响。那么，商品的"价值"和"价格"之间就一定有无法跨越的鸿沟；商品的"自然价格"（决定于商品的价值）除非偶然，不会等同于商品的"均衡价格"（决定于市场的供需关系）。反之，如果我们试图搭建商品的"价值"与"价格"之间的桥梁，就必须在下述两个结论之间做出选择：（1）商品的"价值"会受到市场供需关系的影响；（2）商品的"价格"不会受供需关系的影响，而只决定于生产此种商品的社会必要劳动时间。在劳动价值论中，"价值"与"价格"之间转换的难题，笔者认为，商品的"价值"不仅受凝结在其中的必要劳动时间的影响，同时也受到市场供需关系的影响，而这正是商品的"价值"与"价格"之间的关联。下面我将具体来论证这一观点。

## 二 劳动—需求价值论

我们首先回到马克思对于商品的价值的最初论述。马克思最初认为，商品是一种二重性的东西，其二重性体现为商品具有使用价值和交换价值。马克思认为，一个劳动者要生产商品，"不仅要生产使用价值，而且要为别人生产使用价值，即生产社会的使用价值。"而且，"没有一个物可以是价值而不是使用物品。如果物没有用，那么其中包含的劳动也就没有用，不能算作劳动，因此不形成价值。"[①] 可见，马克思充分注意到了

---

[①] 《马克思恩格斯选集》第2卷，中央编译出版社1995年版，第119页。

商品的使用价值对于商品成其为商品，以及商品之价值形成的决定性意义。可以说，使用价值是商品成其为商品、具有价值的必要条件。与此同时，在商品交换的市场上，商品的使用价值与市场对此种商品的需求直接相关。市场对某一商品有需求，直接的原因就是这一商品能为人所用。当然，一些商品似乎并不具有实际的用处，比如一些昂贵的装饰品，人们购买这些东西有时候并不是为了使用，而是将其作为身份和地位的象征。即使如此，我们仍然可以说这些商品具有使用价值。[1] 所以，商品及其价值与市场中的需求这一因素是直接相关的。如果我们再考虑劳动价值论的基本假设——商品的价值与人们生产商品的劳动直接相关——那我们就可以得出这样的结论：商品的价值与劳动和需求两个因素相关。由此，我们可以得出这样的结论："价值是劳动与需求共同创造的。"

根据上述分析，劳动与需求是决定商品价值的两个必要因素：一方面，仅仅是为人们所需要，而没有消耗任何人的劳动的东西是没有价值的，例如：空气、处女地、天然草地、野生林，等等[2]。另一方面，仅仅是消耗了某人的劳动，而不为任何人所需要的东西也是没有价值的，例如：我花费了好几个小时工夫在纸上画横线，如果没有人欣赏我的"作品"的话，它是没有任何价值的（不论在什么意义上理解价值这一概念，即使是对于我自己，这一劳动也是没有价值的，因为我自己也不欣赏这一"作品"）。所以说，真正创造并且决定了商品价值的只能是劳动与需求之间的相互关系，正是满足了一定量需求的劳动，或者说是被一定量劳动所满足了的需求，才构成了商品的价值。单方面的劳动或者是单方面的需求都不能决定商品的价值。这样一来，商品的价值就不能借助"凝结在商品中的社会必要劳动时间"来进行度量了，而应该参考"劳动与需求"之间的相互关系。我们注意到，在市场上"劳动与需求"之间的相互关系也正是"供给与需求"之间的相互关系。如果我们赞同亚当·斯密的观点，市场上的"供需关系"决定了商品的价格，那么我们实际上就得出这样的结论：商品的价值直接表现为其货币形式——价格。

从以上的推导中，我们看到，如果我们肯定了商品价值是由劳动和需

---

[1] 即使存在倒买倒卖此种商品的购买者，这一命题也是成立的。因为，虽然倒买倒卖者购买某种商品并不是直接着眼于此种商品的"用处"，而是为了赚更多的钱。但是，这样的倒买倒卖者之所以存在，归根结底还是因为此种商品有用。否则，倒买倒卖的行为就找不到最终的买家，其投资就无法兑现。

[2] 这些是马克思所举的没有价值的而对人们有用的物品的例子，见《马克思恩格斯选集》第2卷，中央编译出版社1995年版，第119页。

求两者共同决定的，而不是由劳动一方单独决定，那么我们就得出商品的价值受制于市场上的"供需关系"的结论，并随之得出商品的价值等同于其市场价格的结论。而如此构建的"价值"就避免了"价值就是凝结在商品中的社会必要劳动时间"所面对的重重困境。并且也绕开了马克思劳动价值论中不得不努力克服的"价值"与"价格"之间的鸿沟。由此，我们得到修正之后的价值论，姑且称其为劳动—需求价值论：劳动与需求两者共同决定商品的价值，这一价值在市场中直接体现为商品的价格。

值得注意的是，虽然劳动和需求共同决定了商品的价值，两者缺一不可；但是，在"劳动"与"需求"两者之中，劳动是决定商品价值的"主动因素"（active factor），而需求是"被动因素"（passive factor）。这是因为，劳动是人类的创造性的活动，正是在夜以继日地劳动之中，人们应用并发展了自己的各种能力和智慧，通过劳动，人类不仅塑造了整个世界，也塑造了人类自身。正是出于对人类劳动的重要性的认识，从洛克到马克思，从诺奇克到 G. A. 柯亨，都赞同劳动是形成价值的决定性因素。所以说，劳动—需求价值论并没有否定劳动对于价值形成的决定性作用，而只是认为，在具体地对商品的价值进行度量的时候，必须同时考虑需求这一因素。我们仍然可以在柯亨所说的通俗学说（the popular doctrine）①的意义上坚持"劳动创造了价值"，另外，也正是由于劳动—需求价值论同样坚持了劳动对于价值之形成的重要性，所以柯亨的命题"劳动创造了有价值的东西"在这一理论中是完全成立的。我们甚至可以说，作为价值形成的"主动因素"，劳动创造了所有有价值的东西（此处的价值应被理解为市场中的商品所具有的价值），也就是说，劳动是商品价值形成的必要而非充分条件，而劳动与需求两者则构成了价值形成的充要条件。

马克思对私有财产制度的批判是建立在劳动价值论基础上的。那么，对马克思的劳动价值论进行"扬弃"之后，我们还能推出以私有财产制度为基础的资本主义生产方式中存在着剥削的结论吗？下面我将转入这一

---

① 柯亨在《劳动价值论和剥削概念》一文中区分了劳动价值论的严格学说（the strict doctrine）和通俗学说（the popular doctrine）。严格学说是指："商品的价值是凝结在商品中的社会必要劳动时间"这一命题。如上所述，这一命题会受到"劳动同质化"，社会必要劳动时间是商品出售时生产这一商品所需的劳动时间还是生产这一商品的社会必要劳动时间，"价值"与"价格"之间的鸿沟等非难。通俗学说是表达劳动是决定商品价值的必要因素这一含义的命题，例如"人类劳动创造了价值"，等等。

问题的讨论。

### 三 马克思的剥削理论

从字面意思上来理解，剥削指的是剥夺某人有权获得的东西。马克思认为，在资本主义生产方式下必然存在着资本家对劳动者的剥削。马克思在劳动价值论的基础上重点分析了在资本主义生产中的一种特殊商品，这就是劳动力商品。马克思认为，在资本主义生产方式中，处于社会底层的一部分人不占有任何生产资料，是社会中的无产者。这些人为了养家糊口、获得基本的生活资料，不得不在自由市场上出卖自己的劳动力。于是，劳动力便成了一种商品。而那些拥有生产资料的人，之所以会去购买劳动力这种商品，是因为这种商品能给他们带来利润。在马克思看来，在购买劳动力这种商品时，资本家所支付的价格（被称作工资）与劳动力的价值相关，而劳动力的价值是由"生产、发展、维持劳动力所必需的生活必需品的价值决定的"①，也就是生产这些生活必需品所花费的社会必要劳动时间。这与劳动力在商品生产过程中创造的价值是不同的，后者是商品生产出来之后，凝结在商品中的价值，也就是凝结在商品中的社会必要劳动时间。马克思认为，劳动者生产出的商品的价值（亦即劳动力创造的价值）必然是大于支持劳动者的生活必需品的价值（即劳动力的价值），否则资本家就不会去购买劳动力商品。这也就是劳动力这种商品的特殊性：劳动力商品可能创造出大于其本身价值的价值。

马克思在《资本论》中揭示了资本家对无产者的剥削的形成。马克思认为，正是因为劳动力商品的这种特殊性质，使得劳动者在为资本家劳动的过程中，只需花费一部分工作时间为形成自己所需的生活资料而劳动，另一部分的工作时间则纯粹是在为资本家打工，也就是说进行一种"无偿劳动"，而隐藏在资本主义生产关系中的这种无偿劳动就构成了剥削。资本家正是基于对工人的剥削而获得利润。资本家所获得的利润来源于劳动力价值与劳动力所创造的价值之间的差值，马克思将这一部分称作是剩余价值。剩余价值的多少决定了资本家所使用的土地的地租、资本家所借用资本的利息和资本家所获得的利润的总和。当然，如果建造厂房的土地是资本家自己的，资本家所垫付的资金也是资本家自己的，那资本家既不用付地租也不用付利息，其所获得的利润就等于劳动力价值与劳动力所创造的价值之间的差值，也就是剩余价值。

---

① 《马克思恩格斯选集》第 2 卷，中央编译出版社 1995 年版，第 77 页。

马克思将资本主义生产方式中所隐含的剥削以及由此所带来的一切罪恶都归咎于私有财产制度。因为，正是这一制度确立了资本家与无产者之间的对立状态，也正是这一制度迫使无产者不得不在自由市场上去出卖自己的劳动。尤其是货币的产生，使得人们可以不受限制地积累财富，并将其转化为能够产生利润的资本。于是，"原来货币的占有者作为资本家，昂首前行；劳动力占有者作为他的工人，尾随其后。一个笑容满面，雄心勃勃；一个战战兢兢，畏缩不前，像在市场上出卖了自己的皮一样，只有一个前途——让人家来鞣"[①]。

马克思的剥削理论是在柯亨所说的"严格的劳动价值论"（凝结在商品中的价值是生产此商品所需的社会必要劳动时间）的基础上推导出来的。那么，如果如上节所述，严格的劳动价值论存在着种种悬而未决的难题，是否会影响我们得出资本主义生产方式中存在剥削的结论呢？对于这个问题，柯亨的看法是，即使抛弃了"劳动创造价值"的命题，我们仍然可以得出资本主义生产方式下存在剥削的结论。因为，虽然我们不能在严格的意义上说"劳动创造了价值"，但我们仍然可以说"劳动创造了有价值的东西"或者是"劳动者创造了有价值的东西"；那么，既然资本家为了获得利润，必然要侵占一部分劳动成果，那这种侵占就是不正义的，就是剥削。在柯亨看来，剥削的产生是由于资本家占据了所有生产资料，使得无产者不得不为其工作，而这就必然导致资本家对劳动成果的侵占。至于劳动价值论中劳动同质化基础上的对于具体价值的计算，这对于推导出资本主义生产方式中存在剥削则是不必要的。

然而，柯亨对剥削的推导虽然避免了劳动同质化的问题，以及是抽象的劳动创造了价值还是具体生产某一商品的劳动创造了这一商品的价值等理论难题，却没有绕开价值与价格之间的鸿沟的问题。试想，当资本家面对剥削的指责时可能做如下的辩解：资本家在劳动力市场上购买劳动力，并付其相应的价格，也就是工资。然后，受雇的工人来到工厂里为资本家打工，生产出商品，接着资本家又将这些商品拿到市场上去出售。此时，这些商品能卖出的钱（也就是商品的价格）会受到市场供需关系的影响。我们没有理由排除这种可能，在销售不好的情况下，商品出售之后资本家所获得的金钱甚至少于资本家付给工人的工资加上其他成本的钱。那么，在这种情况下怎么会存在资本家对工人的剥削呢？难道是反过来，存在劳动者对资本家的剥削吗？这一例子似乎还告诉我们资本家对工人的剥削不

---

[①] 《马克思恩格斯选集》第2卷，中央编译出版社1995年版，第176页。

是必然存在的，是依赖于市场的供需关系的。

上述推理的关键问题就在于，没有处理好商品的"价值"与"价格"之间的关系，没有考虑到需求对于价值的决定性作用。剥削理论是以商品的"价值"来进行推导的，而在现实生活中，人们都生活在"价格"的博弈之中。因此，基于价值推导的剥削理论在现实中必然会得出不合理的结论，除非我们跨越了"价值"与"价格"之间的鸿沟。

下面我们来看看在劳动—需求价值论的框架下是否存在资本家对无产者的剥削的问题。在劳动—需求价值论中，商品的"价值"由劳动和需求两方面共同决定，商品的"价值"与"价格"是同构的，因此我们只需分析市场中商品的价格。首先，在劳动力市场上，资本家以"工资"（也就是劳动力价格）买入劳动者的劳动，在双方自愿的情况下，这桩买卖之所以可以成交，是因为"工资"要大于或等于劳动者需支付的生活资料的价格，否则，劳动者就不会将自己的劳动力出卖给资本家。其次，在商品市场上，资本家以商品的市场价格将商品卖出，此时，商品卖出的总价必然大于资本家此前所支付工人的工资和其他成本（例如：地租、原材料成本，等等）的总和，否则资本家就不会自愿进行交易。由此我们可以得出，在双方自愿交易的情况下，下述关系式成立：

工资 ≥ 工人所需生活资料的价格
商品出售的总价 > 工资 + 其他成本
资本家所获利润 = 商品出售的总价 − (工资 + 其他成本) > 0

那么，在这样的情况下存在着资本家对工人的剥削吗？我认为存在。因为，在这一过程中资本家所获利润必然大于 0，但资本家并没有参加劳动。虽然我们不能否认，资本家确实费了脑力买进劳动力、原材料，以及卖出商品，但他们做的这一切并不是在创造价值，而更像是在倒买倒卖。除非我们认为倒买倒卖、囤积居奇也能创造价值，否则，资本家为了获得最大的利润而所做的一切都不能看作是在创造价值，而只能算作是在侵占劳动者创造的价值，也就是在对劳动者进行剥削。由此可以得出结论：在一个自由市场中，在买卖双方自愿进行交易的情况下，资本家以其占据生产资料的优势，侵占劳动者的劳动成果，对劳动者造成了剥削。

在当代政治哲学的讨论中，马克思的剥削理论引起了一系列的讨论。以罗伯特·诺奇克为代表的自由至上主义者从一方面批评马克思的剥削理论；另一方面又以自我所有权为基础构建自己的剥削理论，在下一节中，我将深入分析诺奇克对马克思剥削理论的质疑，并为马克思的剥削理论做出辩护。

## 第三节 诺奇克论剥削

> 自从一个人需要另一个人的帮助的时候起；自从人们觉察到一个人具有两个人食粮的好处的时候起；平等就消失了、私有制就出现了、劳动就成为必要的了、广大的森林就变成了需用人的血汗来灌溉的欣欣向荣的田野；不久便看到奴役和贫困伴随着农作物在田野中萌芽和滋长。①
> 
> ——卢梭《论人类不平等的起源和基础》

罗伯特·诺奇克是充分发展了洛克的劳动获取理论，并试图回应马克思对生产资料私有制的批判的当代著述者。在《无政府、国家与乌托邦》一书中，诺奇克一方面试图否认在资本主义生产方式下存在着资本家对劳动者的剥削；另一方面，又根据持有的资格理论对马克思的剥削理论进行挑战。下面我将具体讨论诺奇克对马克思的剥削理论所提出的各种质疑。

### 一 自愿交换

在讨论诺奇克对上述论点的批评之前，我们必须先来分辨一下何谓"自愿交换"的问题。上述对"剥削"的推导是在"双方自愿"的假设下进行的，实际上，当马克思在论述剥削问题的时候，其描述是"无产者不得不为资本家工作"，也就是说，在劳动力市场上无产者也许并非自愿出卖自己的劳动力。在无产者并非自愿的情况下，资本家为了将利润最大化，可能会将工人所获得的工资压缩到"最低限度的生活资料价格"。在这样的情况下，无产者为了活命而不得不廉价出卖自己的劳动力，不得不在贫困中煎熬。对于工人并非自愿为资本家工作的论断可能有两方面的指责：一方面，诺奇克在《无政府、国家和乌托邦》一书中定义了何为"自愿"。按照诺奇克的说法，"是否使一个人的行为成为不自愿的，取决

---

① [法] 让·雅克·卢梭：《论人类不平等的起源和基础》，李常山译，东林校，商务印书馆1982年版，第121页。

于这些其他人是否有权利这样做"①。按照这一定义，在自由市场上劳动者必定是自愿将自己的劳动力出卖给资本家。因为，资本家完全有权利通过压低工资而获得更高的利润。事实上，资本家与无产者之间在财产上的悬殊使得资本家对生产资料的私人占有权利变成了一种资本家支配工人的权力。由法律所确定的私有财产权使得无产者在和资本家的议价中始终处于弱势。劳动力市场中所发生的讨价还价，对于无产者来说是活命的问题，而对于资本家来说仅仅是赚多赚少的选择。

马克思也正是在这一意义上批判私有财产制度的。按照马克思的说法②，存在着两种形式的私有制：以独立劳动者与其劳动条件相结合为基础的私有制，以及资本主义私有制。在前一种私有制中，"劳动者是自己使用的劳动条件的自由私有者，农民是自己耕种的土地的自由私有者，手工业者是自己运用自如的工具的自由私有者。……这种生产方式是以土地和其他生产资料的分散为前提的。它既排斥生产资料的积聚，也排斥协作，排斥同一生产过程内部的分工，排斥对自然的社会统治和社会调节，排斥社会生产力的自由发展。……这种私有制发展到一定程度就产生出消灭它自身的物质手段。个人的分散的生产资料转化为少数人的大财产，广大人民群众被剥夺土地、生活资料、劳动工具"③，最终使得自由的劳动者被剥夺得一无所有，成为无产者，而先前劳动者所拥有的生产资料完全被资本家所占有，此时对劳动者的进一步剥夺就采取了新的形式——雇佣劳动制度。所以说，"私有制的性质依这些私人是劳动者还是非劳动者而不同"。马克思要批判的是"私人"是非劳动者的私有制，也就是资本主义私有制，这一私有制将生产者与生产资料相分离，并直接导致剥削；马克思批判的不是"私人"是劳动者的私有制，这种私有制是"小生产的基础，而小生产又是发展社会生产和劳动者本人的自由个性的必要条件"④。

让我们回到诺奇克所讨论的"自愿"的问题：站在马克思的立场上，以"别人是否有权利这样做"来划定行为者"自愿"与否的方式来理解剥削问题是不够的。因为，在马克思看来，诺奇克的"自愿"定义所依

---

① [美] 罗伯特·诺奇克：《无政府、国家和乌托邦》，姚大志译，中国社会科学出版社 2008 年版，第 314 页。
② 这方面的研究可参见李惠斌《重读〈共产党宣言〉》，《当代世界与社会主义》2008 年 3 月，第 31—37 页。
③ 《马克思恩格斯选集》第 2 卷，中央编译出版社 1995 年版，第 267—268 页。
④ 同上书，第 267 页。

赖的权利概念本身就是有问题的，私有财产权利当它从以自己劳动为基础的私有制转变为以剥削劳动为基础的私有制的时候，就变成罪恶的了。也就是说，"私有财产权利"这一概念本身就是需要批判的，不能以此来划定行为者"自愿"的界限。

对是否自愿这一问题的另一个责难是说：是否自愿的问题对于资本家和无产者双方都存在。也就是说，无产者有可能不得不出卖自己的劳动力，资本家也有可能不得不购买劳动力或者是不得不出卖商品。对于这一问题，亚当·斯密在《国富论》中进行了论述。在讨论劳动力市场上雇主与工人之间的工资博弈时，亚当·斯密写道："在一般情况下，要预知劳资两方谁占有利地位，谁能迫使对方接受自己提出的条件，决非难事。雇主的人数少，团结较易。加之，他们的结合为法律所公认，至少不受法律禁止。但劳动者的结合却为法律所禁止。有许多议会的法令取缔为提高劳动价格而结合的团体，但没有一个法令取缔为减低劳动价格而结合的组织。况且，在争议当中，雇主总比劳动者较能持久。地主、农业家、制造者或商人，纵使不雇佣一个劳动者，亦往往能靠既经蓄得的资本维持一两年生活；失业劳动者，能支持一年简直没有。就长期说，雇主需要劳动者的程度，也许和劳动者需要雇主的程度相同，但雇主的需要没有劳动者那样迫切。"① 这段文字可算是对于劳动者与资本家在工资博弈当中的极为客观的描述。可见，资本家由于对生产资料的占有，在与劳动者的议价中处于绝对的优势。为什么劳动者的联盟更容易瓦解，为什么资本家比劳动者更能够持久……这都是由于在议价当中劳动者一无所有，面对的是生存问题，而资本家坐拥巨大财富，面对的只是赚多赚少的问题。因此，在这样的情况之下，"是否自愿"的问题只能是针对劳动者的，而资本家在通常情况下都能够如愿以偿地压低工资以提高利润。②

---

① [英]亚当·斯密：《国民财富的性质和原因的研究》（上卷），商务印书馆2007年版，第60—61页。
② 值得我们注意的是，在资本主义的生产方式下，资本家如果为了获得尽可能大的利润而不顾一切地压低工资，那很可能会事与愿违。这是因为，当工资被压低的时候，工人们的购买力就相应降低，工人们将无力购买工厂生产出来的许多商品。这样，就出现了"生产过剩"的假象。为什么说此时的"生产过剩"是假象，因为生产出来的商品并非已经超过人们的需求，而是需要这些商品的人们由于工资过低而无法购买。以生产过剩为表象的经济危机使得资本家和工人的利益都受到巨大的打击。因此，在资本主义的生产关系中，资本家为了自己的利益，并不会不顾一切地压低工资，而是要考虑到人们的消费能力。也正是出于这一原因，在资本主义发展的历程中，雇佣劳动者的工资在逐步增长，这不是出于资本家的善心，而是出于他们为自己利益的考虑。

## 二 企业家承担了风险

现在让我们回到最初的论点：在一个自由市场中，在买卖方自愿进行交易的情况下，资本家以其占据生产资料的优势，侵占劳动者的劳动成果，对劳动者造成了剥削。诺奇克对这一论点提出了如下质疑：诺奇克认为在资本主义的生产方式下，虽然资本家没有通过劳动而获得利润，但是在整个生产和销售的过程中资本家承担了风险。因此，他们所获得的利润不能算作是剥削。诺奇克构想了一种没有资本家存在的生产方式，在这样的生产方式下，每个人在生产的时候都不知道自己的产品最后能卖多少钱，因此，不得不时时地去预测自己生产产品的未来的市场。诺奇克认为，这样的生产方式会使生产效率大大降低，"会导致对其产品之未来没有把握的人们放弃他们可以做得非常好的工作，即使别人对这种产品的冒险成功具有极大的信心。"于是，在这样的情况下，"如果一种制度容许人们转移他们不愿承担的风险，容许他们得到某种固定数额的报酬，而无论这种风险过程的结果怎样，那么显然这种制度具有优势。……而这样的机会表现了资本主义社会的典型特征"①。也就是说，通过资本主义生产方式，个体生产者得以将个人生产的风险转嫁给企业，转嫁给资本家，而自己获得一定的固定收入——"工资"。在诺奇克看来，有资本家来承担风险的生产方式是优于人人都得为自己的产品预测市场价格的生产方式的，而生产者会自愿进入第二种生产方式，也就是自愿受雇于资本家。

我对上述解释的质疑是，资本家是否真正承担了商品生产和销售中的风险，还是说最后都转嫁给了个体劳动者？一方面我们看到，当一个企业亏损的时候，公司会以裁员、降薪（或者是不提高工资）等的方式渡过难关。在这样的情况下，公司所遇到的风险，实际上大部分转嫁到了劳动者身上。当然，丢掉工作的工人可能会得到两个方面的援助：一方面是来自政府的失业补助，对于这一点，诺奇克是一定要反对的，因为诺奇克反对任何税收和再分配政策。在一个不存在再分配的社会中，政府不会有这笔钱来补助失业者；另一方面，公司可能给所有员工买了保险，但是诺奇克自己也否认了这一方案的可行性："不能对每个具有这样风险的项目进行保险，因为这样会导致对这些风险不作具体评估，而且，一旦对他们都

---

① Robert Nozick, *Anarchy, Sate and Utopia*, Blackwell, 1974, p.261.

给予保险，就会缺少刺激来努力促成更有利的结果。"① 因此，在诺奇克所构想的社会中，被公司裁掉的员工只能自己吞食苦果而得不到任何补助。可见，资本主义的生产方式并没有为个体劳动者规避任何风险，而只是蒙上了他们的双眼，让资本家去替他们预测危险，而真正的危险却要劳动者自己来承担。

## 三 私有企业更有吸引力和竞争力

诺奇克对"自愿交易"情况下存在着资本家对劳动者的"剥削"的另一个反驳是从生产资料私有的角度提出的。诺奇克认为，马克思之所以主张资本主义生产方式下存在着"剥削"，是因为马克思认为生产资料的私有使得工人不得不受雇于资本家；只有在公有制条件下，当生产资料为所有劳动者共有时剥削才能被根本消除。为了辨析生产资料私有和生产资料公有的问题，诺奇克进行了如下的思想试验②：假设在一个社会中存在着生产资料私有制的企业，也存在着生产资料公有（publicly owned）③的企业，劳动者们可以自由地选择去哪一种企业工作。这时有一些劳动者选择了生产资料私有的企业，因为这些企业给出较高的工资。诺奇克认为在这样的情况下，在生产资料私有的企业中工作的劳动者并没有受到剥削，因为这时还有生产资料公有的企业供他们选择；既然在生产资料公有的企业中工人都没有受到剥削，那在工资较高的生产资料私有的企业中工人也没有受到剥削。劳动者进入生产资料私有的企业完全是出于能获得更高工资的考虑。接着，诺奇克进一步假设，由于在竞争中不利，生产资料公有的企业一步步减少直至最后消失了。这时，在生产资料私有的企业中，工人的工资水平并没有任何变化；那么，生产资料公有的企业的消失会对在生产资料私有的企业里工作的人造成任何影响吗？诺奇克的答案是：不会。因此，两步推导的结论就是：生产资料的私有并不会造成对雇佣工人的剥削。基于这一论证，诺奇克还进一步论述道："不管这种无法得到生

---

① Robert Nozick, *Anarchy, Sate and Utopia*, Blackwell, 1974, p. 261.
② Ibid., p. 254.
③ 此处的公有指的是由企业的员工共同所有的含义。在所有权理论中（参见斯坦福大学的在线哲学百科全书词条：property and ownership, http://plato.stanford.edu/entries/property/），所有权可分为私有（private property）、集体所有（collective property）和公有（common property）三种形式。其中私有指的是私人占有；集体所有是指由某个集体的所有成员共同拥有，并且对生产资料或重要资源的使用是通过某种集体决策的形式做出的，如企业、社团等；公有指的是由社会的所有成员共同拥有，如广场、公园、基础设施等。诺奇克此处用 publicly owned 指的是由企业的员工集体所有的形式。

产资料的观点过去多大程度上是真的，在我们的社会里，现在大部分劳动力在个人财产中都拥有现金储蓄，而且工会养老基金中也有大量现金储备。这些工人有能力等待，他们也有能力投资。这样就提出了为什么不用这些钱来创立工人控制的工厂的问题。为什么激进分子和社会民主党人不积极推动此事呢？"①

针对诺奇克的上述论证，我有下述回应：第一，当一个社会中同时存在生产资料公有和生产资料私有的企业时，生产资料公有的企业并不一定会像诺奇克认为的那样，对工人缺乏吸引力，在市场竞争中处于弱势。恰恰相反，由于生产资料公有的企业中不存在剥削，商品生产所实现的价值由工人们平等分享，因而生产资料公有的企业的工资会更高，劳动者更愿意进入生产资料公有的企业；另一方面，生产资料公有的企业生产出来的产品由于不用为资本家提供高额的利润，所以可以卖得更便宜，这就使得生产资料公有的企业在市场中会占据更大的份额，更有竞争力。于是我们将会看到与诺奇克所描述的不同的景象：在生产资料私有和生产资料公有的企业并存的情况下，工人更愿意进入生产资料公有的企业，生产资料公有的企业在竞争中处于优势，规模一步步扩大。在某种程度上，这正是中国经济现有的情况：应聘者一般更愿进入国企②而不愿在私企工作，理由有很多：国企较稳定，不会随意裁员；在国企工作也不会太累、不用老加班……究其原因，还是因为国企的生产资料公有，不用支付资本家额外的利润。当然，这里讨论的是国企内部不存在腐败的情况，如果考虑到国企的领导者以公共利益的名义侵占工人们的劳动成果的情况，那结论就会完全不同。简言之，国有经济中的腐败与资本家对工人的剥削一样，都是对劳动者劳动成果的不正当的侵占，只不过一个是明面上的，一个是隐蔽的。

第二，针对诺奇克所说的"大部分劳动力在个人财产中都拥有现金储蓄，为什么不用这些钱来创立工人控制的工厂"的问题，我认为，这是因为我们所说的"工人"并未形成一个整体，而是一个个单个的人。试想，当某个工人省吃俭用终于以自己的积蓄创建一个企业的时候，他为何会愿意与别人去分享他的利润呢？他为何不想也做一回资本家呢？多少年来的奋斗不就是为了让别人为自己打工，而自己能够坐吃利润吗？这一

---

① Robert Nozick, *Anarchy, Sate and Utopia*, Blackwell, 1974, p. 255.
② 在中国的经济现实中，相比于私企，国企的所有权状况更类似于诺奇克在思想实验中所设想的生产资料属于企业员工集体所有的情况，因此用国企的例子作为笔者观点的佐证。

现象集中体现出生产资料私有条件下，人的自由的局限性：每个人都有机会成为资本家，但无产阶级作为一个整体却永远存在，并无时无刻不受到资本家的剥削。柯亨在《私有财产和自由的幻想》一文中将这一现象称为在资本主义制度下，无产阶级所遭受的"集体不自由"："当且仅当一群人同时实现某一行为 A 的可能性不存在时，我们认为，这一群人相对于这一动作 A 遭受了集体不自由。"① 正是在这一意义上，马克思认为，只有全世界的无产者联合起来，才有可能推翻资本主义制度，才有可能消灭剥削。因此，雇佣工人没有用自己的积蓄创建一个生产资料公有的企业，并不能说明生产资料私有的企业中就不存在资本家对工人的剥削。

## 四 何种"剥削"

虽然诺奇克的上述质疑并没有造成对马克思剥削理论的根本触动，但是诺奇克的分配正义理论对剥削理论的挑战却是不容忽视的。诺奇克将自己的分配正义理论称作是持有（holdings）② 的资格理论，简单来说就是，"如果每一个人对该分配中所拥有的持有都是有资格的，那么一种分配就是正义的"③。持有的资格理论具体有三条原则：1. 获取的正义原则；2. 转让的正义原则；3. 对违反前两个原则的矫正原则。诺奇克认为，从真的前提可以推出真的结果；因此，如果某人对某物的获取和转让都是正义的，那么他对其持有就是有资格的，他的持有就是正义的；如果每一个人的持有都是正义的，那么持有的总体（亦即分配）就是正义的。具体来说，对于"获取的正义原则"，诺奇克赞同洛克的"劳动获取"理论——"我拥有我的身体和身体的种种能力，我能逐渐拥有种种外在的物体"；对于"转让的正义原则"，诺奇克认为，我们可以交换或赠予我所拥有的财物。也就是说，最初的对于无主物的劳动获取加上自由市场中的自愿交换或自由市场外的馈赠和接受，构成了诺奇克的分配正义原则。

诺奇克在持有的资格理论的基础上对"再分配"进行了激烈的批评。所谓"再分配"，诺奇克指的是为了达到符合某种"模式"的分配结果，

---

① G. A. Cohen, "Illusions about Private Property and Freedom", John Mepham, David Hillel Ruben. *Issues in Marxist Philosophy* (*Ⅳ*): *Social and Political Philosophy*. New York: Humanities Press, 1979.

② 在诺奇克的分配理论中，持有这一概念指的是每个人所拥有的东西。

③ Robert Nozick, *Anarchy, Sate and Utopia*, Blackwell, 1974, p.151.

而对"获取的正义原则"和"转让的正义原则"反复应用之后的结果进行二次调整的分配。诺奇克将这种分配方式称作是"模式化"的分配方式,其定义是:规定分配随着某种自然维度、自然维度的权重总和或自然维度的词典式序列而变化的分配原则。① 常见的模式化分配原则有:按照一个人的道德功绩(moral merit)②、需要③、边际产品④、努力程度⑤或者前面各项的权重总和对每个人进行分配。诺奇克认为,模式化的分配原则必然要求再分配。因为,"任何一种实际上自由达到的持有状态都符合某种既定模式,这种可能性是很小的;当人们进行交换和给予的时候,这种持有状态将继续符合这种模式,这种可能性是零"⑥。然而,从资格理论的观点看,再分配实际上包含了对人们劳动成果的侵占,也就是包含了剥削。

诺奇克对"剥削"的描述与马克思对"剥削"的描述如出一辙:"对劳动所得征税等于是强迫劳动。一些人认为这种主张显然是真的:从一个人那里拿走 n 小时的劳动所得犹如拿走 n 小时,犹如强迫这个人为了另外一个人的目的而工作 n 小时。"诺奇克认为,只要人们反对强迫劳动,就会反对税收制度。税收制度仅仅在表面上与强迫劳动制度不同,其实质上就是对劳动所得的不正当侵占。

然而,诺奇克的"剥削"理论与马克思的"剥削"理论也仅仅是在表面上相似,它们实质上是完全相反的主张。在诺奇克的论述中,被剥削的人是那些在社会中境况较好的人,国家的税收是针对资本主义生产方式中的获利者,资本家是被征税的主体;同时,国家的税收是用来补贴穷人的,也就是资本主义生产方式中处于弱势的无产者阶级。所以,诺奇克所说的剥削是"穷人对富人的剥削",是"无产者对资本家的剥削",这一主张是与马克思的剥削理论完全相反。那么,诺奇克所说的"剥削"有没有道理呢?在存在再分配的资本主义生产方式中,是否存在"无产者对资本家的剥削"呢?

柯亨在《马克思主义与当代政治哲学》⑦ 一文中构想了如下思想实验

---

① Robert Nozick, *Anarchy, Sate and Utopia*, Blackwell, 1974, p. 156.
② 可参考亚里士多德的"按照每个人的价值进行分配"的分配正义原则。
③ 可参考马克思提出的"按需分配"的共产主义分配原则。
④ 可参考功利主义的分配原则。
⑤ 可参考"按劳分配"原则。
⑥ Robert Nozick, *Anarchy, Sate and Utopia*, Blackwell, 1974, p. 168.
⑦ [英] G. A. 柯亨:《马克思与诺奇克之间——G. A. 柯亨文选》,吕增奎编,江苏人民出版社 2007 年版,第 157—176 页。

来帮助我们理解上述问题：设想一位年轻快乐的工人，他非常喜欢自己的工作。他正在为一位年老体衰的资本家工作。这位资本家过着孤苦伶仃的悲惨生活。但是，老资本家拥有一大笔资本，正因为如此，资本家为年轻人的工作创造了条件。① 现在，对于劳动产品的分配可能会出现两种情况：一是，年老体衰的资本家为了维持自己的生活，从年轻人的劳动产品所获得的价值中扣除一部分归自己所有。这种方式被马克思称作是资本家对工人的"剥削"。二是，年老体衰的资本家并没有扣除年轻工人的劳动所得，但是，国家的税收政策会向年轻人征税，而这一税收最终被用来建立社会保障体系，并向年老体衰的资本家提供维持生活所需的养老金。这种方式下存在着诺奇克所说的再分配所造成的剥削。如果我们假设在第一种情况中资本家所扣除的工人的劳动所得与在第二种情况中资本家通过社会保障体系所获得的养老金是相等的，那么我们会看到这两种不同"剥削"实际上导致的是同样的分配结果。也就是说，马克思主义者批评第一种分配方式中的剥削，而赞同第二种分配方式中的税收；诺奇克批评第二种分配方式中的税收，赞同第一种分配方式中的剥削；但实际上，两种分配方式的结果却是相同的。为什么两种完全相反的主张会得出同样的结论呢？

究其原因，上述奇特现象之所以出现，是因为在上述例子中，诺奇克所批评的税收政策其补贴的对象正巧是马克思剥削理论中所批评的剥削者。对于有平等主义倾向的马克思主义者来说，在资本主义制度框架下，社会保障体系的补贴对象在通常情况下都会是那些没有多少财产、与生产资料相分离而受雇于资本家的无产者。只有他们才是穷困而劳累的大多数，需要国家予以特殊关照的一群人。而他们之所以会沦落到如此悲惨的境地，完全是因为他们受到了资本家的剥削，被资本家侵占了劳动成果。即使我们赞同诺奇克的观点，认为任何再分配都包含着对劳动者的剥削，对资本家的税收也是完全正当的，这出于两方面的原因：一方面，资本家所获得利润并非其劳动所得，因为很难说资本家有什么实质意义上的劳动；另一方面，税收所补贴的对象正是受到资本家剥削的穷困的劳动者，他们的劳动产品部分被资本家侵占。税收政策所给予他们的补贴完全可以被看作是对他们所受剥削的某种补偿。（虽然这种补偿并不能完全消除分配中的不正义。

---

① ［英］G. A. 柯亨：《马克思与诺奇克之间——G. A. 柯亨文选》，吕增奎编，江苏人民出版社2007年版，第161页。

对于马克思主义者来说，不正义的消除在于剥削之基础——生产资料私有——的彻底消除）。

马克思主义者的上述主张得以成立的一个重要条件是社会中被剥削者与社会中的穷困者（也即需要国家通过再分配予以资助的对象）是同一群人。柯亨在《马克思主义与当代政治哲学》一文中总结了在共产主义运动中共产主义者觉察到的工人阶级的六个特征（其中后两个特征是从前两个推导出来的）：

（1）构成社会的大多数
（2）生产出社会财富
（3）在社会中受到剥削
（4）是社会中的穷人
（5）在革命中不会失去任何东西，无论革命的结果可能是什么
（6）能够（could）并且愿意（would）改造社会

柯亨将这六方面的特征总结为：多数派、生产、剥削、贫困、无物可失和革命。这其中与我们探讨的问题紧密相关的是三个特征：生产、剥削和贫困。也就是说只有当社会中的生产者同时是被剥削者，并且过着贫困的生活时，我们才有理由支持马克思的剥削理论并同时反对诺奇克对再分配政策的批评。如果一个国家的税收政策补贴的并不是受剥削的生产者，而是那些没有生产能力的人，是那些自然才能低下者，或者是身有残疾者，抑或是老无所依、幼无所养者……那么，我们就没有理由坚持马克思的剥削理论又同时反对诺奇克对再分配的批评了，而只能是坚持马克思的剥削理论并赞同诺奇克对再分配的批评，或者是放弃剥削理论。

上述的推理带给我们两方面的启示：一方面，我们认识到，马克思的剥削理论与马克思主义者的平等主义倾向之间存在着某种内在的矛盾，如果"生产、剥削与贫困"三个特征不能同时汇集在工人阶级身上的话，"对剥削的批判"与"以平等为目的再分配政策"很难保持理论的一贯性；另一方面，马克思对剥削的批判与诺奇克对再分配的批评有某种共同的理论基础，这就是"自我所有权"理论。①

我们不难发现，马克思的剥削理论和诺奇克的资格正义理论有着共同

---

① 柯亨在《马克思主义与当代政治哲学》一文中论述道："通过自己在资本/劳动关系上的强硬路线，马克思主义者暗地里接受了自我所有权观念"（[英] G. A. 柯亨：《马克思与诺奇克之间——G. A. 柯亨文选》，吕增奎编，江苏人民出版社2007年版，第162页）。

的理论来源，这就是洛克的劳动获取理论。① 洛克在《政府论》（下篇）中通过三个步骤论证了私有财产权的产生：第一，"每个人对自己的人身（person）享有一种所有权，除他以外任何人都没有这种权利"②；第二，"我的身体所从事的劳动和双手所进行的工作也是正当地属于我的"③，也就是说我的劳动是属于我的；第三，那些我通过自己的劳动而改变其自然所处的状态的东西也是属于我的，因为我在其中掺入了属于自己的东西。也就是说，从"我自己属于我"推出"我的劳动属于我"，再推出"我的劳动成果属于我"。洛克对私有权的论证是基于柯亨说的"自我所有权"（self-ownership）观念：我的思想、我的欲望、我的身体以及身体的一切活动都是属于我的。正是基于"自我所有权"这一共同的理论基础，马克思和诺奇克都推出了"存在剥削"的结论。然而，马克思正确地看到了由于资本家与劳动者之间对生产资料占有的不平等而造成的资本家对无产者的剥削；而诺奇克看到的则是基于再分配的社会保障体系对于社会中的获利者的"剥削"。但是，在马克思主义者看来，后者很有可能是对剥削者的"剥削"，以及对被剥削者的"补偿"。

综上所述，一方面，诺奇克从"自愿交换""企业家承担风险"以及"私有企业更有吸引力和竞争力"三方面对马克思的剥削理论提出的质疑并不令人信服；另一方面，诺奇克基于其持有的资格原则提出的"新剥削理论"，确实对马克思主义的平等主义倾向造成了一定的威胁，这将促使我们进一步寻求社会平等的理论根基。

## 五　私有财产制度下的平等

现在让我们回到本书的主题：平等。卢梭对于私有权之产生的经典描述告诉我们，私有财产制度的产生，一方面是人类迈向文明社会的必经阶段；另一方面又肯定了富人与穷人之间的不平等，引发人们无尽的纷争与苦难。那么，在私有财产制度无法根除的现阶段，我们怎样才能更好地促

---

① 柯亨认为，洛克的获取理论与马克思的劳动价值论有根本的不同（参[英] G. A. 见柯亨《马克思和洛克论土地和劳动》，载《自我所有、自由和平等》，魏小萍主编，东方出版社 2008 年版，第 185—217 页）；但我认为，如果仅从通俗学说的意义上理解劳动价值论的话（即放弃"商品的价值是凝结在商品中的社会必要劳动时间"这一命题而仅仅坚持"劳动创造价值"这一命题），仍然可以认为马克思"劳动创造价值"的思想与洛克的劳动获取理论有某些一致性。

② [英] 约翰·洛克：《政府论》（下篇），叶启芳、瞿菊农译，商务印书馆 2007 年版，第18 页。

③ 同上。

进人与人之间的平等呢?

如果说，私有权制度的建立必然带来富人与穷人之间的不平等，而私有制又是人类社会迈向文明的必经阶段；那么，有一些不平等就是我们必须接受的，而我们所应该做的就是将这一不平等限制在一定的范围内。我们并不希冀一个所有人占有同样的资源并获得同等收入的平均主义的社会，因为那样的社会是没有效率的，既不可欲，也不可求。按照罗尔斯的说法，对于一个在各方面都平等分配的社会的追求起源于人们的一种恶的心理：嫉妒。我们还看到，即使是对私有权提出强烈批评的卢梭也认为："公民应该按照他们的贡献受到提拔和优待"[①]，而不是毫无差别地获得同样的待遇。另一方面，人类社会中那些不公正的不平等（例如马克思所说的"剥削"）同样是我们无法接受的。由此，平等的主题并不是追求人与人之间无差别的持有，而是探讨什么样的不平等是我们可以接受的。

以马克思的平等思想为指导的无产阶级革命，激励人们消除由生产资料的不平等占有而导致的人与人之间的剥削，是人类迈向平等的重要一步。在当代的政治哲学讨论中，罗尔斯致力于人类社会不平等的进一步消除。罗尔斯的正义理论第一次触及人与人之间不平等的基础——人们在自然才干方面的分配不均，这在卢梭的平等理论中被称作人与人之间的自然差异（natural inequality），并由此开启了对于天赋能力、运气、性格、嗜好等因素对平等之影响的更为广泛的当代讨论。也就是说，罗尔斯的社会正义理论是第一次向"自然"提出挑战，这不同于以往任何一次对人造的社会政治制度的批判与变革，是人类社会迈向平等的一次更加深刻的革命。

---

① ［法］让·雅克·卢梭：《论人类不平等的起源和基础》，李常山译，东林校，商务印书馆1982年版，第188页。

# 第四章　罗尔斯的平等理论

在人类历史的演进中，无数仁人志士对于平等权利的论证、吁求、捍卫使得不同的人能够以平等的身份和资格进入社会这样一个合作的竞争体系当中。这就像是进入了一个巨大的自由市场，每个人都在以自己的才能和拥有的物品为他人提供服务和产品，同时也从他人那里获取自己所需要的东西。在一个井然有序的市场中，人们之间的每一次交易都是在双方自愿的情况下发生的，这是由人们所拥有的平等权利所决定的。然而，平等的权利并没有为人们预设市场交易之后的平等结果，也就是说，在这样一个合作的竞争体系当中，由于自然禀赋、社会背景、运气、身体状况等各种因素的影响，不同的人在竞争中会得到不同的结果。一些人在竞争中获得了权势、地位和金钱，而另一些人，则丧失了一切有利的条件，落入贫困而卑微的社会底层。由此看来，权利的平等并不能保证人们在生活状况上的大致平等，也不能保证让人们拥有平等的资源或是拥有平等的能力，仅仅是肯定了人们可以平等地进入市场竞争。

人们在权利平等的前提下所受到的不同对待引发了当代平等主义者的关注。一方面，在市场竞争的大背景下，由于人们的偏好和能力的不同，现代社会必然呈现出阶梯似的结构。社会中人们所处的地位、所拥有的资源，以及各自的生活前景都有优劣好坏之分。出于对所有人基本权利的维护，平等主义者很难要求所有社会成员在竞争结果中保持一致。另一方面，自由主义政治理论中对于选择与责任的强调使人们越来越坚定一个信念：并不是所有的不平等都是不公正的。在保障每个人基本权利的前提下，一定程度的不平等构成了社会的激励机制，能够激发人们的主观能动性和创造力，最终使得社会中所有人都从中获益。于是，摆在人们面前的问题是：什么样的不平等是一个正义的社会所允许的？如果我们同意一个社会中可以有或高或低的职位，可以有收入不同的职业，可以有或尊贵或低微的社会地位，那么正义（justice）所要求的就是，每个人都有同等的机会达到社会中较优越的位置，而这正是机会平等的内涵。

"机会平等"看似很简单，实际上却是一个层次复杂的概念。不同的学者赞同不同层次的机会平等。我们大体上可以把机会平等理解为两个层次："形式的机会平等"（Formal Equality of Opportunity）和"实质的机会平等"（Substantial Equality of Opportunity）。"形式的机会平等"的含义是"前途向才能开放"，是指人们仅凭相应的能力获取较优越的职位和社会地位。在"前途向才能开放的机会平等"条件下，只要拥有某一职位或地位所需的相关"能力"和"知识"，你就与其他申请者有同等的机会获得这一职位。这种机会平等屏蔽掉了人们在性别、种族、人际关系等方面的差异，使得人们可以仅凭自身所拥有的"能力"和"知识"来获取社会资源。

"形式的机会平等"具有许多优点，在很长一段时期内曾是人们致力于实现的平等目标。首先，"前途向才能开放的机会平等"能够很好地排除"裙带关系"对于人们竞争结果的影响。针对"裙带关系"，"前途向才能开放的机会平等"要求在分配教育机会或职位时，只考虑竞争者是否具有该机会或职位所需要的才能和知识，而不考虑其在人际关系网络中所处的位置。这一点对于改革开放中的中国来说尤为重要。传统的中国社会是一个人情社会，"情感"和"关系"是人与人之间最重要的连接纽带。而"找工作"是年轻人迈向社会的第一步，也是人生中最重要的步骤之一。在这样的人生大事上，所有的"关系"都要派上用场。于是不少用人单位和企业就出现了所谓的"萝卜招聘"，向外公开招聘的职位其实早就预定好了人选，公开的广告和筛选过程只是走走过场，最后导致大批的应聘者被一些编造出来的莫名其妙的理由拒绝。这些做法都严重违反了"前途向才能开放的机会平等"原则，不仅大大打击了年轻人的信心和正义感，还损害了社会的公正，造成极不好的影响。

第二，"前途向才能开放的机会平等"的基本特征是"反歧视"，杜绝"歧视"对于人们竞争结果的影响是这一平等思想的根本目标。"前途向才能开放的机会平等"要求在分配教育机会和职位的时候，只考虑申请者与该机会相关的才能和知识，而不考虑其来自何种群体。在人类社会中，任何意义上的"弱势群体"都有可能成为被歧视的对象："女性""残疾人""来自某个地区的人""信某种宗教的人""家境贫困的人"……人们对这些群体的偏见和轻视构成了社会的不公正，而最低限度的机会平等致力于排除这些歧视，以保证来自不同群体的人能站在同一起跑线上开始竞争。出于这一原因，"前途向才能开放的机会平等"也被称为"起点平等"。另外，"前途向才能开放的机会平等"还排除"统计学上的歧视"（statistic distinguish）政策。例如，在某个公司里，根据以往的统计数据，那些不好好上班、经常迟到早退的员工大多是来自某一省份的人，那么在招聘员工的时候，这个公司的雇主就完全不考虑这一省份的申请者。这样的行为同样违反了"前途向才能开放的机会平等"的要求，没有给予来自该省份的具有相应能力的申请者应有的机会。

第三，"前途向才能开放的机会平等"的理想并不要求政府和国家进行财政上的转移支付，不要求将资源从处于优势的竞争者手中转移到处于弱势的竞争者手中，所以这种最低限度的机会平等也得到如诺奇克等自由至上主义者的赞同。

然而，一些左派的学者却认为"前途向才能开放的机会平等"是远远不够的，这一理想虽然保证了具有同等能力的竞争者可以获得同等的机会，但并没有考虑到处于社会中不同位置的人们以及拥有不同天赋的人们获得同等"能力"的机会却是不同的。在教育市场化的大背景下，社会中处于优势地位的家庭总是可以为其子女提供优质的教育。贫困家庭的子弟要想获得与富裕家庭子弟同等的"能力"和"知识"，必须付出比富裕家庭的子弟多得多的努力，或者根本就不可能。另一方面，那些天赋较高的人，可能轻而易举地获得竞争所需的能力和知识，而那些天生愚钝的人却怎么学也学不好。由此看来，"前途向才能开放"并没有真正排除社会境况和自然禀赋在社会资源分配中的影响。由此，自由主义左派的学者们摒弃了"形式的机会平等理论"，开始转向更深层次的"实质的机会平等理论"。

在一个正义的社会中，社会制度的建构不能保证每个人在社会的竞争和合作中都获得同样的结果，但却可以要求所有成员从平等的"起点"出发来竞争。不同的机会平等理论所争论的焦点就是：这一平等的"起点"应设在什么地方？如本书导论中所述，根据"起点"设置的不同，我们可区分三种程度的机会平等理论，其中第一种是"形式的机会平等理论"，而后两种则是"实质的机会平等理论"。它们是："前途向才能开放的机会平等""拉平社会境况的机会平等"以及"拉平社会境况和自然禀赋的机会平等"。第一种机会平等理论将拥有平等权利作为人们开始公平竞争的起点，只要保证人们在竞争中权利不受侵犯，就不需再对任何原因导致的较差的竞争结果进行补偿；第二，"拉平社会境况的机会平等"以平等权利和大致相同的社会境况为公平竞争的起点，如人们的社会境况有差别则应对社会境况较差者进行相应的补偿；第三，"拉平社会境况和自然禀赋的机会平等"以平等权利、大致相同的社会境况和相似的自然禀赋为公平竞争的起点，如社会境况或自然禀赋有差别则应对较差者进行相应的补偿。

约翰·罗尔斯（John Rawls）的机会平等理论正是在上述机会平等理论的框架下提出来的。20世纪70年代，罗尔斯出版了享誉世界的著作《正义论》，他在此书中重点讨论了分配领域的正义问题，使得权利平等基础上的平等问题成了政治哲学讨论的焦点。对于平等问题的讨论开始从权利平等转向经济和社会领域的平等。在罗尔斯之后，各派平等主义者围绕罗尔斯所提出的问题进行了各式各样平等主义的建构，极大地丰富了平等理论的内涵。直至今日，平等主义理论建构的热潮仍未退却，持续在政治、经济、社会、文化等各领域发挥作用。

罗尔斯的机会平等理论是精致而复杂的。第一，罗尔斯的平等理论建立在其社会合作理论的基础上，罗尔斯将人类社会构想成一个合作的冒险体系。由此，人们为了维持互惠的社会合作，就必须遵循相对平等的社会分配原则。第二，在平等理论的具体建构中，罗尔斯提出了激进的平等主义目标——"反应得理论"，试图去除人们在社会境况和自然禀赋方面的差异对于人们在分配结果中的影响，或是对其影响进行补偿。第三，罗尔斯通过第一条正义原则——"平等的自由"原则以及相应的"优先规则"，保证人们在"基本自由"（亦即权利）上的平等。第四，罗尔斯通过第二条正义原则中的"公平机会的平等原则"，提出了"拉平社会境况的机会平等理论"，然而这一原则并不足以实现罗尔斯"反应得理论"的平等目标。第五，罗尔斯试图通过第二条正义原则中的"差别原则"对分配结果进行调节。根据"差别原则"，在分配结果中获利较多者的获利只有在同时促进最少受惠者的利益的情况下，才是正当的；然而，要达到这一目标，就必须通过"税收"等方式对整个社会的分配结构进行调节。由此，"差别原则"成为罗尔斯正义理论中引发最多争议的部分。本章将深入分析罗尔斯平等理论的四个重要部分："社会合作理论""差别原则""公平机会的平等原则"和"优先规则"。并对罗尔斯平等理论中的两个重要问题进行讨论："平等与嫉妒""差别原则与优先主义"，其中后一个问题涉及罗尔斯的正义理论是属于"平等主义"还是属于由德里克·帕菲特（Derek Parfit）在《正义论》出版后约二十年提出的"优先主义"。通过辨析这一问题，我们可以进一步明确罗尔斯作为当代平等主义先驱的重要地位。

## 第一节 何种社会合作？

> 由于每个人的幸福都依赖于一种社会合作体制，没有这种社会合作，任何人都不会有一种满意的生活，因此利益的划分就应当能够导致每个人自愿地加入到合作体系中来，包括那些处境较差的人们。①
>
> ——约翰·罗尔斯《正义论》

罗尔斯的正义理论是建立在社会合作的框架之下的。罗尔斯认为，人类社会是自足的个人之间的联合体②，是一个"合作冒险"体系。在这一体系中，人与人之间不仅有利益的一致，也有利益的冲突。因此，人们需要一套原则以决定利益和负担的适当划分。而这种原则就是社会正义的原则。通过对社会正义理论的建构，罗尔斯认为正义的两原则，尤其是差别原则为社会合作提供了一个公平的基础，使得禀赋不同的各方都自愿参与到社会合作中来。罗伯特·诺奇克（Robert Nozick）对罗尔斯的社会合作理论进行了多方面的批评，下面我将集中讨论其中的一个批驳——"差别原则"不是社会合作的公平条件。

### 一 诺奇克对罗尔斯社会合作理论的批评

为了能更清楚地考察罗尔斯社会合作理论的本质，诺奇克将其社会合作理论抽象表述如下③：设想有 n 个人在独立地行动，没有进行合作。每个人 i 的收入是 $S_i$，那么 n 个人的收入总和是 $S = \sum S_i$。在其社会合作理论中，罗尔斯假设通过社会合作这 n 个人能够得到一个更大的总额 T（$T \geq S$）。诺奇克认为，罗尔斯的分配正义理论关心的是如何对 T 进行

---

① ［美］约翰·罗尔斯：《正义论》，何怀宏、何包钢、廖申白译，中国社会科学出版社 2006 年版，第 15 页。
② 我们可以从亚里士多德的思想中找到这一理论的渊源：亚里士多德认为，城邦是公民的自治团体，而公民也只有在城邦中才能自给自足。（参见［古希腊］亚里士多德《政治学》卷 1，吴寿彭译，商务印书馆 2008 年版。）
③ Robert Nozick, *Anarchy, Sate and Utopia*, Blackwell, 1974, p. 184.

分配。① 如果对 T 进行分配的结果使得每个人 i 的所得为 Ti，那么只有在 Ti≥Si 的情况下，社会中的所有人才会自愿加入合作。所以说，如果人类社会是一个"旨在推进所有参加者的利益的合作体系"的话，就必须假定 Ti≥Si。

除了 Ti≥Si 的限制条件，罗尔斯还进一步认为，其正义理论中的正义两原则，尤其是差别原则构成了人们进行社会合作的公平条件。亦即，对于社会中的较少受惠者团体来说 Ti－Si 应达到最大值。

罗尔斯的论证如下：第一，罗尔斯认为"每个人的幸福都依赖于一种社会合作体制，没有这种社会合作，任何人都不能拥有一种满意的生活"②。第二，由于人们的禀赋和运气不同，社会中不同群体在社会中的受惠程度存在差异：那些禀赋较好或者在社会地位方面更幸运的人，可能从社会合作中获得更大的利益；相反，禀赋较差或者在社会地位方面不幸运的人，将从社会合作中获得较少的利益。"因此利益的划分就应该能够导致每个人自愿地加入到合作体系中来，包括那些处境较差的人们。"③第三，正义的两原则（其中包括差别原则——社会和经济的不平等安排应使得社会中的最小受惠者的利益最大化），"是一种公平的契约，以它为基础，那些天赋较高、社会地位较好（对这两者我们都不能说是他们应得的）的人们，能期望当某个可行的体系是所有人幸福的必要条件时，其他人也会自愿加入这个体系"④。

诺奇克对罗尔斯的上述论证提出了质疑：诺奇克认为，罗尔斯所论述的第一点（每个人的满意的生活都依赖于合作体系）和第二点（只有当社会合作的条件是合理的时候，人们才会自愿参与到社会合作中来）推不出其结论——第三点（差别原则是人们合作的合理条件）。支持这一判断的一个明显的证据是：第一点和第二点对于社会中的禀赋较好者 A⑤ 和

---

① 诺奇克指出在这一理论模型中其实还存在另一种思路，即对 T－S 进行分配（以对 T－S 的公平分配的份额加上每个人的独立劳动所得 Si），而不是对 T 进行分配。诺奇克认为，罗尔斯错误地忽略了第一种可能。本文将依按罗尔斯的思路重点讨论对于 T 的分配问题。
② ［美］约翰·罗尔斯：《正义论》，何怀宏、何包钢、廖申白译，中国社会科学出版社 2006 年版，第 15 页。
③ 同上。
④ 同上。
⑤ "禀赋较好"对应于罗尔斯在上处引文中所说的"天赋较高、社会地位较好"，指的是那些使得人们在社会中能获得较好的经济利益和较优的社会地位的自然因素或社会因素。例如：较高的智商、较好的身体素质、出生于富裕的家庭、接受良好的家庭教育，等等。"禀赋较差"则是与"禀赋较好"相对的概念。

禀赋较差者 B 是同等适用的，他们都可能提出各自认为合理的合作条件；而第三点中的差别原则，对于 A 和 B 则是差别对待的，这一条件只是站在禀赋较差者 B 的立场对禀赋较好者 A 提出的条件，而没有考虑 A 的立场。诺奇克认为，社会中的禀赋较好者 A 也可能提出相似的条件，例如：社会和经济的不平等安排应使得社会中的最多受惠者的利益最大化。所以不能将罗尔斯所阐述的差别原则作为 A 与 B 合作的公平基础。诺奇克论述道："禀赋更好者通过同禀赋更差者的合作而受益，而且，禀赋更差者也通过同禀赋更好者的合作而受益。然而，差别原则在禀赋更好者与禀赋更差者之间并不是中立的。"①

诺奇克进一步认为，对于人们在社会合作中的获益的问题，可以从两种方式加以理解："或者，与在非合作体制中的个人持有相比较，人们从社会合作中得到了多少利益？或者另一种，不是与没有任何合作相比较，而是与更有限的合作相比较，每个人从普遍的社会合作中得到了多少？"②

为了更清晰地展示诺奇克的上述观点，我们可以假设社会中存在着禀赋③较好的一群人 A 和禀赋较差的一群人 B，他们中每个人在普遍的社会合作（即 A 与 B 团体的人们都参与的合作）中的获利为 $T_i$，合作带给每个人的利益是 $T_i - S_i$。另一种情况是，存在着两种有限的合作：禀赋较好的一群人之间的合作（即 A 团体之内的合作），以及禀赋较差的一群人之间的合作（即 B 团体之内的合作）。其中 A 合作团体中每个人的获利是 $T_i(A)$，而 B 合作团体中每个人的获利是 $T_i(B)$。

基于上述模型，诺奇克认为，在普遍的社会合作中，每个人都可能提出自己所认为的"公平的合作条件"，而人们很难达成一致；此时，"如果某些有益的合作安排赢得某些人而不是所有人的同意参与，那么就并非所有人都处于非合作的处境之中"④。诺奇克指的是这样的情况，禀赋较好者之间形成了合作，使得 A 合作团体中每个人的获利 $T_i(A)$，而且 $T_i(A) > T_i$，那么这些禀赋较好者就会选择参与 A 团体内部的合作而不是参与普遍的社会合作。而在 A 合作团体形成之后剩下来的社会成员——

---

① Robert Nozick, *Anarchy, Sate and Utopia*, Blackwell, 1974, p. 192.
② Ibid., p. 193.
③ 诺奇克将罗尔斯所说的"禀赋"理解为："'禀赋更好'意味着：完成更有经济价值的工作，有完成这种工作的能力，有一种更高的边际产品，等等。"（[美]罗伯特·诺奇克：《无政府、国家和乌托邦》，姚大志译，中国社会科学出版社 2008 年版，第 232 页注释。）亦即，那些能使人们在社会中获得较好经济利益的因素。这一理解与罗尔斯的理解是一致的。
④ Robert Nozick, *Anarchy, Sate and Utopia*, Blackwell, 1974, p. 193.

禀赋较差者，就只能选择与自己团体内部的社会成员合作，即形成 B 合作团体。而此时，可能存在的情况是 $S_i < T_i(B) < T_i$；虽然 $T_i(B) < T_i$，即 B 团体的成员在普遍的社会合作中能够得到更多的回报，但是 B 团体的成员不可能参与获利更高的普遍社会合作，因为 A 团体的成员只愿意与自己内部的成员合作。最后，诺奇克得出结论："我们必须尝试设想范围更小的部分社会合作体制，在这种体制里，禀赋更好者仅仅在他们自己之间进行合作，禀赋更差者也仅仅在他们自己之间进行合作，而没有两者之间的交叉合作。"[1]

诺奇克上述推论的目的是明显的，他对罗尔斯社会合作理论提出了尖锐的批评：社会的普遍合作并不是必然存在的，为了最大限度地增进自己的利益，社会中天赋较好、在社会地位方面处于优势者可以选择与其同样天赋较好、处于优势地位的社会成员合作，而那些天赋较差、社会地位处于劣势的社会成员也只得与禀赋较差者合作。既然禀赋较好者与禀赋较差者之间也许没有合作，也就谈不上合作的公平合理的条件，而差别原则也就不再是必要的了。在诺奇克看来，现实可能的情况是，在普遍的社会合作中，那些禀赋较差的较少受惠者可能向禀赋较好者提出罗尔斯的"差别原则"作为合作条件，而那些禀赋较好者则直接解除了与禀赋较少者的合作。

基于上述分析，诺奇克甚至认为罗尔斯将差别原则作为社会合作的公平条件，是"以公平的名义对自愿的社会合作（以及从中产生出的持有状态）施加限制，以便使这些已经从这种普遍社会合作中大大受益的人更加受益"[2]。诺奇克举出下述例子，以证明自己的判断：假设一个人竭尽全力以完成某种新的发明（或者是某种技术创新，或新的生产观念），而这会使得社会中许多人受益。诺奇克认为，在这一例证中，"禀赋较差者比禀赋较好者从这种普遍合作体制中得到的更多"[3]。因此，如果对于这样的合作仍然以差别原则作为公平的合作条件，那就是在使已经获益较多的人更加获益，而这显然是不公平的。

上述例证将诺奇克对罗尔斯合作理论的批评推向了顶点。在诺奇克的层层追逼之下，罗尔斯的社会合作理论似乎完全丧失了说服力。正如诺奇克所言，为什么不能设想禀赋较好者之间的合作？差别原则在禀赋较好者

---

[1] Robert Nozick, *Anarchy, Sate and Utopia*, Blackwell, 1974, p. 193.
[2] Ibid., p. 194.
[3] Ibid..

和禀赋较差者之间并非中立,为何要将其作为公平合作的基础?在禀赋较好者与禀赋较差者的博弈中,罗尔斯有什么理由偏袒禀赋较差者一方?然而,诺奇克所举的这一例证却暴露了其理论的"阿喀琉斯之踵"。如果我们将诺奇克所做的思想实验放在社会现实中来考查就不难发现其致命的问题。

我们将诺奇克所述例子进一步细化:在一种社会合作中,一个禀赋较好者,进行了某种发明,并且通过社会化的生产而推广应用。在这一过程中,这位禀赋较好者获得了很丰厚的回报。与他同时得到回报的还有,给其投资的企业家(按照诺奇克的定义这也是禀赋较好者),以及生产其产品的普通工人(禀赋较差者)。在这样一种简化的社会合作中,显然,产品的发明者和企业家得到了比普通工人多得多的报酬。按照诺奇克的推理,工人对此应该没有什么可抱怨的,因为一方面,工人从这一合作中已经得到报酬,如果不参与这一普遍的社会合作的话,他什么也得不到;而另一方面,产品发明者和企业家,作为禀赋较好者,完全可以不与工人合作,而独享新发明所带来的丰厚的回报,形成诺奇克所说的禀赋较好者之间的合作。而那样的话,普通工人,作为禀赋较差者,就只能与普通工人合作,而无法分享新发明所带来的任何利益了。

然而,上述推理是极为荒谬的:新产品的发明者和企业家可以不与普通工人合作吗?如果发明家与企业家不与普通工人合作,他们的发明和他们的资金怎么可能给他们带来回报呢?如果只有发明而没有生产,如果只有资金而没有员工,发明家和企业家这些禀赋较好者如何才能获利呢?可见,诺奇克所设想的禀赋较好者之间的合作是多么不现实?事实上,并不是社会中禀赋较好者的好心在驱使他们与社会中的禀赋较差者合作,而是他们必须与禀赋较差、社会地位较低的人们合作,他们的较优的禀赋和社会地位才能派上用场,才能为他们带来利益。

## 二 马克思协作理论构成对诺奇克的反击

马克思的政治经济学将这一道理分析得非常透彻。马克思在《资本论》中谈到了社会合作的问题,并将其称作是"协作"[①]。马克思论述道:

---

[①] 关于"协作"与"合作"是否是同一概念的问题,参见张康之《合作社会理论的构想——评罗尔斯的社会合作体系》,《南京社会科学》2008年第1期。张康之认为,广义的合作可分为互助、协作和合作三种形态。其中,互助是感性的、形态较为低级的合作,协作是工具理性的、高于互助的合作,而狭义的合作则是一种实践理性的更高级形态的合作。基于这一区分,笔者认为,罗尔斯和诺奇克是在广义的意义上使用"社会合作"一词,而马克思对协作劳动的讨论适用于罗尔斯和诺奇克关于合作理论的争论。

"许多人在同一生产过程中,或在不同的但互相联系的生产过程中,有计划地一起协同劳动,这种劳动形式叫作协作"①。马克思赞同亚当·斯密的观点认为,协作建立在分工的基础上,而人们的分工"起源于交换和买卖的倾向"②。另一方面,许多人的协作劳动将创造出单个人独立劳动所无法企及的生产力。而在创造出巨大的共同利益的同时,协作劳动所产生的共同利益与每个劳动者自身的个人利益之间的冲突产生了分配的问题。于是,"与这种分工同时出现的还有分配,而且是劳动及其产品的不平等的分配(无论在数量上或质量上);因而产生了所有制"③。

关于社会合作,马克思向我们展示了这样的循环关系:在人类社会之初,人们因交换和买卖的倾向而促成了分工;分工使社会合作成为可能和必须;社会合作的不平等分配使人们所拥有的东西在数量和质量上产生了巨大的差距;在这一基础上,所有制形成——一些人拥有很多,包括生产资料,而另一些人则拥有很少,成为无产者;而这样的所有制形式又会对人们的禀赋形成了巨大的影响,这将进一步决定分工和分配……因此,交换、分工、合作、分配、所有制、禀赋这些因素环环相扣、相互作用,形成了一个不断强化的过程。

在上述合作理论的框架下,对诺奇克的观点构成巨大威胁的是马克思对于"资本的动机"和"利润"的论述。马克思赞同斯密的观点认为:"资金只有当它给自己的所有者带来收入或利润的时候,才叫作资本。"④因此,追逐利润就成为资本的本质特征。马克思引用萨伊的话来描述资本家的动机:"对资本家来说,资本的最有利的使用,就是在同样可靠的条件下给他带来最大利润的使用。"⑤那么,在社会合作中,资本要如何才能获得利润呢?马克思认为,资本家通过两个过程获利:第一,通过分工;第二,通过对自然产品加工时人的劳动的增加。马克思在《资本论》中揭示了资本获利的过程:第一,拥有资金的资本家在劳动力市场中雇佣工人来为自己干活;第二,在生产的过程中,工人在为资本家劳动的过程中不仅创造了自己的劳动力价值——工人从资本家那里所获取的工资,而

---

① 《资本论》第1卷,中共中央著作编译局译,人民出版社2004年版,第378页。
② 《1844年经济学哲学手稿》,载《马克思恩格斯文集》第1卷,中共中央著作编译局译,人民出版社2009年版,第240页。
③ 《德意志意识形态》,载《马克思恩格斯文集》第1卷,中共中央著作编译局译,人民出版社2009年版,第536页。
④ 《1844年经济学哲学手稿》,载《马克思恩格斯文集》第1卷,中共中央著作编译局译,人民出版社2009年版,第130页。
⑤ 同上书,第133页。

且还为资本家创造了剩余价值。工人所创造的剩余价值正是资本家利润的来源。马克思的"剩余价值理论"依赖于劳动价值论。在当代的政治哲学讨论中，马克思的劳动价值论受到了多方面的质疑[1]。但是，即使我们放弃"剩余价值论"，仍然可以推导出资本从工人的劳动中获得利润的结论。对此，马克思给出了另一个论证：资本家在劳动力市场上购买的是单个劳动力的生产力，而他在合作生产中得到的却是协作劳动所产生的巨大生产力。与之相反，普通工人在劳动力市场上出卖的却永远是单个劳动力的价值，因为在合作劳动还没开始之前，每个工人都是一个独立的个体，"他只能出卖他所占有的东西，出卖他个人的、单个的劳动力"[2]。由此看来，资本家在社会合作过程中享有了共同劳动的巨大利益，而工人却只能得到独立劳动所能带来的利益。综上所述，资金的拥有者，如果想要获得利润，就必须与普通工人进行合作，用马克思的话来说："货币占有者要把货币转化为资本，就必须在商品市场上找到自由的工人。"[3]

基于马克思的协作劳动理论以及"资本追逐利润"的观点，我们再来考察一下诺奇克对罗尔斯社会合作理论的批评。首先，诺奇克批评罗尔斯的论点——社会中禀赋较好者之间可以形成获利更大的合作，而无须与禀赋较差者去讨论合作的公平条件——是站不住脚的。如果说社会中禀赋较好者就是那些凭借自己所占有的东西（新发明或资金）而能够在社会合作中获得更大利益的人们，那么，在马克思看来，这些人为了追逐自身的利益，必然以其优势同禀赋较差者合作。因为，资本必须找到自由的工人才能产生利润。否则的话，发明家和资金拥有者所拥有的优势就无法为他们带来丰厚的回报。试想，如果一个社会中所有人都衣食无忧，不需要为基本的物质条件而辛苦工作，那么有谁愿意为了生产发明家的新产品而进行枯燥乏味的劳动呢？在诺奇克自己所举的例子中，如果发明家和企业家只与其他同样处于优势地位的社会成员合作的话，那他们的产品很难被生产出来，也就不可能获得巨大的利益。用马克思的话来说，资本家拥有的大量资金使得资本与劳动力的合作成为可能，而资本对于利润的无止境追逐则使资本家与无产者的合作成为必须。马克思甚至一针见血地指出社会中处于优势地位的社会成员，总是在寻找那些在贫困和苦难中挣扎的弱势成员，以便从他们的痛苦中榨取更多的利润："房东从贫困中取得巨额

---

[1] 参见本书第三章第二节对"劳动价值论"的讨论。
[2] 《资本论》第1卷，中共中央著作编译局译，人民出版社2004年版，第386页。
[3] 同上书，第197页。

利润。房租和工业贫困成反比。还从堕落的无产者的恶习中抽取利息。（卖淫、酗酒，抵押放债人）"①。

第二，诺奇克批评罗尔斯的"差别原则"并非中立，在考虑合作的条件时偏向禀赋较差者而亏待了禀赋较好者。诺奇克认为，在社会合作的过程中应该由参与合作者通过自愿的选择和议价而形成合作的条件，这样的过程不会侵犯到任何人的权利，具有程序正义的特征，因而在这一过程中所形成的合作条件就是人们必须接受的。对于这一点，马克思的理论也能给出强有力的反击。首先，对于自由市场中的社会合作是否皆出于自愿的问题，马克思和诺奇克之间存在着分歧。② 马克思认为，在劳动力市场上，工人为了维持基本的生活不得不出卖自己的劳动力，受雇于资本家。因此，工人并非自愿与资本家合作。诺奇克在《无政府、国家和乌托邦》一书中对"自愿"进行了定义。按照诺奇克的说法，"是否使一个人的行为成为不自愿的，取决于这些其他人是否有权利这样做"③。按照这一定义，在自由市场上劳动者必定是自愿将自己的劳动力出卖给资本家。因为，资本家完全有权利通过压低工资而获得更高的利润。然而，我们应该注意到，资本家与无产者之间在财产上的悬殊使得资本家对生产资料的私人占有权利已经变成了一种资本家压迫工人的权力。因此，不能简单地以是否侵犯权利来判断人们是否自愿。在马克思看来，私有权本身就包含着不正义的因素。其次，如本书第三章第三节所述，劳动者出于生活的窘迫，并不具备与资本家进行公平议价的条件。普通劳动者与资本家之间的讨价还价，对于无产者来说是活命的问题，而对于资本家来说仅仅是赚多赚少的选择。综合上述观点，我们不能简单地将发生在自由市场中的任何合作关系都看作是自愿的，而社会中禀赋较好者和禀赋较差者并非处于公平的议价关系之中。当然，通过这种并非自愿的、也不尽公平的议价过程所形成的对于共同利益的分配方案，也就无法保证其公平性。

如果我们站在罗尔斯的立场，可以这样来论证为何将"差别原则"作为社会合作的公平基础：在禀赋较好者与禀赋较差者的合作及议价中，禀赋较好者天生处于优势，这种优势使他们从社会合作中获得更多的利益，而这种优势却是不应得的。因此，基本社会制度的安排就应该向禀赋较差者倾斜，对禀赋较差者进行补偿，以抵消他们与生俱来的"不幸"。

---

① 《1844年经济学哲学手稿》，载《马克思恩格斯文集》第1卷，中共中央著作编译局译，人民出版社2009年版，第141页。

② 可参见本书第三章对于"剥削"问题的讨论。

③ Robert Nozick, *Anarchy, Sate and Utopia*, Blackwell, 1974, p. 262.

第三，马克思对于资本家和普通工人之间的合作关系进行了进一步的批判。马克思认为，就像乐队需要指挥一样，协作劳动也需要一个管理者。"一旦从属于资本的劳动成为协作劳动，这种管理、监督和调节的职能就成为资本的职能。"[1] 在资本家与工人的合作关系中，资本家因为占有资本，而成为协作劳动的管理者，而普通工人则成为被管理者。马克思进一步认为，资本为了尽可能多地追逐利润，就必须尽可能多地榨取剩余价值，也就必须大量增加所雇佣的工人。"随着同时雇用的工人人数的增加，他们的反抗也加剧了，因此资本为压制这种反抗所施加的压力也必然增加。"[2] 在反抗与镇压之间，"资本主义的管理就其形式来说是专制的"[3]。由此我们看到，在马克思的理解中，资本家与普通工人之间的合作关系并不是一种公平的关系，资本家由于其所占有的生产资料而天生处于这一合作关系中的优势地位，拥有主宰这一关系的权力。因此，在这样的合作关系中，如果不对资本家权力的使用加以限制，就可能存在着权力的滥用，严重损伤普通工人的权利和利益，而这将是不正义的。

## 三 结语

基于上述分析我们看到，马克思关于"协作劳动"以及"资本追逐利益"的理论可以很好地反驳诺奇克对罗尔斯的批评。马克思对资本主义生产关系的描述深刻地揭示了社会中禀赋较好者对禀赋较差者的剥削，这使得诺奇克对罗尔斯的社会合作理论的批评变得软弱无力。一方面，诺奇克所构想的社会中禀赋较好者之间的合作不可能为禀赋较好者赢得高额的利润。禀赋较好者为了获得更好的收益会主动与禀赋较差者合作，而且是与尽可能多的禀赋较差者合作。另一方面，禀赋较好者与禀赋较差者在自愿（姑且认同诺奇克的意见，将发生在自由市场中的合作关系看作是自愿的）基础上形成的合作关系并非是公平的。禀赋较好者由于天生的有利地位在议价中处于优势，而禀赋较差者则处于弱势，这种不公平的力量对比并不能因其没有侵犯权利而被忽略。正义的原则要求我们站在弱者的立场上重新向优势一方提出合作的合理条件，而罗尔斯的正义理论正是在做这样的努力。

上述论证也让我们看到，马克思的协作理论和罗尔斯社会合作理论之

---

[1] 《资本论》第1卷，中共中央著作编译局译，人民出版社2004年版，第384页。
[2] 同上。
[3] 同上书，第385页。

间的共同点。首先,马克思和罗尔斯都反对诺奇克的观点——完全由自由市场决定人们在社会合作中的关系和分配份额。他们共同认为,在参与社会合作的过程中,优势方和弱势方之间极有可能形成一种不正义的合作关系。马克思将这种关系称作剥削,并且认为,只有消灭了与雇佣劳动制度相结合的私有制,亦即取消人们有可能具有的任何天生的优势和弱势,才能从根本上铲除资本家与劳动者之间的剥削关系。与马克思革命的态度不同,罗尔斯主张对这种不正义的关系进行改良。他希望能够通过对社会基本制度的调整,在不破坏社会合作的前提下,尽可能大地增进弱势群体的利益,而这正是差别原则所阐述的内容。正如姚大志在《正义的张力:马克思和罗尔斯之比较》一文中所论述的:"马克思把所有社会成员分为两个群体,一个是资本家阶级,一个是无产阶级,而罗尔斯也是分为两个群体,一个是更有利者阶层,一个是最不利者阶层……马克思站在无产阶级立场上,为了无产阶级的利益,主张以消灭私有制的方式建立一个理想的共产主义社会,罗尔斯虽然表面上对所有阶层持一种中立的态度,实际上以社会底层阶级为参照点,构思了一个能够最大程度增进最不利者利益的理想正义社会……在马克思的时代,无产阶级就是罗尔斯所说的最不利者。在今天,罗尔斯所说的最不利者就相当于马克思时代的无产阶级。尽管两者分属不同的时代,但所指是相同的,即社会底层阶级。"[①]

## 第二节 差别原则的推导与质疑

> 它(差别原则)改变了社会基本结构的目标,使整个制度结构不再强调社会效率和专家治国的价值。这样我们就看到差别原则实际上代表这样一种安排:即把自然才能的分配看作一种共同的资产,一种共享的分配的利益(无论这一分配摊到每个人身上的结果是什么)。那些先天有利的人,不论他们是谁,只能在改善那些不利者的状况的条件下从他们的幸运中得利。[②]
> 
> ——约翰·罗尔斯《正义论》

---

[①] 姚大志:《正义的张力:马克思与罗尔斯之比较》,《文史哲》2009年第4期,第132页。

[②] [美]约翰·罗尔斯:《正义论》,何怀宏、何包钢、廖申白译,中国社会科学出版社1988年版,第102页。

## 第四章　罗尔斯的平等理论

罗尔斯的正义理论中最具革命性的思想就是对于人们的自然禀赋的不同见解。如本书第二章所述，在卢梭的平等理论中，人与人之间禀赋的不同是人们在自然状态下就存在的，或者说是人们生下来就有的差别。卢梭将其称作是自然的差异（natural inequality），并且非常正确地指出，人们之间的自然差异正是构成人与人之间不平等的基础。然而在罗尔斯之前，在人们追求平等的历程中，没有任何思想家认为应该改变，或者可以改变人们之间的自然差异，绝大部分思想家都认为人们的自然差异是给定的、毋庸置疑的，因人们的天资差异所导致的人们在财富和权力上的分配则是人们"应得"的。传统的政治哲学思想致力于消除由社会制度强加给人们的各种不平等，而很少涉及对于人们天赋不平等的"纠正"或"补偿"。罗尔斯的正义理论对于天赋差异的讨论迈出了革命性的一步。罗尔斯将人们的天赋看作是所有人共有的资产（asset），并试图通过对社会基本结构的调整来"抹平"人与人之间在自然所赋予的才能上的差异，从最根本的意义上消除不平等（或者用卢梭的话来说，消除不平等的基础）。在罗尔斯的正义理论中，这一革命性的平等思想是通过"差别原则"来实现的，下面我们来看看差别原则是如何推导出来的。

在罗尔斯的正义理论中，差别原则是最富创见也是争议最大、最受质疑的政治主张。具体来说，所谓"差别原则"指的是，罗尔斯正义原则中第二条原则的第一部分。罗尔斯正义原则的表述是：第一个原则即每个人对与其他人所拥有的最广泛的基本自由体系相容的类似自由体系都应有一种平等的权利。第二个原则：社会的和经济的不平等应这样安排，使它们①被合理地期望适合于每一个人的利益；并且②依系于地位和职务向所有人开放。① 其中，第一条原则阐述的是人们所拥有的"平等权利"。正像本书第二章所述，"所有公民拥有平等权利"的原则是自17、18世纪的自由主义思想兴起以来逐步被人们承认，并在英国、美国和法国等重要的自由主义革命运动中被政治制度所确立的所有公民之间的平等。对于"平等的权利"，自由主义政治思想家们早已达成了共识。因此，当代学者对于第一条正义原则的争论主要集中在罗尔斯所列出的"基本自由"项上，亦即对于哪些自由应被看作是"基本自由"的争论。然而，对于差别原则（正义原则第二条的第①部分），大部分自由主义思想家（尤其是自由主义右派）都不能接受。另外，正义原则第二条的第②部分被罗

---

① [美]约翰·罗尔斯：《正义论》，何怀宏、何包钢、廖申白译，中国社会科学出版社2006年版，第61页。

尔斯称为"公平机会的平等"原则，是一种较深层次的"机会平等"原则。在本章的第二节中我会具体讨论"公平机会的平等"原则与差别原则之间的关系。下面我们先来看看罗尔斯是如何论述差别原则的。

## 一 原初状态的设定

罗尔斯将人类的联合看作是一个合作的冒险体系，在这样的联合中，人们之间有共同的利益，也有对各种资源的相互竞争。因此，人们需要根据某些原则来决定由社会合作产生的利益之划分的方式。所以，罗尔斯认为正义的主要问题是社会的基本结构，而正义的原则就是一个社会分配权利与义务、利益与负担的根本原则。

对于正义原则的推导，罗尔斯借鉴了传统的契约论模型。罗尔斯认为，适用于社会基本结构的正义原则是人们之间的原初契约，"这些原则是那些想促进他们自己的利益的自由和有理性的人们将在一种平等的最初状态中接受的，以此来确定他们联合的基本条件。这些原则将调节所有进一步的契约，指定各种可行的社会合作和政府形式"①。由此，罗尔斯将自己的正义理论称为"作为公平的正义"（justice as fairness），其含义是：正义是人们在公平的环境中达成的契约。罗尔斯将传统契约论的论证结构做了进一步的抽象，试图以纯粹程序正义的方式推导出正义的原则。

如果我们将分配社会财富和资源的过程理解成一个程序，那么分配的程序和分配的结果就会有不同的情况。罗尔斯介绍了三种程序正义的概念：完善的程序正义、不完善的程序正义，以及纯粹程序正义。第一，在完善的程序正义中，对什么是公平的分配有独立的标准，而且我们有可能设计一个程序来达到这一标准。例如，当孩子们试图分蛋糕，假如我们设定平均分配是公平的分配，那么在每个人都想多得的情况下，我们设计"分蛋糕者最后拿蛋糕"的分配程序，就必然会达到平均分配的结果。第二，在不完善的程序正义中"有一种判断正确结果的独立标准，却没有可以保证达到它的程序"②。罗尔斯以刑事审判作为不完善程序正义的例子。因为，我们在刑事审判中总会有"冤假错案"存在，也就是说，无论我们怎么设计刑事审判的程序，都不可能达到"被告有罪就被宣判有罪、无罪即被宣判无罪"的目标。第三，所谓纯粹的程序正义是指，不

---

① ［美］约翰·罗尔斯：《正义论》，何怀宏、何包钢、廖申白译，中国社会科学出版社2006年版，第11页。
② 参见［美］约翰·罗尔斯《正义论》，何怀宏、何包钢、廖申白译，中国社会科学出版社2006年版，第86页。

存在判断结果是否正当的独立标准，只存在一种正确的或公平的程序，这种程序若被切实地执行，其结果也必然是正确的或公平的（不论其结果是什么）。罗尔斯以赌博作为纯粹程序正义的例子："愿赌服输"，只要赌博的程序是公平的，而参与者自愿参加，那就必须接受赌博的结果，无论其结果是输得精光还是一夜暴富。

罗尔斯试图将正义原则的推导建构成一种纯粹程序正义，而这一程序就是"原初状态"（original position）。用罗尔斯的话来说："原初状态的观念旨在建立一种公平的程序，以使任何被一致同意的原则都将是正义的"[1]。"原初状态"是从传统社会契约论中的自然状态抽象而来，在罗尔斯的正义理论中，这一概念又被"无知之幕"（the veil of ignorance）所规定。罗尔斯认为，"必须以某种方法排除使人们陷入争论的各种偶然因素的影响，引导人们利用社会和自然环境以适于他们自己的利益"，而用以排除各种偶然因素的工具就是"无知之幕"。

在"无知之幕"的规定下，处在原初状态下的人们不知道下述信息：第一，没有人知道自己的社会地位、阶级出身、天生资质、自然能力的程度、理智和力量的情况。第二，人们也不知道自己的善观念[2]、合理的生活计划，甚至不知道自己的心理特征：如讨厌冒险、乐观或悲观。第三，人们不知道他们所在社会的经济或政治状况，以及它能达到的文明和文化水平。第四，人们也没有任何关于他们属于什么时代的信息。[3] 在"无知之幕"后面的订约各方只能知道有关人类的一般事实：他们理解政治事务和经济理论原则，知道社会组织的基础和人的心理学法则。[4]

与此同时，罗尔斯认为"原初状态"中，人们是平等的。罗尔斯论述道："假定在原初状态中的各方的平等是合理的，也就是说，所有人在选择原则的过程中都有同等的权利，每个人都能参加提议并说明接受他们

---

[1] ［美］约翰·罗尔斯：《正义论》，何怀宏、何包钢、廖申白译，中国社会科学出版社2006年版，第136页。
[2] 善观念（the concept of goodness）是一个伦理学概念，指的是人们认为什么是好的、什么是值得追求的、什么是自己合理的生活计划，等等；在中国的语境下，也可以将其理解为价值观。
[3] 参见［美］约翰·罗尔斯《正义论》，何怀宏、何包钢、廖申白译，中国社会科学出版社2006年版，第136页。
[4] 罗尔斯认为，原初状态中订约各方唯一可能知道的特殊事实是：他们的社会受正义环境的制约。参见［美］约翰·罗尔斯《正义论》，何怀宏、何包钢、廖申白译，中国社会科学出版社2006年版，第137页。

的理由等等。"① 从这一论述中我们再次看到，在社会契约论中"平等"，尤其是人们在权利上的平等，实际上不是作为结论出现的，而是被当作了论证的前提。霍布斯、洛克和卢梭认为人们在自然状态下是平等的，罗尔斯设定人们在"原初状态"下是平等的，都证明了"平等"是社会契约论的前提而非结论。

另外，罗尔斯还对原初状态中订约各方的理性做出规定。罗尔斯认为处在原初状态中的人们是有理性的（rational），此处的理性是指："在选择原则时每个人都尽可能好地推进自己的利益"，也就是"自我利益最大化"。但是，处在"无知之幕"后面的人们并不知道自己的"利益"所在。因为他们不知道自己的"生活计划"是什么：是追求财富的积累、权力的增长、艺术品的创造，还是情愿有更多闲暇的时光呢？由于不知道自己生活计划的细节，每个订约者无法通过理性的计算来增进自己的利益。为了解决这一难题，罗尔斯引入了"基本善"（primary goods）的概念。罗尔斯将"基本善"定义为"一个理性的人无论他想要别的什么都需要的东西"②。也就是任何人实现自己的人生理想都需要的一些必要条件。这样的"基本善"包括：较好的智力、权利、财富和机会，等等。其中"较好的智力"是自然的基本善，而其余的则是社会的基本善。在此设定之下，处在无知之幕后面的订约者们，虽然不知道自己具体的生活计划是什么，但必然会想要尽量大地增进自己的社会基本善。③ 于是，罗尔斯得到关于订约者之理性的具体设定："他们将喜欢较多的而非较少的社会基本善。"④

罗尔斯对于订约者之理性的第二个设定是：订约者不受嫉妒之累。罗尔斯认为应该按照这样的规定来建立正义观："人们在原则的选择中设想他们有自己的、足以自为的生活计划。他们对自己的价值有一种牢固的自信，以致不想放弃他们的任何目的，即使以别人只有较少的实现他们目的的手段为条件。"⑤ 罗尔斯将排除了嫉妒心的理性称为"相互冷淡"的理性："各方既不想赠送利益也不想损害他人，他们不受爱或凤愿的推动。他们也不寻求相互亲密，既不嫉妒也不虚荣。他们努力为自己寻求一种尽

---

① [美]约翰·罗尔斯：《正义论》，何怀宏、何包钢、廖申白译，中国社会科学出版社2006年版，第19页。
② 同上书，第93页。
③ 社会正义的原则是规定社会基本结构的，而每个订约者只可能通过订约来尽可能大地增进自己所获取的社会基本善，而非自然基本善。
④ [美]约翰·罗尔斯：《正义论》，何怀宏、何包钢、廖申白译，中国社会科学出版社2006年版，第141页。
⑤ 同上书，第143页。

可能高的绝对得分,而并不去希望他们的对手的一个高或低的得分,也不寻求最大限度地增加自己的成功和别人的成功之间的差距。"①

最后,罗尔斯设定"定约各方被假定拥有一种建立正义感的能力,并且这一事实在他们中间是一公开的知识"②。罗尔斯提出这一设定,是为了保证人们对于所订立的原则的严格服从。订约各方所拥有的正义感意味着:"一旦原则被接受,各方就能相互信任地遵循它。"③ 罗尔斯强调,正义感是一种纯粹形式的设定,并没有规定人们要选择哪一种正义观,它的作用是使得人们在订约时不会签订一种他们预计很难遵循的正义原则。由此,"无知之幕""相互冷淡的理性"和"正义感"的设定构成了生成正义原则的完整程序——原初状态。下面,我们来看一看从这一程序中是如何产生出差别原则的。

## 二 差别原则的推导

罗尔斯认为,人们对于正义原则的选择必然是从平等分配的原则开始的。因为,处在原初状态下的任何订约者都无法专为自己赢得利益,而且人们也没有理由让任何人接受不利于他的条件。所以,平均分配就成了正义的第一个原则。这里的平均分配既包括机会的平等,也包括收入和财富的平等。然而,如果社会中有某种不平等能够使得所有人的状况都比最初的平均状况要好,那么人们没有理由不接受这样的不平等。罗尔斯认为,处在"原初状态"、具有"相互冷淡"的理性的人们,会将平均分配的直接得益作为将来更大回报的投资。也就是说,远见卓识的订约者将放弃眼前的平均分配,而接受某些经济和社会的不平等安排。因为,这些不平等作为一种有效的刺激,能够引发更有成效的努力,而这些努力又将使所有人获得更大的利益。④ 于是,最初的平均分配的正义原则就演变为:平等

---

① [美]约翰·罗尔斯:《正义论》,何怀宏、何包钢、廖申白译,中国社会科学出版社2006年版,第142—143页。
② 所谓"公开的知识"是指:对于某一事实,你我都知道;而且,你知道我知道,我也知道你知道。
③ [美]约翰·罗尔斯:《正义论》,何怀宏、何包钢、廖申白译,中国社会科学出版社2006年版,第144页。
④ 罗尔斯的这一思想与邓小平提出的"一部分地区、一部分人可以先富起来,带动和帮助其他地区、其他的人,逐步达到共同富裕"(邓小平1985年10月23日会见美国时代公司组织的美国高级企业家代表团时的讲话,在其他讲话中邓小平也多次表达这一思想)是内在一致的。实际上,在许多西方学者的眼中,罗尔斯并不是一个自由主义者,他们毋宁将其称作是社会民主主义者。

地分配所有社会基本善，除非一种不平等的分配将有利于每一个人。这一原则确实很有说服力：如果人们并不抱嫉妒之心的话，为什么不选择一种能够使大家的境况都改善的分配呢，即使这种分配不是严格平均的。

在进一步的论述中，罗尔斯讨论了社会与经济不平等的限度。总的来说，社会与经济的不平等安排要以"最不利者利益最大化"为限。罗尔斯区分了完全正义（a perfectly just scheme）与充分正义（just throughout）；完全正义的情况是：对状况较好的人的任何改变都不可能再增进状况最差的人的利益。也就是说，当一个社会达到完全正义时，最不利者的利益达到最大化。充分正义的情况是：任何状况较好的人利益的增加都将促进最小受惠者的利益。也就是说，在充分正义的社会中不平等安排促进了社会中每一个人的利益，但还未使最不利者的利益最大化，还未达到最好的社会安排。完全正义与充分正义的情况可以从下面的图中得到解释：图一中 x1、x2、x3 分别代表了社会中的三个阶层的人，设 x1 是最有利者，x3 是最不利者，x2 为居间者。设 x1 的期望是沿水平轴画出的，x2 与 x3 的期望是沿垂直轴画出的，我们可以看到在图中 a 点，x3 达到最大者，也就是社会中的最不利者的利益得到最大化，因此这一点就是社会达到完全正义的情况；而在此之前的各点，当 x1 的值增大时，x2 和 x3 的值都相应增大，是社会充分正义、但还未达到完全正义的情况。因此，正义原则所允许的社会和经济的不平等安排就只能以 a 点为限，超过 a 点，社会中最有利者 x1 的获利就是不正义的了。因为，在 x1 获利的同时，x2 或 x3 的利益在减少。此时，社会中最有利者的获利是以牺牲较少获利者的利益为代价的。

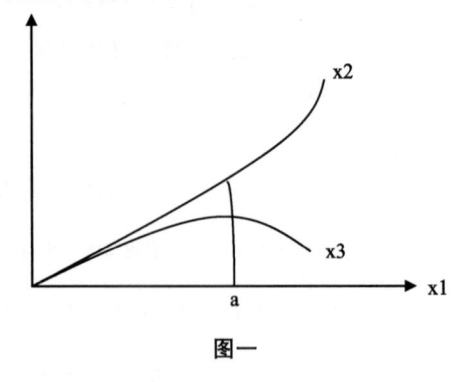

与此同时，图一还向我们展示了被罗尔斯称为"链式联系"的概念："如果一种利益提高了最底层人们的期望，它也就提高了其间所有各层次人们的期望。"[①] 在图一中 a 点的左面的区域就体现了这种"链式联系"，因为在这一区域中，x3 曲线升高的任何一点，x2 和 x1 曲线都在

图一

---

① [美] 约翰·罗尔斯：《正义论》，何怀宏、何包钢、廖申白译，中国社会科学出版社 2006 年版，第 80 页。

升高。而 a 点右边的区域则不再存在 x1、x2、x3 之间的链式联系。① 在链式联系存在的情况下,正义原则的表述就可以从"平等地分配所有社会基本善,除非一种不平等的分配将有利于每一个人"转变为"平等地分配所有社会基本善,除非一种不平等的分配将使社会中最不利者的利益最大化",而这正是罗尔斯深入讨论的"最大最小原则"(maximin rule)。

　　罗尔斯借助"最大最小原则"对差别原则进行了微观的推导。所谓"最大最小原则"是指:按选择对象可能产生的最坏结果来排列选择对象的次序,然后采用最坏结果优于其他选项的最坏结果的选择对象。② 我们可以用下述表格来帮助理解"最大最小原则"。如果我们假设在即将形成的社会中会有最有利者、最不利者和居间者三个阶层,而订约者可以有 D1、D2、D3 三种选择,三个阶层的人在三种选择中的获利情况如表一所示,其中数字代表获利的绝对量,数字越大获利越多③:

表一

| 选择 \ 阶层 | 最有利者 | 居间者 | 最不利者 |
| --- | --- | --- | --- |
| D1 | 5 | 5 | 5 |
| D2 | 8 | 7 | 6 |
| D3 | 10 | 8 | 4 |

　　设想一个站在"无知之幕"后面的订约者,他会做出什么样的选择呢?罗尔斯认为,由于不知道在即将形成的社会中,自己会处在哪一个阶层,原初状态中的订约者会根据"最大最小原则"选择 D2。因为在 D2 这一选择中,社会中最不利者的获利最大。我们可以仔细分析一下这三组选择所代表的意义。D1 代表的是一种平均分配,社会中所有人的获利都是同等的。如前所述,在罗尔斯看来这并不是一种最好的分配。在 D2 中,所有人的获利都要大于其在 D1 中的获利,因此,D2 是优于 D1 的分配。在 D3 中,社会中较有利的两个阶层的获利都要大于他们在 D2 中的获利,但同时社会中最不利阶层的获利则少于其在 D1 和 D2 中的获利,

---

① 对于链式联系的详细讨论参见 [美] 约翰·罗尔斯《正义论》,何怀宏、何包钢、廖申白译,中国社会科学出版社 2006 年版,第 81—83 页。
② 参见 [美] 约翰·罗尔斯《正义论》,何怀宏、何包钢、廖申白译,中国社会科学出版社 2006 年版,第 151—152 页。
③ 此表与《正义论》中第 152 页的表类似,只是数字稍作调整。

因此这也不是一种好的分配。总之，在罗尔斯看来，在原初状态下人们会根据"最大最小原则"做出自己的选择，所以一定会选择一个能使"最不利者利益最大化"的正义原则，而这正是差别原则。

"最大最小原则"是一种不确定状态下的选择规则，这一规则的应用并不是无条件的。罗尔斯借鉴威廉·费伦尔等人的研究①总结出了使这一规则成为合理的选择规则的三个条件：第一，不知道与可能性相关的信息。例如，在一个学校安排各班教师配备的过程中，如果负责安排者不知道自己的孩子会被分到哪一个班，就会平衡各班的师资配备，不让哪一个班太差，以防自己的孩子被分到一个很差的班。第二，选择者有这样的善观念：为进一步的利益利用一个机会是不值得的，特别是在有可能造成重大损失的时候。例如，比较上述表格中 D2 和 D3 两个选项，如果选择 D3，那么选择者有 66.7% 的可能性获得比 D2 更大的利益，也有 33.3% 的可能性什么都得不到。而一个持有"保守"价值观的选择者就将选择 D2，而非 D3。第三，"被拒绝的选项有一种个人几乎不可能接受的结果"②。举一个极端的例子：一个人如果选择抢劫银行，他有 1% 的可能成为亿万富翁，也有 99% 的可能被投入监狱，而后一种结果是绝大部分人都无法接受的。那么，在抢银行还是不抢银行之间，人们就会遵循"最大最小原则"，而选择不抢银行。

罗尔斯认为，原初状态具有合理应用"最大最小原则"的三个条件。第一，处在"无知之幕"后面的订约者不知道任何关于可能性的信息。也就是说，人们无法知道在即将形成的社会中，自己会处于哪一个阶层，因此会倾向于平衡各个阶层的利益。第二，罗尔斯认为，处在原初状态下的人也不愿为了更大的利益而危及正义原则所保证的"令人满意的最小值"。罗尔斯对此的论证并不清晰，我将在下一节中具体讨论这一问题。第三，罗尔斯以功利主义原则为例，说明除差别原则而外的其他分配原则，有可能导致订约者无法接受的结果。例如：奴隶制、农奴制或者是为了更大的利益而侵犯个人自由的情况。基于这三方面的论述，罗尔斯认为处在原初状态的订约者定会遵循"最大最小原则"，而选择"最不利者利益最大化"的分配原则，即差别原则。至此，罗尔斯完成了对"差别原则"宏观和微观两方面的论证。

---

① 参见［美］约翰·罗尔斯《正义论》，何怀宏、何包钢、廖申白译，中国社会科学出版社 2006 年版，第 153 页。

② ［美］约翰·罗尔斯：《正义论》，何怀宏、何包钢、廖申白译，中国社会科学出版社 2006 年版，第 153 页。

## 三 对差别原则的质疑

西方学界和中国学界对于罗尔斯的差别原则及其推导都有许多质疑。下面我将重点讨论下述质疑：在"原初状态"下，人们是否真的会遵循"最大最小原则"来进行选择，有没有其他的选择方案。

如上所述，罗尔斯所设定的原初状态是一种不确定的状态，也就是说选择者不清楚自己在其选择结果中将处于什么位置，或者说处于某一位置的概率有多大。不确定状态下的选择问题是逻辑学、心理学、经济学以及政治哲学共同关心的问题。在 20 世纪四五十年代，大部分学者同罗尔斯一样，热衷于应用"最大最小原则"处理不确定状态下的选择问题。但在 20 世纪 50 年代之后，人们逐渐发现"最大最小原则"很可能使人们得出荒谬的选择结果。于是，人们开始转向应用贝叶斯学派（Bayesian School of Thought）提出的期望效用最大化（expected-utility maximization）原则来处理不确定状态下的选择问题。约翰·豪尔绍尼（John C. Harsanyi）是倡导期望效用最大化的学者，他在对罗尔斯的批评中指出："如果你认真对待最大最小原则，那你甚至不能横穿马路（你终究有可能被车撞倒）；你无法开车通过大桥（桥毕竟有可能坍塌）；你永远也不会结婚（婚姻有可能演变成一场灾难）……"① 豪尔绍尼还进一步指出，原初状态下的人们会假设自己落入每个阶层的概率是相等的，这被称作"等概率"假设。在"等概率"的前提下，选择者的期望效用最大化就演变为平均效用最大化，这被豪尔绍尼称作"平均效用原则"（Principle of Average Utility）。也就是说，豪尔绍尼认为，在原初状态下，订约者会采用"平均效用原则"来选择分配方案，而不是遵循"最大最小原则"。如果我们应用豪尔绍尼的"平均效用原则"来分析上节表一中的三种分配方案，我们就会选择 D3 而不是 D2。因为，D3 的平均效用比 D2 要大。

"平均效用原则"中最有争议的问题就是关于"等概率"的假设。这里我们应注意，豪尔绍尼提出的"等概率"假设是一种"主观概率"。所谓"主观概率"指的是，选择者自己认为自己落入某一社会阶层的概率。这与选择者实际落入某一社会阶层的概率——客观概率——是不同的。由于原初状态的设定关注的是选择者的主观决定，所以在原初状态语境下所

---

① John C. Harsanyi, "Can the Maxmin Principle Serves as a Basis for Morality?" *American Political Science Review*, Vol. 69, 1975, pp. 594–606.

讨论的概率皆为"主观概率"。罗尔斯在《正义论》中明确反对任何关于概率的假设。罗尔斯认为，"如果或然性的判断要成为合理决定的根据，它们必须有一客观的基础，即一种涉及对特别事实的知识（或合理的信仰）的基础"①。实际上，罗尔斯认为，"除非人们实际地同意一种包含着真实的冒险的正义观"，否则我们没有理由做出"等概率"的假设。从罗尔斯对"平均效用原则"的批评中我们看到：一方面，罗尔斯反对任何对于主观概率的假设（例如，认为自己在订约形成后的社会中处于优势地位的概率较高，或处于弱势地位的概率较高，等等），认为任何对或然性的假设都依赖于某种特殊的信息（例如：订约者喜爱冒险的心理特质）；另一方面，罗尔斯也反对单纯根据拉普拉斯非充足理由律②来推断或然性（拉普拉斯非充足理由律恰巧会得到"等概率"的假设）。罗尔斯认为，我们应该"假定各方不考虑仅仅根据这一原则（拉普拉斯非充足理由率）达到的可能性"③，而对于这一假定罗尔斯给出的理由是："我们比起为自己冒险来，更不愿为我们的后代冒险。"④ 罗尔斯所表达的上述两个观点之间存在着矛盾的地方：首先，如果我们赞同罗尔斯不对订约者进行任何主观概率的假设，那么我们就必然依赖拉普拉斯非充足理由率，得出"等概率"的假设，而这与罗尔斯的第二个观点相悖。其次，如果我们赞同罗尔斯不单纯依赖拉普拉斯非充足理由率来推断或然性，那我们就必然依据某一特殊的知识（例如，罗尔斯所说的订约者不愿冒险的倾向），而这又与其第一个观点相矛盾。由此看来，罗尔斯并没有很好的理由来拒绝"等概率"的假设。

另一方面，豪尔绍尼却为"等概率"的假设给出了很好的理由。豪尔绍尼认为"等概率"的假设可以被订约者之间"相互冷淡"的原则所证明：正是由于订约者并不特别关心某个人或某个阶层的利益，所以才会平等看待每一个阶层的利益，得出"等概率"的主观假设。豪尔绍尼进一步认为，"等概率"的假设还符合"在做出基本的价值判断时，给予每

---

① ［美］约翰·罗尔斯：《正义论》，何怀宏、何包钢、廖申白译，中国社会科学出版社2006年版，第171页。
② 拉普拉斯非充足理由律（Laplace's Principle of Insufficient Reason）指的是，当完全没有关于或然性的信息时，各种可能的情况就被看作是具有相同或然性的。当我们从装有黑球和红球的盒子中取球，而完全不知道关于黑球和红球的任何信息时，我们就应当假定从盒子中取出黑球和红球的机会是相等的。
③ ［美］约翰·罗尔斯：《正义论》，何怀宏、何包钢、廖申白译，中国社会科学出版社2006年版，第167页。
④ 同上。

一个人的利益以同等的优先性"的道德原则。① 这条原则的实质即是康德所说的"将每一个人当作目的而非手段"的道德律令。因此，除非订约者应用"等概率"的主观假设，任何其他的或然性假设都是将概率高的阶层的利益置于概率低的阶层的利益之上（按此说法，罗尔斯实际上是优先考虑了社会中最不利者的利益）。至于罗尔斯所设想的完全不考虑任何或然性的情况，则是无法实现的。即使罗尔斯自己也没有做到完全不做或然性的假设：罗尔斯所描述的原初状态下总是应用"最大最小原则"的订约者，必然是设定自己成为社会中最不利者概率最大的订约者。

从以上论述中我们看到，订约者在原初状态并非必然会应用"最大最小原则"来选择分配方案。罗尔斯的设定隐含着对订约者的某种特殊规定。实际上，在讨论合理应用"最大最小原则"的第二个特征时，罗尔斯明确指出"选择者有这样的善观念：为进一步的利益利用一个机会是不值得的，特别是在他有可能造成重大损失的时候。"② 这是一种典型的"保守观念"。罗尔斯的这一假定与他对"无知之幕"的设定是矛盾的。因为，在"无知之幕"的设定中，罗尔斯假定：订约者不知道自己的善观念、合理的生活计划，甚至不知道自己的心理特征：如讨厌冒险、乐观或悲观。而实际上，罗尔斯的订约者必然是讨厌冒险的一群人。

通过以上讨论，我们看到罗尔斯应用的"最大最小原则"并非是订约者在"无知之幕"后的唯一选择。实际上，对于原初状态下的订约者来说，因其主观概率假设不同，其选择的原则可能是多种多样的。1962年，英国经济学家鲍尔丁（Boulding）结合"最大最小原则"和"平均效用原则"，提出了"在确保底线收入的前提下最大化社会平均效用"的选择规则。这一原则被称作"底线优先原则"。鲍尔丁认为，在不确定的状况下，选择者实际上会选择"最大最小原则"与"平均效用原则"的折中方案。

值得注意的是，对于"无知之幕"后的选择及其原则，我们并非只能做纸上谈兵的思想试验。20世纪80年代以来的实验经济学对于原初状态下人们会遵循什么原则来进行选择做了许多有意义的试验。诺曼·福诺里奇（Norman Frohlich）和乔·奥本海默（Joe A. Oppenheimer）两位政治

---

① John C. Harsanyi, "Can the Maxmin Principle Serves as a Basis for Morality?" *American Political Science Review*, Vol. 69, 1975, pp. 594–606.
② [美] 约翰·罗尔斯：《正义论》，何怀宏、何包钢、廖申白译，中国社会科学出版社2006年版，第153页。

经济学家在 80 年代和 90 年代作了一系列的分配正义实证研究。① 他们想要在实验室里检验人们是否遵循罗尔斯提出的"差别原则"。福诺里奇和奥本海默模拟了罗尔斯的"原初状态",人们在不知道自己未来境况的情况下对不同的分配方案进行选择,这些不同的分配方案中体现了平均分配、差别原则、平均效用原则以及底线优先原则四种不同的分配原则。被试者被分为 5 个小组,每个小组的成员可以经过讨论协商进行选择,如果达不成一致意见,就通过投票选出分配方案。实验显示,参加试验的 145 个被试者中,没有一组人同意"差别原则"。甚至有大约一半的被试者在问卷中把"差别原则"列为最差选项,这和罗尔斯的结论大相径庭。另外,在试验中有 86% 的被试者选择了"底线优先"的分配原则。其他的研究者,例如鲍尔·奥尔森(Paul Oleson)在澳大利亚、加拿大、波兰、日本和美国,重复了福诺里奇和奥本海默的试验,发现了极其相似的结果。② 中国的实验经济学家也做了相应的试验。丁建峰在《无知之幕下的社会福利判断——实验经济学的研究》③ 一文中介绍了他所做的试验情况,受试者是北京大学选修"行为经济学"课程的经济学双学位本科生,共计 138 人。受试者被要求在表二④中的五种选择方案之间进行选择:

| 表二 |  | 收入分配方案 |  | (年收入,单位:元) | |
|---|---|---|---|---|---|
| 阶层＼方案 | a | b | c | d | e |
| 最高 | 30000 | 68000 | 75000 | 55000 | 42000 |
| 较高 | 30000 | 55000 | 64000 | 43000 | 37000 |
| 中等 | 30000 | 45000 | 49000 | 38000 | 34000 |
| 较低 | 30000 | 30000 | 29000 | 31000 | 32000 |
| 最低 | 30000 | 20000 | 15000 | 25000 | 31000 |
| 平均收入 | 第五 | 第二 | 第一 | 第三 | 第四 |
| 极值差距 | 0 | 48000 | 60000 | 30000 | 11000 |

---

① 参见 Norman Frohlich, Joe A. Oppenheimer, Cheryl L. Eavey, "laboratory results on Rawls's Distributive Justice", *British Journal of Political Science*, Vol. 17, No. 1, 1987, pp. 1–21。
② 参见 Paul Oleson, *An experimental examination of alternative theories of distributive justice and economic fairness*. Ph. D. diss., University of Arizona, 2001。
③ 丁建峰:《无知之幕下的社会福利判断——实验经济学的研究》,《经济社会体制比较》2010 年 3 月。
④ 同上。

而这五种分配方案分别体现了表三[①]中的四种分配原则：

表三　　　　　　　分配原则与选择方案的对应关系

| 分配原则 | 分配原则的内涵 | 对应于分配表中的方案 |
| --- | --- | --- |
| 功利主义（U） | 最大化平均效用 | c |
| 底线优先主义1（B1） | 在满足底线保障的情况下最大化平均效用（保障线较低） | b |
| 底线优先主义2（B2） | 在满足底线保障的情况下最大化平均效用（保障线较高） | d |
| 罗尔斯最大最小原则（R） | 最大化处于最不利地位者的收入 | e |
| 绝对平均主义（E） | 使收入之间的差距尽量趋于均等 | a |

试验显示，相比于其他三种原则，底线优先原则（也就是 b 和 d 选项）是被选最多的项。这一结果再次印证了福诺里奇和奥本海默试验的结论：在"原初状态"下人们的选择大多是"最大最小原则"与"最大化平均效用原则"的折中方案。

综上所述，罗尔斯第二条正义原则的第一部分——差别原则，其论证依赖于订约者在原初状态下对"最大最小原则"的应用。然而，理论和试验两方面的证据都向我们表明，原初状态下订约者并不必然遵循"最大最小原则"来选择分配方案。只有在设定订约者具有"保守"或"讨厌冒险"的心理特质的条件下，订约者才会遵循"最大最小原则"。而这一设定又必然与罗尔斯对"原初状态"和"无知之幕"的设定相矛盾。因此，在差别原则的推导上，罗尔斯除非陷入自相矛盾的境地，否则就无法得出"社会和经济的不平等安排应使得社会中的最不利者利益最大化"的正义原则。由此，罗尔斯并没有对人们在经济与社会层面的不平等安排给出令人信服的论证。

## 第三节　罗尔斯的"反应得理论"

没有一个人应得他在自然天赋的分配中所占的优势，正如没有一

---

[①] 丁建峰：《无知之幕下的社会福利判断——实验经济学的研究》，《经济社会体制比较》2010年3月。

个人应得他在社会中的最初有利出发点一样——这看来是我们所考虑的判断中的一个确定之点。①

——罗尔斯《正义论》

在罗尔斯建构的正义理论体系中，人们之间自然禀赋的不同与人们所处的社会阶层、家庭环境、经济地位的不同一样，都是一种任意的安排。在罗尔斯看来，自然禀赋的差异不是人们"应得"的，应该通过社会制度的安排"拉平"（nullify）② 人与人之间的自然差异。国内学者葛四友认为，罗尔斯对于自然禀赋的态度，"实质上承诺了这样一种反应得（anti-desert）的理论，反对前制度（pre-institution）的应得，即在正义制度确立之前，没有任何人应得任何东西"③。基于这一理解，葛四友将罗尔斯的观点——人们在社会境况和自然禀赋方面的优势或劣势都不是应得的——称为"反应得理论"。在本书的讨论中，我将采用这一术语。

罗尔斯"拉平"人与人之间的自然差异的企图是通过差别原则来实现的。如果差别原则是人们在原初状态下必然得出的安排社会基本结构的正义原则，那么我们就可以得出结论：理性、道德、自由和平等的人们（也就是处在原初状态的人们）必然一致认为："一种由自然天赋而引起的人与人之间的不平等，除非使得所有人都获利，否则就是不正当的。"④也就是说，只要差别原则得到论证，那么罗尔斯的"反应得理论"也就得到论证。然而，如上节所述，在原初状态下人们并不必然会选择体现差别原则的分配方案。也就是说，差别原则并不是"原初状态"这一程序的必然结果，差别原则无法从原初状态的设定中得到论证。与之相应，罗尔斯的"反应得理论"也就无法通过原初状态的设定而得到论证。那么，在罗尔斯的理论体系中，是否还有其他的途径为"反应得理论"提供论证呢？

我们可以看到这样一条线索，罗尔斯在讨论差别原则的同时还讨论了另外一种常见的理论，这就是应得理论。应得理论是一种古老的道德哲学

---

① ［美］约翰·罗尔斯：《正义论》，何怀宏、何包钢、廖申白译，中国社会科学出版社 2006 年版，第 104 页。
② 我从米凯尔·戈尔（Michael Gorr）的文章中借用"抹平"这个词。参见 Michael Gorr, "Rawls on Natural Inequality", *The Philosophy Quarterly*, Vol. 33, No. 130, 1983, pp. 1 - 18。
③ 葛四友：《正义与运气》，中国社会科学出版社 2007 年版，第 30 页。
④ 根据罗尔斯对原初状态的设定，具有这四个特征的人就是处在原初状态下、参与订约的人，其中"道德"的含义是具有正义感。

学说，其含义是：一种正义的分配是基于某种属性给予每个人他应该得到的份额，其中决定每个人应得份额的属性被称为应得之基础（the basis of deserve）。我们可以从亚里士多德的论述中了解应得理论核心的内容。在美德伦理的背景下，亚里士多德认为应该根据人们所具有的德行进行合乎比例的分配。亚里士多德的分配正义理论就是一种应得理论，主张正义的分配就是符合每个人道德价值比例的分配，违反了此种比例的分配就是不正义的。亚里士多德将每个人的道德价值作为应得的基础，道德价值高的人得到的利益就多，道德价值低的人得到的利益就少，这被称作是"道德应得"理论（moral desert）。①

与亚里士多德不同，当代的应得理论家们不再将道德价值作为应得的基础，而是顺应社会整体的价值要求，将有助于社会性生产工作的相关因素作为应得的基础。具体说来，有以下三种应得理论：第一，大卫·米勒（David Miller）提出的基于"贡献"的应得理论：应根据人们对于社会生产的贡献而给予他们相应的回报②；第二，萨都斯基·沃尤其（Wojciech Sadurski）提出的基于"努力"的应得理论：应根据人们在工作中所付出的努力而给予他们相应的回报③；第三，詹姆斯·蒂科（James Dick）等人提出的基于"补偿"的应得理论：应根据人们在工作中所付出的代价而给予他们相应的回报。④ 这三种应得理论的基础实际上都是洛克提出的"劳动获取理论"。按照洛克的说法，我的身体是属于我的，我有自由应用我身体所拥有的一切能力，而由我的这些能力（也就是劳动）所创造的东西就正当地是属于我的。

## 一 罗尔斯对应得理论的批评

罗尔斯明确反对始自亚里士多德的应得理论，他对这一理论有四个方面的批评：首先，罗尔斯认为应得理论会陷入循环论证。罗尔斯论述道："在作为一种公开规范体系的合作体制和由它建立的各种期望的条件下，那些改善自己的条件，做了这一体制宣布要奖赏的事情的人，是有权利获得他们的利益的。……但是，这种意义之上的应得预先假定了合作体系的

---

① 亚里士多德关于分配正义的讨论可参见［古希腊］亚里士多德《尼各马可伦理学》卷5，廖申白译，商务印书馆2003年版，第126—162页。
② 参见 David Miller, *Market, State, and Community*, Oxford: Clarendon Press, 1989。
③ 参见 Wojciech Sadurski, *Giving Desert Its Due*, Dordrecht: D. Reided, 1985。
④ 参见 James Dick, "*How to Justify a Distribution of Earnings*", Philosophy and Public Affairs, 1975。

存在，它不去问是否从一开始合作体系的设计就要符合差别原则或某一别的标准的问题。"① 也就是说，如果我们要根据应得理论进行分配，就必须先确立什么是应得的"基础"（例如以"努力"为基础，还是以"贡献"为基础，等等），而应得之基础的确立就涉及正义原则的具体内容。但是，在应得理论中决定社会基本结构的正义原则就是应得原则本身，于是应得理论便陷入了循环论证，无法确立一个独立于自身的关于应得之基础的理论。

罗尔斯指责应得理论有循环论证之嫌，但罗尔斯的正义理论却并非完全独立于应得理论，也免不了会有"循环"的问题。罗尔斯关于应得与不应得的观点实际上分为两个部分：一方面，罗尔斯在对原初状态的设计中屏蔽掉了每个人对自己所拥有的自然资质的信息，理由是人们所拥有的天赋资质与每个人所处的社会背景一样是一种偶然的安排，这些偶然的因素不应该成为决定社会正义原则的条件。换句话说，罗尔斯认为，人们一出生既有的天赋与人们一出生既有的特定经济与社会条件一样，都是不应得的。我将这称为命题1。另一方面，在正义原则的推导中，罗尔斯通过差别原则得出结论：只有当由天赋、人们所处的社会与经济条件等因素所引起的社会与经济的不平等安排使所有人都获益的情况下这些不平等才是人们应得的。我将这称为命题2。这两个命题在罗尔斯的正义体系中所处的位置是不同的。命题1是罗尔斯推导正义原则的前提条件。也就是说，在设置原初状态这一程序正义之前，罗尔斯已经有了一种关于"应得"与"不应得"的理论，罗尔斯正义原则的设计和推导是以这一元陈述为前提的。② 另一方面，命题2是差别原则的自然推论。如果我们应用差别原则来考虑社会中因天赋才能引起的社会和经济的不平等问题，自然能得出命题2的结论。也就是说，命题1是设置原初状态的前提，而命题2则是原初状态推导的结果。

厘清了罗尔斯应得理论两个命题之间的关系，下面我们来看看这两个命题的论证。对于命题1——人们不应得自己的天赋才能——罗尔斯给出的理由是：因为天赋是一种人类所共有的资产。在罗尔斯看来，我天生拥有美妙的歌喉，你生来聪明伶俐，她生来貌美如花……这一切都不是属于某个人自己的东西，而是人类基因在某个人身上的较优的体现，是属于全

---

① ［美］约翰·罗尔斯：《正义论》，何怀宏、何包钢、廖申白译，中国社会科学出版社1988年版，《正义论》，第103—104页。
② 关于罗尔斯正义理论中元陈述的讨论可参见 Michael Gorr, "Rawls on Natural Inequality", *The Philosophy Quarterly*, Vol. 33, No. 130, 1983, pp. 1–18。

人类共有的。罗尔斯的这一观点直接与"自我所有权"观念相矛盾。"自我所有权"是洛克的劳动获取理论的根基,根据这一看法,每个人理所当然地拥有自己生而有之的天赋才能。实际上,正因为罗尔斯在"自我所有权"的问题上违背了洛克传统,所以诺奇克才会极力批评罗尔斯,举出极端的例子反对天赋是人类共有资产的观点。诺奇克论述道:"应用最大程度的提高处境最差者之地位的原则,有可能会涉及对身体器官的强制性再分配('你这么多年来一直拥有视力,现在你的一只——甚或两只——眼睛应该移植给别人'),或者趁早杀死一些人,以利用他们的身体来提供拯救他人生命所必需的器官,否则这些人就会夭折。"① 这些极端的例子提醒我们,如果说一个人连自身的天赋才能都不能正当地拥有,那人们还能拥有什么呢?财产权又从何谈起呢?另一方面,在罗尔斯的正义理论中,命题2是通过原初状态得到证明的,而命题1又是设置原初状态的前提,因此,如果我们没有很好的理由支持命题1的话,命题2就得不到相应的证明。

值得我们注意的是,命题1和命题2的含义是有根本区别的,这一点罗尔斯并没有清楚地论述。罗尔斯在论述中时常混淆命题1和命题2,使其论证变得逻辑不清。我们从命题1——人们生而有之的天赋才能不是应得的——可以推出命题1——因天赋而引起的社会与经济的不平等安排不是人们应得的。显然,命题1与命题2——只有当因天赋引起的社会与经济的不平等安排使得所有人都获益的时候,这种不平等安排才是人们应得的——是两个不同的命题。然而,罗尔斯在论述中时常将命题1和命题2相提并论。例如,在谈到差别原则时罗尔斯论述道:"这样我们就看到差别原则实际上代表这样一种安排:即把自然才能的分配看作一种共同的资产,一种共享的分配的利益(无论这一分配摊到每个人身上的结果是什么)。那些先天有利的人,不论他们是谁,只能在改善那些不利者的状况的条件下从他们的幸运中得利。"② 这段话中,罗尔斯的前半句话讲的是命题1,而后半句话则在阐述命题2的观点,但罗尔斯并没有对这两种观点做出区分,而是和盘托出,不免有混淆之嫌。另外,罗尔斯明确反对任何应得理论,其中一个重要的理由就是"这样一个原则不会在原初状态

---

① Robert Nozick, *Anarchy, Sate and Utopia*, Blackwell, 1974, p. 206.
② [美] 约翰·罗尔斯:《正义论》,何怀宏、何包钢、廖申白译,中国社会科学出版社2006年版,第102页。

中被选择。那里看来绝不会有确定必要标准（应得之基础的标准）的办法。"① 既然这样，那么原初状态的人们又为何会选择体现差别原则的命题2呢，命题2的成立同样需要某种关于应得之基础的标准。由此看来，罗尔斯对于命题2的论证必然需要以命题1为前提，也就是由一种关于"应得"的观点得出另一种关于"应得"的观点，这就使得其论证陷入了循环。

第二，罗尔斯对于应得理论的第二个批评是应得理论不具有现实可操作性。罗尔斯举例说，如果我们以"道德价值"作为应得之基础，每个人的所得直接与其道德价值成正比。然而，在一种竞争经济中人们倾向于按贡献付酬。同时，一个人的贡献大小依赖于供求关系，而一个人的道德价值并不会随着市场的供需关系而变化。由此得出结论，将道德价值作为应得之基础是不合适的，不具有可操作性。② 罗尔斯的论证具有一定的合理性："道德价值"确实不适于作为应得之基础，亚里士多德两千多年前的理论在竞争经济的体制下是不适用的；但是，这并不能说明我们无法建立可操作的衡量应得基础之标准。实际上，如果以"贡献"作为应得之基础，顺应供需关系来衡量人们应得的报酬，就完全可以建立一个"切实可行"应得理论。当然，至于这一理论是否与罗尔斯的正义理论相一致，那不是这里所要讨论的问题。

第三，罗尔斯对于应得理论的第三个批评是道德应得理论将合法期望（legitimate expectation）和道德应得混为一谈。在罗尔斯看来，"只要个人和团体参与了正义的安排，他们就拥有了由公认的规则所规定的相互之间的权利要求。如果他们完成了现存制度所鼓励的事情，他们就获得了某些权利，而且正义的分配份额尊重这些权利。因此，一个正义体系回答了人们有权要求什么的问题；满足了他们建立在社会制度之上的合法期望。"③ 从这一论述中我们看到，罗尔斯主张将合法期望与道德应得两个概念完全分开。按照罗尔斯的理解，所谓"合法期望"指的是"一个正义体系所规定的我们有权要求的东西"，而一个正义体系之所以回馈给我们这些东西，是因为我们"完成了现存制度所鼓励的事情"。另一方面，"应得"指的是"因做了有利于社会生产活动的事情而获得的回报"。然而，竞争经济制度的社会所鼓励的事情，必然是有利于社会生产活动的事情，因此

---

① ［美］约翰·罗尔斯：《正义论》，何怀宏、何包钢、廖申白译，中国社会科学出版社2006年版，第310—311页。
② 同上书，第311页。
③ 同上。

"合法期望"与"应得"实际上是两个含义极为相近的概念。① 只是说,"合法期望"更侧重于分配结果是否符合正义体系的安排,而"应得"则侧重于考察这一结果产生的原因。如果借用诺奇克的术语,"合法期望"体现的是一种最终—状态的分配正义原则(end-state principle),而"应得"体现的则是历史的分配正义原则(historical principle)。② 实际上,正是因为罗尔斯的正义原则是一种最终—状态原则,而非历史的原则,所以才会从根本上反对应得理论,但又绕不开应得理论。

第四,从应得的基础来说,罗尔斯认为应得理论会使人们在社会中的经济利益和社会地位受制于自己无法掌控的因素。罗尔斯认为基于人们的自然天赋、家庭背景、社会阶层、心理倾向……的"应得"都是不正义的。因为,这些都是人们一出生就给定的条件,不是人们自由选择的结果。然而,即使假定罗尔斯所列出的上述"不应得"的各项是合理的,我们也还需要注意一个很重要的应得项:个人的努力。最难回答的问题是:难道因个人努力而获得的社会回报也是不应得的吗?罗尔斯详细讨论了"个人努力是否应得"的问题,阐述了不应将其作为"应得"之基础的原因:"最接近奖赏道德应得的准则似乎是按努力分配(或更恰当地说,按真诚的努力分配)的准则。不过,我们仍然很清楚地看到:一个人愿意做出的努力是受到他的天赋才能和技艺以及他可选择的对象影响的。在其他条件相同的情况下,天赋较好的人更可能认真地做出努力,而且似乎用不着怀疑他们会有较大的幸运。"③ 也许罗尔斯不知道中国有"笨鸟先飞"的谚语,即使这样,罗尔斯也不应将"个人努力"归结为一种依附于既定天赋的因素,而完全抹杀自由意志的作用。即便说每个人的天赋确实是生而既定、自己所无法掌控的,但面对种种既定的条件人们仍然有改变自己命运的可能。这正是康德哲学所教导我们的。罗尔斯将康德

---

① 当然,罗尔斯主要批评的是亚里士多德意义上的"道德应得"。但是,只讨论"道德应得"对于"应得理论"的理解过于狭隘,在竞争经济的背景下,"贡献应得""努力应得"等是更加切合实际的主题。
② 罗伯特·诺奇克(Robert Nozick)在《无政府、国家与乌托邦》中区分了两种类型的分配正义原则:历史的分配正义原则与即时的分配正义原则。其中,历史的分配正义原则认为,一种分配是否是正义的,依赖于它是如何发生的;而即时的分配正义原则(也称最终—状态原则、最终—结果原则)却主张,分配正义是由东西如何分配决定的,而其对此的判断则是由某种正义分配的结构做出的。(参见 Robert Nozick, *Anarchy, Sate and Utopia*, Blackwell, 1974, p. 154。)
③ [美]约翰·罗尔斯:《正义论》,何怀宏、何包钢、廖申白译,中国社会科学出版社 2006 年版,第 132 页。

哲学尊为其学术的至高源泉，为何会在这样根本的问题上违背康德的自由学说呢？如果我们否认个人在既定的天赋和社会条件下仍然有努力提升自己、改变前途的可能性，那人们还有什么自由可言？如果没有自由，又何谈道德与责任呢？再有，如果一个社会制度的安排忽视个人为改变命运而做出的种种个人努力，整个社会制度还可能是正义的吗？所以说，罗尔斯对于"个人努力"决定于天赋和环境而非个人意志的说法是非常值得怀疑的。

## 二 罗尔斯的正义原则与应得理论的关系

在了解了罗尔斯对于"应得理论"的观点及其问题之后，我们再回过头来看看罗尔斯的正义原则如何体现了他关于应得与不应得的观点。首先，第二条正义原则的第②部分——地位和职务向所有人开放——与"应得理论"是息息相关的。罗尔斯将这一原则称作是"公平机会的平等"原则，其含义是：在社会的所有部分，对于每个具有相似动机和禀赋的人来说，都应当有大致平等的教育和成就前景。举例来说，一个出生在穷乡僻壤的贫困家庭的孩子和一个出生在高度发展的城市中的富裕家庭的孩子，如果他们的智商水平是相当的，而且都抱有共同的志向，那么社会制度的安排应该保证他们在受教育、就业以及最终获得的成就方面大致一致。① 可见，罗尔斯所说的"公平机会的平等"（Equality of Fair Opportunity）不是表面的机会平等，而是一种较深层次的机会平等原则，是"实质的机会平等"理论。下面我们将公平机会的平等原则与罗尔斯所阐述的应得与不应得的命题1和命题2进行对照："公平机会的平等原则"主张——让每个具有相似动机和禀赋的人有大致平等的教育和成就前景，这一原则屏蔽掉了民族、性别、家庭背景、社会阶层等信息；也就是说，根据"公平机会的平等原则"，由民族、性别、家庭背景以及社会阶层等因素所引起的不平等的安排都是不"应得"的。但是，"公平机会的平等原则"并没有屏蔽掉禀赋与动机这两个因素，因此根据这一原则，由禀赋和动机引起的社会和经济的不平等安排就是"应得"的。换句话说，如果一个出生在穷乡僻壤的贫困家庭的孩子比一个出生在高度发展的城市中的富裕家庭的孩子智商要低，那么前者在社会竞争中落后于后者就是理

---

① 值得注意的是，这里所说的"大致一致"指的是结果一致，而非机会的平等。否则的话，就是在以"机会平等"解释"公平机会的平等"，陷入"窃取问题"（question-begging）的论证错误。

所当然的。然而,这一结论与罗尔斯应得理论的命题1——没有一个人应得他在自然天赋的分配中所占的优势——和命题2——当由自然天赋引起的社会和经济的不平等安排使得社会中所有人获利的时候,这些不平等才是应得的——都不相符。

上述论证是否展现了罗尔斯正义理论的矛盾之处呢?也许这样的判断对于罗尔斯是有失公允的。我们不要忘记,罗尔斯讨论社会和经济的不平等安排的正义原则还有第①部分,这就是差别原则。因此,在上面的推理中我们不能简单地说罗尔斯认为"由禀赋和动机引起的社会和经济的不平等安排就是应得的",而只能改成"当由禀赋和动机引起的社会和经济的不平等安排使得社会中所有人获利的时候,这些不平等才是应得的"。可见,差别原则是公平机会平等原则的一个控制条件,只有当两个条件同时满足的时候,社会结构中的不平等安排才是正义的。但是,这一结论仍然不同于罗尔斯所给出命题1——"没有一个人应得他在自然天赋的分配中所占的优势",而只是符合命题2——"当由禀赋和动机引起的社会和经济的不平等安排使得社会中所有人获利的时候,这些不平等才是应得的"。这再次证明了,罗尔斯应得理论中存在着两个不同的命题,而罗尔斯自己却没有清楚地意识到这一点,导致在论述中会有逻辑不清之处。

综上所述,罗尔斯在阐述正义原则的同时表达了关于"应得"与"不应得"的观点:第一,罗尔斯阐发了两种关于"应得"的观点:命题1——"没有一个人应得他在自然天赋的分配中所占的优势",以及命题2——"当由自然天赋引起的社会和经济的不平等安排使得社会中所有人获利的时候,这些不平等才是应得的"。第二,命题1是罗尔斯推导正义原则的元陈述,而命题2是罗尔斯正义原则的推论。第三,为了论证命题1,罗尔斯提出了天赋是人类共有的资产的观点,命题2是通过原初状态下订约者的选择而得到论证的,也就是通过原初状态这一程序正义而得到论证。第四,罗尔斯没有单独考虑"个人努力"这一因素,而是将其作为自然禀赋的一部分来考虑。也就是说,一方面,"无知之幕"会屏蔽掉个人努力这一因素,使得处在原初状态的订约者不知道自己会是一个勤奋的人、还是一个懒惰的人;另一方面,在正义原则的选择中,订约者会一致认为:"只有当个人努力引起的社会和经济的不平等安排使得社会中所有人获利的时候,这些不平等才是应得的。"总之,罗尔斯在推导正义原则时极力批评传统的应得理论,但是,其正义理论却不得不建立在应得理论的基础之上。罗尔斯所表达的应得与不应得的观点是层次复杂的,其中不乏发人深思之处,也尚有亟待厘清和深入论证之点。

## 第四节 "优先规则"的论证与应用

> 作为公平的正义的力量来自这样两件事情：一是它要求所有的不平等都要根据最少受惠者的利益来证明其正当性；二是自由的优先性。①
>
> ——罗尔斯《正义论》

"优先规则"（priority rules）是罗尔斯正义理论的核心组成部分之一，在理论结构上起到规定正义的两条原则以及第二条正义原则中的机会平等原则与差别原则之间的先后顺序的作用。罗尔斯提出"优先规则"的理论基础在于权利和自由在自由主义政治体制中的核心重要地位。作为自由主义的当代诠释者，罗尔斯继承了自然权利论者对于权利的基本看法，将权利作为规范社会基本结构的根本和基础。罗尔斯认为："每个人都有一种基于正义的不可侵犯性，这种不可侵犯性即使以社会整体利益之名也不能逾越。……在一个正义的社会里，平等的公民自由是确定不移的，由正义所保障的权利决不受制于政治的交易或社会利益的权衡。"② 正是基于权利的根本重要性，罗尔斯才得以确立"自由"在社会基本结构中的优先地位，将两条正义原则进行"词典式"的排序，规定它们之间不同等级的优先性。

### 一 何谓"优先规则"

在罗尔斯的正义理论中，权利和自由的重要地位是通过两条正义原则以及相应的优先规则而得到确立的。下面我将首先列出罗尔斯正义理论的两条正义原则及相应的优先规则：

第一条 正义原则
每个人对与其他人所拥有的最广泛的基本自由体系相容的类似自由体系都应有一种平等的权利。

---

① ［美］约翰·罗尔斯：《正义论》，何怀宏、何包钢、廖申白译，中国社会科学出版社2006年版，第249页。
② 同上书，第3—4页。

第二条 正义原则

社会和经济的不平等应这样安排，使它们：

①适合于最少受惠者的最大利益

②依系于在机会公平平等的条件下职务和地位向所有人开放

第一条 优先规则（自由的优先性）

两个正义原则应以词典式次序排列，因此自由只能为了自由的缘故而被限制

第二条 优先规则（正义对效率和福利的优先）

第二个正义原则以一种词典式次序优先于效率原则和最大限度追求利益总额的原则；公平机会优先于差别原则。[①]

为了深入探讨罗尔斯的正义原则及优先规则，我将进行如下几点说明：

第一，罗尔斯的正义原则适用于社会的基本结构，其目的是规定权利与义务的分派，调节社会和经济利益的分配。在两条正义原则中，第一条正义原则适用于权利与义务的分配，第二条正义原则适用于社会和经济利益的分配。

第二，第一条正义原则明确了权利在社会结构中的重要性，规定社会中每个人拥有平等的权利，其表述中的"基本自由"指的就是人们平等拥有的各项权利，包括："政治上的自由（选举和被选举担任公职的权利）及言论和集会自由；良心的自由和思想的自由；个人的自由和保障个人财产的权利；依法不受任意逮捕和剥夺财产的自由。"[②]

第三，第二条正义原则的第①部分规定了社会与经济利益的分配要最大限度地增进最小受惠者的利益。简单来说，如果社会中有一些人因为天赋、个人努力、家庭背景、运气等有利的条件而获得了较大的经济利益和社会利益，那么只有当这样的不平等分配使社会中的最小受惠者获益的情况下（例如通过刺激投资而使所有人获益），这些人的获利才是正当的。

第四，第二条正义原则的第②部分表述了一种实质的机会平等概念，

---

① 参见［美］约翰·罗尔斯《正义论》，何怀宏、何包钢、廖申白译，中国社会科学出版社2006年版，第302—303页。原文中对优先性规则还有更细致的论述，但因其涉及非理想理论的讨论与本书的写作目的无关，所以此处没有予以引述。

② ［美］约翰·罗尔斯：《正义论》，何怀宏、何包钢、廖申白译，中国社会科学出版社2006年版，第61页。

罗尔斯将这一原则称作是"公平机会的平等"(对应于第二条正义原则中的表述"在机会公平平等的条件下"),其含义是:在社会的所有部分,对于每个具有相似动机和禀赋的人来说,都应当有大致平等的教育和成就前景。

第五,所谓"优先规则"指的是规定不同正义原则的先后顺序的规则,这被罗尔斯称作词典式序列(lexical order):"这是一种要求我们在转到第二个原则之前必须充分满足第一个原则的序列,而且,在满足第二个原则之后才可以考虑第三个原则,如此往下类推。……那些在序列中较早的原则相对于较后的原则来说就毫无例外地具有一种绝对的重要性。"①与优先规则相关的"优先性"是罗尔斯在批评直觉主义时提出的概念,罗尔斯认为,人们凭借直觉可能感悟到一系列重要的社会价值,例如:平等、效率、自由,等等,但如何在不同的社会价值之间进行选择,直觉主义却没有给出建设性的回答。因此,我们需要一种确定"优先性"的规则,以便在不同的原则之间进行排序。

第六,第一条优先规则(自由的优先性)的含义是:在正义的两条原则中,第一条正义原则优先于第二条正义原则。也就是说,社会基本结构的设置必须首先满足每个人拥有平等的权利,才可以考虑社会财富的分配问题以及社会地位和职位的分配问题。用罗尔斯的话来说,"社会基本结构要以在先的原则所要求的平等的自由的方式,来安排财富和权利的不平等"②,而"对第一个原则所要求的平等自由制度的违反不可能因较大的社会经济利益而得到辩护或补偿"③。即使"当经济回报是巨大的,而人们通过运用权利影响政策过程的能力却是微乎其微的时候……这种交换仍是上述两个原则(正义两原则)要排除的交换"④。换句话说,人们的经济利益和他们所拥有的基本权利是不能进行交换的,我们不能以较大的经济利益为补偿来剥夺任何人的平等权利。

第七,第二条优先规则有两个部分,前一部分规定的是差别原则相对于效率和福利原则的优先性,后一部分规定的是"公平机会的平等原则"相对于差别原则的优先性。其中第一种优先性规定了差别原则相对于效率和福利原则的绝对重要性:除非满足了差别原则(最弱势群体的利益得

---

① [美]约翰·罗尔斯:《正义论》,何怀宏、何包钢、廖申白译,中国社会科学出版社2006年版,第42—43页。
② 同上书,第43页。
③ 同上书,第62页。
④ 同上书,第63页。

到最大化），不能考虑效率和福利最大化的问题。第二种优先性规定了"公平机会的平等"相对于差别原则的重要性，亦即只有在满足了在"机会公平平等的条件下职务和地位向所有人开放"，才能考虑差别原则对社会分配的要求。

综合以上几点，罗尔斯的优先规则实际上对其正义原则做了如下的词典式排序：

　　①平等的自由原则
　　②公平机会的平等原则
　　③差别原则
　　④效率原则和最大限度追求利益总额的原则
　　其中①优先于②，②优先于③，③优先于④

从上述词典式排序的结果中我们可以得出这样的结论：根据罗尔斯的正义理论，在社会基本结构的安排中，我们应首先保证所有公民的平等权利，其次是保证所有公民的"公平机会的平等"，再次是最小受惠者的利益，最后才考虑效率和社会整体福利。在权利、机会平等、最小受惠者的利益以及效率和社会整体福利四个目标中，排在前面的目标相对于排在后面的目标具有绝对重要性，除非前面的目标已经满足，才可转而考虑后面的目标；而且在考虑后面的目标时，也绝不可影响到排在序列前面的目标的满足。然而，优先规则所提出的这些要求在罗尔斯的正义论中并没有得到严格的执行，这有两个方面的原因：一方面，罗尔斯没有能够为"自由的优先性"提供有力的论证；另一方面，在理论结构上，优先规则与差别原则之间存在着矛盾。

## 二　质疑"自由的优先性"

罗尔斯正义理论中的第一条优先规则规定的是平等的自由相对于其他"基本善"[①]的优先性。在罗尔斯看来，在与经济利益、社会地位、教育或就业的机会等其他基本善的比较中，平等的自由具有绝对重要性。在此基础上，任何形式的交换都是不被允许的。在《正义论》中，罗尔斯首

---

① 罗尔斯将"基本善"分为社会的基本善，如：财富、权利、机会等；以及自然的基本善，如：较好的智力、强壮的体格等。（参见［美］约翰·罗尔斯《正义论》，何怀宏、何包钢、廖申白译，中国社会科学出版社 2006 年版，第 93 页。）

先通过原初状态的设置来证明自由的优先性。罗尔斯认为:"如果原初状态中的人们假定他们的基本自由能够有效地加以运用,他们一定不会为了经济福利的改善而换取一个较小的自由,至少是当他们获得了一定数量的财富之后不会这样做。"① 也就是说,当人们的生活达到一定的福利水平,应用各种基本自由的条件都得到相应的保障的时候,人们就不会再为了较大的物质财富而牺牲自己的权利和自由。罗尔斯并不认为,只有当所有的物质需要都已得到满足,人们才不会以自由和权利作为交换,而宁可说"物质欲望不那么具有诱惑性,不致使处在原初状态的人们为满足它们而接受一种很不平等的自由"②。哈特(H. L. A. Hart)针对这一论证提出了反对意见。哈特认为,根据罗尔斯的设定,在原初状态下的订约者处在无知之幕后面,他们对于自己的喜好和欲望一无所知,所以根本无从在平等的自由和其他的基本善之间做出确定的选择。只有当他们真正进入社会、无知之幕被掀开之后,每个人才可能知道自己是更爱平等的自由,还是更爱物质利益,或是更爱其他的基本善。③ 我同意哈特对罗尔斯的这一批评,从原初状态的订约者的角度确实很难确定自由和权利的优先性,因为无知之幕已经屏蔽掉了每个人的心理特征。

罗尔斯对自由的优先性的第二个论证基于维护所有公民的自尊的根本重要性。罗尔斯认为,在所有的社会基本善中"自尊的基本善具有中心地位"④,而且"在一个公正的社会中自尊的基础不是一个人的收入份额,而是由社会肯定的基本权利和自由的分配"⑤。正如罗伯特·泰勒(Robert S. Taylor)指出的,这一论证存在着两个问题:第一,为什么在所有的基本善中,自尊的基本善具有中心地位?泰勒认为,"论证基本自由具有词典式的优先性的唯一方法就是论证它所带来的好处(interest)是不能与任何其他利益相交换的(不论以什么样的比例),保护所有公民的自尊可能是这样一种善,但罗尔斯的论证却没有告诉我们为什么。"⑥ 第二,为

---

① [美]约翰·罗尔斯:《正义论》,何怀宏、何包钢、廖申白译,中国社会科学出版社2006年版,第545页。
② 同上书,第546页。
③ 参见 H. L. A. Hart, "Rawls on Liberty and Its Priority", *The University of Chicago Law Review*, Vol. 40, No. 3, 1973, pp. 534 – 555。
④ [美]约翰·罗尔斯:《正义论》,何怀宏、何包钢、廖申白译,中国社会科学出版社2006年版,第546页。
⑤ 同上书,第547页。
⑥ Robert S. Taylor, "Rawls's Defense of the Priority of Liberty: A Kantian Reconstruction", *Philosophy & Public Affairs*, Vol. 31, No. 3, 2003, p. 251.

什么自尊的基础不是个人的收入份额，而是基本自由和权利的分配？泰勒举例说，那些极小的、并不会威胁到每个公民的平等地位的对基本自由的约束并不会损伤人们的自尊。另外，根据罗伯特·诺奇克（Robert Nozick）对自尊的分析[①]，人们的自尊源于与将自己与其他人进行的比较。这种比较依据每个人的心理偏好，可能是关于各种可比项的比较，例如：身高的比较、衣着服饰的比较、奢侈享受的比较、收入的比较、社会地位的比较、闲暇时间多少的比较、职位高低的比较……正是在这一系列的与他人的比较之中，每个人形成对自己的评价，并以此获得自我价值感和自尊。因此，自尊的获得并不仅限于基本自由的分配，还与社会基本结构中财富、地位与各种机会的分配息息相关，甚至与每个人的心理状态相关。[②] 由此看来，自尊的基础在于基本自由的分配，这一观点并不能令人信服。综合上述两方面的论述，罗尔斯对自由的优先性的第二个论证并不成功。

罗尔斯在进一步阐释自由的优先性时论述道："自由的优先性意味着自由只有为了自由本身才能被限制。"[③] 罗尔斯认为，当我们不能保证一个所有人平等拥有最广泛的基本自由体系时，我们应该朝着两个方向去努力："①一种不够广泛的自由必须加强由所有人分享的完整自由体系；②一种不够平等的自由必须可以为那些拥有较少自由的公民所接受。"[④] 也就是说，当不能满足所有人关于自由的主张时，一个基本自由体系要朝着更加完整和更加平等的方向去拓展。当人们之间的自由发生矛盾的时候，"自由只有为了其本身才能被限制"，这是化解矛盾的根本原则。举例来说，在一场自由的辩论中，每个人都拥有言论自由，人们提出针锋相对的观点。此时，为了使辩论更有成效，必须制定辩论的规则。由此，每个人的言论自由都必须受到辩论规则的限制，否则人们将陷入一场毫无结果的唇枪舌剑。在这个例子中，每个人的自由都受到了一定的限制。但是，人们却拥有了更加广泛和更加平等的自由。然而，我们如何才能判断我们的自

---

① Robert Nozick, *Anarchy, Sate and Utopia*, Blackwell, 1974, pp. 239–246.
② 诺奇克认为，在将自己与他人进行比较时，每个人会有不同的偏好，对不同的可比项采用不同的"权重"。举例来说，一些人专门比较自己的长项，这样的人就很容易获得自尊，而另一些人专门比较自己的弱项，这样的人极易丧失自尊而生嫉妒之心。因此，在外界条件难以改变的情况下，人们还可以通过改变比较的"权重"而获得自尊。参见本章第五节内容。
③ ［美］约翰·罗尔斯：《正义论》，何怀宏、何包钢、廖申白译，中国社会科学出版社2006年版，第242页。
④ 同上书，第249页。

由体系在朝着更完整更平等的方向发展呢？哈特认为，我们在应用"自由只为了其本身才能被限制"这一原则处理相互矛盾的要求时，必然要借助功利主义者所使用的类似"共同利益"这样的概念，以判断如何拓展我们的自由体系。比如在上述自由辩论的例子中，我们所要考虑的是如何能使辩论富有成效，如何能使每个人在辩论中获得自尊并不受干扰地表达自己的观点，等等；而这些考虑都是超出自由本身的原则。正如哈特所说："不借助功利主义的考虑，或者所有个人有资格拥有的人类尊严或道德权利这样的概念，很难理解这些平等公民的代表如何能够解决这样的争端。"① 事实上，我们很难在自由本身当中找到限制自由的理由，而只能从别的道德哲学基础上寻求根据。

综合以上论述我们发现，确定自由的优先性的第一条优先规则在论证和解释上都存在着困难，这也导致了在实际的应用中，很难一以贯之地执行优先规则。甚至罗尔斯本人也得出这样的结论："一般来说，一种词典式次序虽然不可能很准确，但它可以对某些特殊的但却有意义的条件提供一个大致说明。"② 优先规则为什么无法被严格地执行，从根本上来说是因为优先规则与差别原则之间存在着紧张关系，正是由于罗尔斯正义理论中的这一内在矛盾，才使得优先规则的应用变得困难重重。

### 三 "优先规则"与"差别原则"相矛盾

在罗尔斯的正义理论中，"差别原则"与"自由的优先性"可谓是其理论的两大支柱，用罗尔斯自己的话来说："作为公平的正义的力量来自这样两件事情：一是它要求所有的不平等都要根据最少受惠者的利益来证明其正当性；二是自由的优先性。"③ 然而，支撑着罗尔斯正义理论的这两大支柱之间却存在着紧张关系。实质上，罗尔斯所强调的差别原则，有可能从根本上颠覆不同正义原则之间的优先顺序。下面我将分两步证明这一点。

第一，我们首先考察第二条正义原则中①和②两部分的排序问题。如上所述，根据罗尔斯的优先规则，在第二条正义原则中，"公平机会的平等原则"优先于"差别原则"。也就是说，在一个正义的社会中，社会基

---

① H. L. A. Hart, "Rawls on Liberty and Its Priority", *The University of Chicago Law Review*, Vol. 40, No. 3, 1973, p. 545.
② [美] 约翰·罗尔斯：《正义论》，何怀宏、何包钢、廖申白译，中国社会科学出版社2006年版，第45页。
③ 同上书，第249页。

本结构的安排要首先满足"公平机会的平等",使得有相似天赋和相同志向的人们,不论其家庭背景、社会阶层、性别、种族、肤色……都能取得相同的社会地位和经济利益。在这样的情况下,我们才可以考虑,那些获得较多收入,处于社会中较高地位的人们,他们所获得的利益是否有助于增进社会中最少受惠者的利益,并以此判断他们的所得是否正当。这一推理看似没有问题,但是却经不起更具体的推敲。

假设,在一个正义的社会中,两个智力相当的年轻人都想成为建筑师。他们一个出生于穷乡僻壤(A),一个出生于发达城市(B),在"公平机会的平等"的原则下,他们都如愿以偿地当上了建筑师,并获得了相同的较高收入。此时,那个出生于穷乡僻壤的建筑师 A 将自己的收入大部分用来资助乡村失学儿童,而那个出生于发达城市的建筑师 B 则将自己的大部分收入都用来买酒喝了。那么,按照罗尔斯差别原则的理解,B 的较高收入并没有有利于社会中的最少受惠者,他的较高收入不应被看作是正当的。所以我们应该做的也许就是以税收的方式减少 B 的收入。但是,如果我们减少了 B 的收入,那么 A 与 B 的收入就不再相同,"公平机会的平等"原则就得不到满足了。如果我们要坚持罗尔斯的优先规则,就必须给予 A 和 B 相同的收入,以首先满足"公平机会的平等"原则;而如果我们要坚持差别原则,就必须减少 B 的收入,因为他的较多收入没有使社会中的最少受惠者获益,是不正当的。由此,这一例证的分析向我们展现了第二条优先规则中的第二部分与"差别原则"之间的紧张关系。

上述的微观论证可能会遭到罗尔斯及其支持者的否认,因为罗尔斯认为他的正义原则仅仅适用于整个社会的基本的宏观结构,而任何微观反例对于这些原则都是不相关的。也就是说,也许在具体的事例中,差别原则与优先规则会产生矛盾,但从社会的整体结构来看,它们之间是没有矛盾的。诺奇克在《无政府、国家与乌托邦》一书中专门讨论了"微观和宏观"的问题。诺奇克并不同意罗尔斯回应微观反例的辩护,诺奇克认为,"原则可以在大小两种情况下反复试验",这在柏拉图以来已经成为一种传统。[①] 而且,"对于我们中的许多人,达到罗尔斯称之为'反思平衡'[②]之过程的一个重要组成部分就是'思想实验',而在这种

---

① Robert Nozick, *Anarchy, Sate and Utopia*, Blackwell, 1974, p.205.
② 罗尔斯富有创见地提出了"反思平衡"(reflective equilibrium)的概念,其指的是:达到确定的正义原则的推理方法。

思想实验中,我们在假设的微观情况下反复试验各种原则"①。这种观点应该得到认可,因为一种规定宏观结构的原则理应通过微观的检验,否则很难证明这种宏观原则的有效性。

进一步说,即使我们暂且认同罗尔斯的观点,不以微观的例证来反驳其理论,我们仍然能通过宏观上分析得出结论:"公平机会的平等"相对于"差别原则"的优先性与"差别原则"之间存在着矛盾关系。首先,罗尔斯所阐述的差别原则是一条"最终—状态原则"(end-state principle)②。依据"差别原则",我们不需要考虑造成社会和经济之不平等的"历史",我们通过判断"不平等"是否使社会中最弱势群体的利益最大化,而确定其正当性。这使得我们可以无视不平等的形成是否得自于个人努力、天资禀赋、社会环境或是其他什么原因。与此相反,"公平机会的平等原则"要求我们评估人们达到特定社会和经济利益水平的"历史",并以此为依据来确保实质的机会平等。因此,虽然在两个原则中"公平机会的平等原则"处于优先地位,应首先满足;但是,当我们用"差别原则"来判断"不平等"是否正当的时候,却完全不再考虑造成不平等的"原因"。如此一来,原先由"公平机会的平等原则"所规定的社会结构必然被只考虑不平等之影响的"差别原则"武断地修正,而最终使"公平机会的平等原则"丧失其优先性。

差别原则与第二条优先规则的第二部分之间的紧张关系还造成了罗尔斯正义理论内部结构的一些问题。在第二条正义原则中,从"公平机会的平等"原则出发,罗尔斯并不否认那些努力勤奋的人们应该取得较高的社会和经济利益。但是,一经差别原则的检验,罗尔斯又不得不给这些靠个人努力获取财富的人们套上税收的缰绳,而如此税收的理由又很难从"公平机会的平等"的角度去说清楚。于是,罗尔斯不得不将"个人努力"化约为自然禀赋、家庭环境、社会条件此类"道德上任意"(morally arbitrary)的因素,并以此为理由为"个人努力"所得套上税收的缰绳。如上节所述,这种观点完全抹杀了自由意志的作用,直接与康德的自由理论相违背,使罗尔斯招致众多批评。

---

① Robert Nozick, *Anarchy, Sate and Utopia*, Blackwell, 1974, p. 204.
② 最终—状态原则,也称即时原则(time-slice principle)、目的结果原则(end-result principle),是诺奇克讨论分配正义时使用的一个术语,与分配正义的历史原则相对。分配正义的历史原则认为,一种分配是否是正义的,依赖于它是如何发生的。相反,正义的最终—状态原则主张,分配正义是由东西如何分配(谁拥有什么东西)决定的。(参见 Robert Nozick, *Anarchy, Sate and Utopia*, Blackwell, 1974, p. 154。)

第二,"优先规则"与"差别原则"之间的紧张关系还体现在第一条优先规则中。根据第一条优先规则,第一条正义原则优先于第二条正义原则。也就是说,社会的基本结构必须首先保证每个人平等地拥有基本权利,才能考虑社会和经济利益的分配问题,而无论社会和经济利益如何分配,都必须坚守"权利平等"这条底线。这里需特别关注罗尔斯所肯定的一种"基本自由":保障个人财产的权利,亦即"财产权"。关键的问题是:当我们以"差别原则"来调节社会财富的分配时,是否能够同时坚守每个人平等拥有的"财产权"不受侵犯?如果我们依据差别原则将某人的收入或者拥有的较多财产判断为不正当、不应得的时候,我们是否可以剥夺其财产?在这里我们再一次陷入了两难的境地:如果我们要坚持自由的优先规则,我们就没有理由侵犯任何人的权利(包括"财产权"),即使以社会中最少受惠者的名义;另一方面,如果我们要坚持差别原则,就不可避免地要通过国家干预减少某些人的财产,而这势必会侵犯这些人的权利和自由。"自由至上论"的坚定拥护者诺奇克对罗尔斯通过差别原则来调节社会分配结构的思路极不赞同,并由此质疑罗尔斯是否一以贯之地坚持"自由优先"的规则。诺奇克论述道:"罗尔斯主张在原初状态中自由拥有一种词典式的优先性,这能防止差别原则对天资和才能强加一种人头税吗?"① 在诺奇克看来,正因为差别原则的"最终裁判"地位,瓦解了"优先规则",罗尔斯的正义理论才得以论证,可以通过税收的方式剥夺那些因天资和个人努力而获得较多收入的人们的财产。

通过上述对第一条优先规则和对第二条优先规则的第二部分的考察,我们可以得出结论:在罗尔斯的正义理论中,"差别原则"被赋予了最终裁判的地位,但是,由于差别原则是一种"最终—结果原则",所以在最终修正分配结构的时候,必然无视分配结构之形成的历史。差别原则对分配结构的修正必然会与处于优先地位的"平等的自由"原则和"公平机会的平等"原则对社会结构的规定产生矛盾。如果我们将差别原则作为分配结果的最终判断,那么"平等的自由"原则和"公平机会的平等"原则都将变成听命于差别原则的次一级原则,而非优先原则。实质上,处在最终裁判地位的差别原则完全颠覆了"优先规则"。

综合上述对"自由的优先性"和"优先规则"与"差别原则"之间的矛盾的考察我们可以得出以下结论:第一,罗尔斯对"自由的优先性"的论证和解释存在困难,很难确立"平等的自由"在其正义理论中的优

---

① Robert Nozick, *Anarchy, Sate and Utopia*, Blackwell, 1974, p.229.

先地位；第二，"优先规则"与"差别原则"之间存在矛盾，这使得"优先规则"在其正义理论中没有得到严格的执行。

## 第五节 平等：仅仅是因为嫉妒吗？

> 人们通常认为，嫉妒是平等主义的潜在基础。其他人则回答说，既然平等主义原则是可以单独得到证明的，所以我们无须把任何阴暗心理归之于平等主义者，而平等主义者不过是希望正确的原则能得以实现。①
>
> ——诺奇克《无政府、国家和乌托邦》

上述引言是诺奇克在《无政府、国家和乌托邦》中的一段话，而这段话里的"其他人"指的就是罗尔斯。罗尔斯和诺奇克这两位当代政治哲学的大师都不约而同地注意到了平等与嫉妒之间的关系问题。然而，他们两人对于嫉妒的成因、嫉妒与平等之间的关系，以及为了消除嫉妒政府与社会可以做些什么等问题都持不同的意见。本节将深入分析罗尔斯和诺奇克在平等与嫉妒问题上的不同观点。

### 一 罗尔斯论平等与嫉妒

罗尔斯在《正义论》一书中专门有一节讨论平等与嫉妒的问题，以回应保守主义者的批评：作为公平的正义理论中的平等主义倾向是出于嫉妒这一阴暗的心理。要了解罗尔斯所理解的平等与嫉妒间的关系我们首先要分清楚两种"平等主义"：平等主义（Egalitarianism）和绝对平等主义（Absolute Egalitarianism）。平等主义是一种认为所有的人都是平等的，即在道德上，政治上，甚至在经济生活上都应该受到同等对待或考虑的学说。② 绝对平等主义则是一种极端的观点，它要求平等地分配所有资源。对于后一种主张，罗尔斯论述道："可以令人信服地证明，严格的平等主义，即坚持对所有的基本善的平等分配的学说，是产生于嫉妒。"③

---

① Robert Nozick, *Anarchy, Sate and Utopia*, Blackwell, 1974, p. 240.
② 参见尼古拉斯·布宁、余纪元编著《西方哲学英汉对照辞典》，人民出版社 2001 年版，第 285 页。
③ [美]约翰·罗尔斯：《正义论》，何怀宏、何包钢、廖申白译，中国社会科学出版社 2006 年版，第 541 页。

由此我们看到，罗尔斯并不认为所有的平等主义诉求都是来自嫉妒这种阴暗的心理，而仅有一些平等主义的诉求（尤其是绝对平等主义的诉求）才是受到了嫉妒的驱使。

罗尔斯将嫉妒排除在其正义理论之外的工作是分两步进行的。首先，罗尔斯试图证明其正义理论中的平等主义诉求有其自身的依据，并不需要引入"嫉妒"这一心理预设。罗尔斯根据康德对"嫉妒"的理解①认为，嫉妒的心理根源是：行为者缺乏对自身价值的自信，并感到无力自助。②也就是说，只有当行为者在与他人比较的过程中丧失了自信，丧失了对自己生活的热情，并感到无力改变，这时才产生了嫉妒的心理。罗尔斯特别指出，嫉妒与不满是不同的。不满是认为某人所获得的地位或财富是不正当的，违背了某种正义原则；而嫉妒则是承认别人的某种较自己要高的地位或较多的财富是正当获得的，而这更凸显出处于较低地位的自我的无能。嫉妒的关键是自我价值感的丧失。那么，我们来看看罗尔斯所描述的原初状态的订约者是否受到了嫉妒心理的影响。罗尔斯认为，原初状态的订约者有一个显著的特征就是订约者具有"相互冷淡"的理性："各方既不想赠送利益也不想损害他人，他们不受爱或凤愿的推动。他们也不寻求相互亲密，既不嫉妒也不虚荣。他们努力为自己寻求一种尽可能高的绝对得分，而并不去希望他们的对手的一个高或低的得分，也不寻求最大限度地增加自己的成功和别人的成功之间的差距。"③ 基于"相互冷淡"的理性设置我们可以推知，原初状态中不是通过比较获得自我价值感，而仅仅将自己的"绝对得分"作为自我价值感来源的理性人是不会受到嫉妒之累的。罗尔斯认为，没有嫉妒心的人们会这样来建立正义观："人们在原则的选择中设想他们有自己的、足以自为的生活计划。他们对自己的价值有一种牢固的自信，以致不想放弃他们的任何目的，即使以别人只有较少的实现他们目的的手段为条件。"④ 既然原初状态的订约者并不受嫉妒之累，他们在订立契约的时候也并非出自嫉妒之心，那么我们可以得出结论：正义原则的推导不需要"嫉妒"这一心理预设，正义原则中由差别原则所表达的平等诉求并不是出于嫉妒之心。用罗尔斯的话来说，"正义

---

① 参见康德在《道德的形而上学》中对于"嫉妒"的阐述。（Immanuel Kant: *The Metaphysics of Morals*, Cambridge University Press, 1991, pp. 251–254.）
② ［美］约翰·罗尔斯：《正义论》，何怀宏、何包钢、廖申白译，中国社会科学出版社2006年版，第538页。
③ 同上书，第143—142页。
④ 同上书，第143页。

观念是在无人被怨恨和恶意驱动的假设条件下被选择的。所以正义的两个原则支持着的平等要求不是从这些情感中产生的。"①

罗尔斯将嫉妒排除在其正义理论之外的第二个步骤是证明:"正义原则引起的可原谅的一般嫉妒（以及具体嫉妒）不会达到令人担心的程度。"② 也就是说，在一个遵循差别原则的社会中，虽然存在着社会和经济的不平等，人们有可能产生嫉妒之心，但是不会很严重，不会因嫉妒而产生严重的后果。罗尔斯认为，嫉妒带着敌意而爆发需要具备三个条件:"第一，人们缺乏对自己价值和自己去做有价值的事情的能力的自信。第二，嫉妒的爆发在很多场合是由于这种心理学条件被体验为痛苦的和丢脸的。第三，人们认为处在他们的社会地位上，除了反对那些获利较多者的有利环境外别无积极的选择。"③ 罗尔斯论证到，遵循其正义原则而组织良好的社会要比其他社会更容易避免上述三个条件的发生。第一，对于公民自尊的保护，罗尔斯认为，契约论的正义观使得每个人都因一种至上的平等观而受到尊重。在差别原则的规定下，一些人的较大利益是为了补偿较少受益者的利益，一个人并不因为其德行的高尚而"应得"较大的份额。没有人认为占有较大份额的人在道德上具有更高的价值，每个人在道德意义上都是平等的。因此，作为公平的正义原则有利于维护人们的自尊。第二，罗尔斯认为，遵循差别原则的社会，其社会和经济的不平等不会过分。而且，一个组织良好的社会中有着各式各样的社团，这些社团将人们分成不同的群体，而这些群体之间的差别会淡化人们之间的直接比较。第三，罗尔斯认为，一个组织良好的社会将提供许多建设性的选择机会以制止带敌意的嫉妒的爆发。

通过上述两个步骤，罗尔斯成功地将嫉妒排除在自己的正义理论之外，为作为公平之正义的平等主义诉求找到了独立于嫉妒之心的依据。

## 二 诺奇克论平等与嫉妒

与罗尔斯一样，诺奇克对嫉妒的理解也是基于"自我价值感的丧失"。但与罗尔斯不同，诺奇克并不认为，自尊可以不通过比较而仅仅建立在自己"得分"的基础上。恰恰相反，诺奇克认为，对自我价值的自信正是通过不断地与他人比较、并且能够胜出的过程建立的。诺奇

---

① [美]约翰·罗尔斯:《正义论》，何怀宏、何包钢、廖申白译，中国社会科学出版社2006年版，第541页。
② 同上书，第540页。
③ 同上书，第538页。

克举例说,如果人人都能达到亚里士多德、歌德和马克思的水平,那么普通人就不会觉得自己有什么了不起。因此,"对于事情做得怎样,不存在独立于别人做得怎样或能够做得怎样的标准。"① "通过比较别人,比较别人能够做什么,我们来评价我们自己做得怎样。"② 由此,诺奇克将自尊的获得抽象为两张图表。一张是实际图表(factual profile)③,另一张是评价图表(evaluative profile)。实际图表展示了某人可比方面的实际情况。评价图表反映的则是每个人对自己各方面的评价。按照诺奇克的说法,每个人的评价方式可能会不同,"一些人可能考虑他们在所有方面得分的权重总和;另一些人如果在某些相当重要的方面做得很好,他们对自己的评价就是满意的;还有一些人则可能认为,如果他们在任何一个重要方面失败了,他们就会觉得一切都完了。"④ 下面,我将设计四张表格来说明诺奇克对嫉妒的理解,其中表一中的数字表示 A、B、C 三人的实际得分,表二、表三和表四是 A、B、C 三人各自的评价图表:

表一　　　　　　　　　A、B、C 三人实际图表

|   | 财富 | 体能 | 家庭幸福 |
| --- | --- | --- | --- |
| A | 100 | 70 | 20 |
| B | 80 | 60 | 40 |
| C | 40 | 100 | 80 |

表二　　　　　　　　　　A 的评价图表

|   | 财富 | 体能 | 家庭幸福 |
| --- | --- | --- | --- |
| 权重 | 30% | 40% | 30% |

---

① Robert Nozick, *Anarchy, Sate and Utopia*, Blackwell, 1974, p. 241.
② Ibid..
③ 在中文版《无政府、国家和乌托邦》中,姚大志先生将 factual profile 翻译成实际能力图表,把 evaluative profile 翻译成评价能力图表。我认为这一翻译欠妥。不仅仅因为英文原文中没有与"能力"相对应的词,而且,诺奇克所说的构成人们自尊之基础的可比较的方面不仅仅限于人们的能力,例如:财富、名誉、闲暇的时间、美貌……都可以成为人们自尊的基础。总之,只要是可进行人际比较的方面,同时又有人看重,就都可以充当人们自尊的基础。
④ Robert Nozick, *Anarchy, Sate and Utopia*, Blackwell, 1974, p. 242.

表三　　　　　　　　　　B 的评价图表

|  | 财富 | 体能 | 家庭幸福 |
|---|---|---|---|
| 权重 | 最强的一项权重 100% | | |

表四　　　　　　　　　　C 的评价图表

|  | 财富 | 体能 | 家庭幸福 |
|---|---|---|---|
| 权重 | 最差的一项权重 100% | | |

结合四张图表，我们可以得出三人对自己的评价分值：
A：$30\% \times 100 + 40\% \times 70 + 30\% \times 20 = 64$
B：$80 \times 100\% = 80$
C：$40 \times 100\% = 40$

C 的得分最低，由此，C 在与 A 和 B 比较的过程中最容易丧失对自我价值的自信，并由此产生嫉妒。

通过上述分析我们看到，每个人对自己的评价并不一定能准确地反映每个人自己在各方面的实际状况。而嫉妒心理之形成受到两个因素的影响：一个因素是每个人的实际状况，另一个因素是每个人对自己能力的评价。由于嫉妒之形成受到两个因素的作用，所以，即使在我们无力改变自己的实际状况的情况下，也有可能通过调整自己的评价图表而保持自信，避免嫉妒的发生。例如上述例子中的 C，他完全有可能通过改变自己对各方面的权重，而重新获得自尊。按照诺奇克的说法，每个人都可以通过使用不同权重战术而获得自尊，甚至于"每个人可能都认为自己位于一种分布（即使是一种正常分布）的上部，因为每个人都是通过他自己特殊权重的观点来看待这种分布的"①。

既然每个人都有可能通过自身心理的调节而获得自尊减少嫉妒，那么社会和国家是不是就无事可做，也没有任何责任了呢？诺奇克认为，社会之于嫉妒的作用在于社会评价对于自我评价的影响。这种影响体现在两个方面：一方面，当社会给人们提供的可比项过于狭窄的时候，人们通过改变权重而获得自尊的战术就不再适用了。试想，当一个社会评价体系告诉人们，人生唯一重要的事情就是财富的积累，那么这个社会中的极度贫困者还如何建立自尊呢？其自我价值感必然会被这种拜金的社会价值体系所

---

① Robert Nozick, *Anarchy, Sate and Utopia*, Blackwell, 1974, p. 245.

摧毁。因此，为了防止嫉妒以及由此而产生的恶劣后果，一个社会应该为人们提供尽量多的可供比较的方面，将所有那些能为人们的生活增添乐趣的项目都包括在内。社会评价不能只看重每个人的财富、地位、名誉、美貌……而应该关注人们生活更多的方面，例如：同情心、闲暇、勤奋、谦让、幽默、宽容等人们在各方面的优越表现。这样才有助于才华各异、性格不同的人都能在同一个社会中找到自尊和自信，防止嫉妒的发生。正像诺奇克所说，"人们一般通过他们在一些方面所处的地位来评价自己，而在这些最重要的方面，他们与别人是不同的"①。要让每个人都找到自己不同于其他人的某个特殊重要的方面，社会就要先将这一方面囊括到比较的序列中来。我们可以这样来理解这个问题，嫉妒源于自我价值感的丧失，而自我价值感之所以会受挫最终还是因为自己对自己过于苛刻，要求太高。在一个社会中，个人之所以对自己要求过高，是由于他身边的人对他要求太高，归根结底还是由于整个社会的不宽容。如果一个社会仅仅赞赏人们在某些特定的方面的优秀，限制了每个人成功和卓越的上升之路，那么这个社会就是不宽容的。就像一个家长对自己子女的培养，只注重其考试成绩，而看不到其他方面的优点，那么这个孩子必然也苛刻地要求自己，并且极易丧失自尊，产生嫉妒之心。

另一方面，社会和国家对于人们嫉妒之心的影响还在于，社会评价权重对于个人评价权重的影响。诺奇克认为，"社会为避免自尊出现大范围的差别，最有希望的办法是使可供比较的方面不具有共同的权重，相反，应该有各式各样的不同方面和不同权重。这会增加每个人发现一些方面的机会，对于这些方面，某些其他人也认为是重要的、而他自己则做得相当好，以致可以对自己做出不偏不倚的赞扬评价"②。也就是说，社会一方面要尽量多地发现人们之间的可比项；另一方面，还应避免形成对于这些方面的固定评价。举例来说，如果一个社会虽然提供了许多可比较的项（财富、名誉、健康、慈善……），但对这些比较项有一个僵化的排序（例如：财富最重要），那么这也不利于人们通过调整自己的评价权重来获得自尊。因为，每个人的评价权重都必然会受到社会评价权重的影响。如果社会评价权重过于明确和僵化，那么留给每个人通过调整自己的评价权重而获得自尊的空间就会非常有限。

---

① Robert Nozick, *Anarchy*, *Sate and Utopia*, Blackwell, 1974, p. 243.
② Ibid., pp. 245 – 246.

## 三 结论

通过论述罗尔斯和诺奇克关于平等与嫉妒之关系的讨论，我们可以将平等与嫉妒的关系总结为两个问题：问题一，平等主义的诉求仅仅是出于嫉妒心理吗？问题二，社会与经济的不平等必然引起嫉妒吗？罗尔斯对于平等与嫉妒的讨论重点回答的是第一个问题，而诺奇克的讨论则回答了第二个问题。

对于第一个问题，罗尔斯的回答是：绝对平等主义的要求是出于嫉妒，而作为公平的正义的平等主义诉求则并非出于嫉妒，而有其独立的依据。罗尔斯从两个方面论证了这一观点，一方面他通过设定原初状态的订约者具有"相互冷淡的理性"而排除了嫉妒心在正义原则推导中的作用；另一方面，罗尔斯通过讨论嫉妒带着敌意爆发的三个条件，论证了在遵循正义原则的社会中嫉妒心不会恶性爆发，不会造成恶劣的社会后果。

对于罗尔斯的上述论证，诺奇克颇有微词。诺奇克认为，罗尔斯将人们的天赋才能看作是一种"共同资产"，那些没有以自己的较优天赋增进最弱势群体利益的人就是在滥用公共财产，因此理应向天资和才能收税。诺奇克指责这种正义观念确有嫉妒他人天资和才能之嫌。诺奇克论述道："如果人们的天资和才能不能被套上缰绳来为别人服务，或者禁止它们服务于这个人自己的利益或者他选择的其他人的利益，即使这种限制不会改善另外一些人的绝对地位，也就是说，这些人出于某种原因无法给别人的天资和才能套上缰绳来为他们自己的利益服务？主张嫉妒支持了这种正义观念，并且形成了它的根本观念的一个组成部分，这是如此不合理吗？"① 在诺奇克看来，罗尔斯主张向那些通过自己的天资和才能而获得较优经济回报的人们收税，这很难说没有受到嫉妒之心的影响。归根结底，还是由于差别原则的论证困难②，使得罗尔斯的正义理论受到此类的攻击。

对于平等与嫉妒的第二个问题——不平等是否必然引起嫉妒——我们可以从诺奇克的讨论中推出结论。按照诺奇克的说法，嫉妒起因于自我价值感的丧失，而自我价值感依赖于每个人的实际状况和每个人对自己状况的评价两个因素，是每个人通过比较而得出的自己是否强于他人的判断。另一方面，平等与否则反映的是人与人之间的实际差距，因此社会与经济的不平等状况是有可能引发处于较低位置人们的嫉妒的。但是，社会与经

---

① Robert Nozick, *Anarchy, Sate and Utopia*, Blackwell, 1974, p. 229.
② 关于罗尔斯正义理论中差别原则的论证困难，可参见本章第二节。

济的不平等状况又不必然引发嫉妒。原因很简单，因为处于实际图表中较低位置的人们完全可以通过调节评价图表来维护对自己价值的自信。当然，在一个极不宽容的社会中（即社会提供给人们的可比较项较少而且社会评价明确而僵化），每个人的评价图表的调节空间会大大减少。在这样的社会中，社会与经济的不平等便更倾向于引发人们的嫉妒，甚至是带有敌意的嫉妒。

在清楚了平等与嫉妒之间的关系之后，我们不得不面对一个棘手的问题：既然社会与经济的不平等有可能引起人们的嫉妒，甚至导致恶劣的社会后果，那么我们应该对社会与经济的不平等做什么吗？诺奇克明确地回答了这个问题："即使嫉妒比我们所考虑的更容易得到控制，然而通过干预来降低一些人的地位，以便减少别人在知道其地位时所感到的嫉妒和不快，这也是应予反对的。采取这种办法，就像知道做某些事情会使别人感到不快而禁止这些行为（例如，不同种族的夫妇手拉手走路）。这些情况涉及到相同的外部干预。"① 作为古典自由主义的当代阐释者，诺奇克坚持"权利至上"的原则，如果仅仅为了避免某些人的嫉妒而去侵犯其他人的权利，这是绝对不允许的。所以说，在诺奇克看来，消除嫉妒，不应该从影响人们自尊之基础的实际图表入手，而应该从评价图表入手，尤其是通过建立一个更加宽容、多元的社会而为每个人提供调整其自我评价的空间，以使才华各异、志趣不同的人们能在一个兼容并蓄的社会中获得自尊和自信。

从罗尔斯和诺奇克对于平等与嫉妒之关系的讨论中，我们是否也得到某些启示？一个社会不仅要追求财富的增长、效率，也要追求公正和平等。对于平等的追求并非完全出自嫉妒的阴暗心理，而更多的是出于"分享"的美德。正如罗尔斯所说，"人们同意相互分享各自的命运"②，不仅分享那些让我们快乐的好运气，也一同分担给我们带来悲伤的厄运。然而，任何社会都有可能在某一方面存在着不平等，而任何不平等都有可能引发人与人之间的嫉妒和怨恨。此时，国家和政府——作为政治权力的拥有者——绝没有理由为了避免人与人之间的嫉妒而侵犯任何人的权利，嫉妒的消除可以通过内在的途径。为了帮助人们接受和理解社会中某些合理的不平等，国家和政府应该主导一个宽松的社会环境，为人们提供更多

---

① Robert Nozick, *Anarchy, Sate and Utopia*, Blackwell, 1974, p. 245.
② ［美］约翰·罗尔斯：《正义论》，何怀宏、何包钢、廖申白译，中国社会科学出版社2006年版，第103页。

的可比较的方面,并对人们各方面的才能和志趣予以赞赏和鼓励。这一点在教育领域显得尤其重要,诺奇克所揭示的嫉妒的生成机制告诉我们,在具体的教育实践中我们应尽量避免使用简单划一的标准去衡量每一个独特的生命,为天赋各异的孩子们提供尽量多地发挥其潜能的机会和条件,帮助不同的学生在不同的领域建立自己的自信和自尊,这样才能有助于人们心理的健康和整个社会整体的和谐。

## 第六节 "平等主义"还是"优先主义"?

> 优先性与平等置于道德世界中的不同部分,因为它们以不同的方式对我们是重要的。它们根源于不同类型的道德反应。[①]
> ——理查德·诺曼《平等、优先性与社会正义》

在罗尔斯的《正义论》出版二十多年之后,另一位英国政治哲学家、学者德里克·帕菲特(Derek Parfit)发表了一篇题为《平等与优先》[②]的文章。帕菲特在文章中阐述了一种不同于平等主义的新的道德诉求——优先主义(prioritarianism)。帕菲特认为,在分配的问题上应该优先考虑社会中那些最穷困、最无助的人们,而不是像平等主义那样关注人们生活水平上的相对差距。帕菲特对于"平等主义"与"优先主义"的区分与比较引发了人们关于罗尔斯的平等理论是优先主义还是平等主义的争论,而其争论的核心在于"差别原则"到底是平等原则还是优先原则。

如本章第二节所述,"差别原则"主张,一个社会应该平等地分配所有社会基本善,除非一种不平等的分配将使社会中最不利者的利益最大化。通过这一原则,罗尔斯将社会中最不利者的利益放在了"优先"的位置。乍看起来,这一理论思路与帕菲特在《平等与优先》一文中所阐述的优先主义非常相似。"差别原则"与优先主义都认为,在分配的问题上应该优先考虑社会中那些最穷困、最无助的人们。那么,罗尔斯的"差别原则"是一种平等主义的原则还是一种优先主义的原则呢?本节将

---

[①] Richard Norman: "Equality, Priority and Social Justice", *Ratio* (new series), June 1999, pp. 178-194. 中文翻译参见葛四友编《运气均等主义》,江苏人民出版社2006年版,第223页。

[②] Derek Parfit: "Equality and Priority", *Ratio* (new serious), December 1997, pp. 202-221. 中文翻译参见葛四友编《运气均等主义》,江苏人民出版社2006年版,第197—213页。

从这一问题出发,深入分析"差别原则"与优先主义之间的关系,以进一步确认罗尔斯的正义理论是平等主义的还是优先主义的。

## 一 "差别原则"是平等主义原则

帕菲特将优先主义定义为:"当一些人越差的时候,给他们以利益就越重要。"① 帕菲特认为,优先主义与平等主义是两种不同的观点,两种理论思路之间存在着根本的区别:"平等主义者关注相对性:关注每个人的水平与其他人水平的比较。而优先主义的观点,仅仅关注人们的绝对水平。这是一个根本的结构差别。"② 帕菲特举出在高海拔地区呼吸会发生困难为例子来说明优先主义与平等主义的区别:处于很高海拔的人感到呼吸困难,这不是因为他比其他人站得高,而是因为他处在某一绝对高度之上。理查德·诺曼(Richard Roman)在《平等、优先性与社会正义》③一文中对帕菲特所说的优先主义只关注"人们的绝对水平"提出了质疑。诺曼认为,为了确定这一"绝对水平",需要进行人际的比较,需要关注相对性。对于这一质疑,站在帕菲特的立场可作如下回应:优先主义虽然免不了通过人际比较来确定需要关注的绝对水平,但是,对于优先主义来说,人际比较并不具有道德意义;而平等主义者则认为,人际比较具有道德意义。这一点上,优先主义与平等主义存在根本分歧。

在阐述平等主义与优先主义的区分时,帕菲特还提出了另一组区分:目的论的平等主义与道义论的平等主义。帕菲特认为,目的论的平等主义是"为了平等而平等"的平等主义,也就是说,目的论平等主义者将"平等"本身当作目的,认为平等具有"内在价值",而"不平等"不论是由什么原因造成的,都将是坏的。目的论平等主义的平等原则是:"如果某些人比其他人差,这本身是坏的"。与目的论平等主义相对,道义论平等主义者则认为,在人们追求平等时,总是出于某种其他的道德理由,而不是"为了平等而平等"。也就是说,道义论平等主义者认为,平等只具有"工具价值",并不具有"内在价值"。帕菲特认为,基于道义论平等主义的观点,"如果某些人比其他人差,这本身并不是坏的"。而不平等之所以是坏的,往往是基于某种社会正义的学说。因此,在道义论平等

---

① 葛四友编:《运气均等主义》,江苏人民出版社 2006 年版,第 205 页。
② 同上书,第 206 页。
③ Richard Norman: "Equality, Priority and Social Justice", *Ratio* (*new series*), June 1999, pp. 178 - 194. 中文翻译参见葛四友编《运气均等主义》,江苏人民出版社 2006 年版,第 216—218 页。

主义者看来，不平等之所以是坏的，是因为它是不正义的。

在明确了平等主义与优先主义、目的论平等主义与道义论平等主义之间的根本区别之后，我们来看看罗尔斯的"差别原则"到底属于哪一类。首先，我们可以通过鉴别"差别原则"关注的是人们之间的相对水平还是绝对水平来确定差别原则到底是平等原则还是优先原则。"差别原则"将"最不利阶层"的利益放在了优先的地位，而罗尔斯在《正义论》中明确指出了应该如何确定"最不利阶层"：

> 一种可能的办法是选择一种特定的社会地位，比方说不熟练工人的地位，然后把所有那些与这一群体同等或收入和财富更少的人们与之合在一起算作最不利者。最低的代表人的期望就被定义为包括这整个阶层的平均数。另一个办法是仅仅通过相对的收入和财富而不管其社会地位来确定。这样，所有达不到中等收入和财富一半的人都可以算作最不利的阶层。这一定义仅仅依赖于分配中较低的一半阶层，有使人集中注意最不利者与居中者相隔的社会距离的优点。这一距离是较不利的社会成员的境况的一个本质特征。①

从上述引文中，我们看到罗尔斯认为既可以绝对的生活水平（不熟练工人的生活水平）为标准来确定"最不利阶层"，也可以相对的标准（中等收入和财富的一半）来确定"最不利阶层"。因此，从这一论述中我们似乎无法确定罗尔斯的差别原则到底是平等主义的还是优先主义的。然而，罗尔斯在接下来的论述中将"最不利者"与"居间者"之间的距离看作是"最不利的社会成员的境况的一个本质特征"。我们可以从这一论述断定，在罗尔斯看来，"最不利者"与"居间者"之间的相对差距才是其正义理论关注的焦点，亦即只有这种相对差距才具有道德意义。差别原则试图优先帮助社会中的"最不利阶层"，不是因为他们的生活水平低于某一绝对值，而是因为他们的生活水平与社会平均生活水平的差距使得他们处于一种不正义的合作关系中，而罗尔斯的正义理论正是要通过对社会基本分配结构的调整，纠正这种不正义。基于上述分析，我们可以得出结论：罗尔斯的"差别原则"虽然不排除对"最不利阶层"绝对生活水平的关注，但是罗尔斯将"最不利阶层"与社会平均生活水平之间的相

---

① [美]约翰·罗尔斯：《正义论》，何怀宏、何包钢、廖申白译，中国社会科学出版社2006年版，第98页。

对差距看作是"最不利阶层"的本质特征。罗尔斯在优先考虑"社会中最不利者"的利益时，关注的是人们的生活水平的相对关系，而不是其生活水平的绝对数值。因此，按照帕菲特对于平等主义与优先主义的区分，罗尔斯正义理论中的"差别原则"是平等主义原则而不是优先主义原则。

在确定了"差别原则"是平等主义原则之后，我们来考查第二个问题："差别原则"是目的论平等主义原则还是道义论平等主义原则。我们注意到，罗尔斯在《正义论》一书中提到了两种类型的平等主义：一般的平等主义和严格的平等主义（strict egalitarianism），并且否认自己的正义理论属于严格的平等主义。罗尔斯是在回应保守主义者的批评时做出这一区分的。保守主义者认为，罗尔斯正义理论中的平等主义倾向是出于嫉妒这一阴暗的心理。由此，罗尔斯讨论了"平等"与"嫉妒"的关系，并论证了作为公平之正义的平等主义诉求并非源自嫉妒之心。从罗尔斯对严格的平等主义的否定中，我们可以明确下述两点：第一，存在着两种平等主义："一般意义上的平等主义"和"严格的平等主义"。"一般意义上的平等主义"并不要求人们在任何方面都平等，也不认为"任何不平等都是坏的"。也就是说，一般意义的平等主义并不将"平等"本身当作目的，不认为"平等"具有内在价值。这样看来，罗尔斯所阐述的"一般意义上的平等主义"即等同于帕菲特所论述的"道义论的平等主义"。这种平等主义看重"平等"的工具价值，并不是"为了平等而平等"，而是"为了社会正义而要求平等"。另外，罗尔斯所说的"严格的平等主义"则恰恰相反，这种平等主义坚持对所有基本善平等分配，要求人们在各方面都一样，认为任何不平等都是坏的，这就是将"平等"本身当作了目的，是目的论的平等主义。第二，从罗尔斯的论述中，我们可以清楚地看到，罗尔斯认为，严格的平等主义产生于嫉妒，并将自己的平等主义归结为"一般意义上的平等主义"，而非"严格的平等主义"。基于上述两点，我们可以得出结论，在罗尔斯看来，由"差别原则"所提出的平等主义诉求，属于道义论平等主义而非目的论平等主义。

"差别原则"是道义论平等主义而非目的论平等主义，这一论点也可以从罗尔斯对差别原则的宏观推导中得到证明。除了应用"最大最小原则"对差别原则进行微观的推导，罗尔斯还对"差别原则"进行了宏观的论证。这一论证包括两个步骤：第一，人们最先一致同意平均分配所有基本善的原则。罗尔斯认为，处在原初状态下的任何订约者都无法专为自己赢得利益，而且人们也没有理由让任何人接受不利于他的条件。所以，平均分配就成了正义的第一个原则。第二，如果社会中有某种不平等能够使得所有人的状况都比最初的平均状况要好，那么人们没有理由不接受这样的不平等。罗尔斯认为，处在"原初状态"、具有"相互冷淡"的理性的人们，会将平均分配的直接得益作为将来更大回报的投资。也就是说，远见卓识的订约者将放弃眼前的平均分配，而接受某些经济和社会的不平等安排。于是，最初的平均分配的正义原则就演变为：平等地分配所有社会基本善，除非一种不平等的分配将有利于每一个人，而这正是"差别原则"所要求的。

从上述推导过程中我们可以看到，罗尔斯的"差别原则"并不坚持人与人之间应时时刻刻保持平等，亦即并不以"平等"为最终目标。罗尔斯认为，当社会分配的某种改变有利于所有人时，即使不能保持最初的人与人之间严格的平等，这种改变仍然是没有理由被拒绝的。由此看来，在罗尔斯的正义理论中，平等并不具有"内在价值"，而只具有"工具价值"。"差别原则"提出了平等主义的诉求，但其深层的道德理由则在于维护社会的正义，尤其是维护社会基本善的分配正义。

综上所述，在帕菲特构建的类型学中，第一，罗尔斯的"差别原则"关注人与人之间的相对关系，属于平等主义原则而非优先主义原则；第二，"差别原则"将社会正义作为终极目标，认为平等仅具有"工具价值"而不具有"内在价值"，属于道义论平等主义原则而非目的论平等主义原则。

## 二 "拉平反驳"与"分割的世界"

帕菲特提出优先主义并大费周章地阐释优先主义与平等主义之间的区别，并非只是想做一下类型学上的建构，其根本的目的是想要证明"优先主义"是优于"平等主义"的主张。帕菲特从两个方面来论证这一点：第一，帕菲特通过"拉平反驳"的思想实验，指出目的论平等主义的困境；第二，帕菲特以"分割的世界"的思想实验展示"优先主义"比"道义论平等主义"更准确地反映了人们的道德直觉。下面我将深入分析这两个思想实验，并证明"差别原则"不会遭遇"拉平反驳"与"分割的世界"的论证困境。

第一，帕菲特以"拉平反驳"对目的论的平等主义提出了质疑。帕菲特是这样来构建"拉平反驳"的，他假设存在着（1）和（2）两种事态：

(1) 每个人都在某个水平。
(2) 一些人在这个水平，其他人更好。

帕菲特认为，一个目的论平等主义者会认为，在（2）中，人与人之间的平等被破坏了，所以即使一些人以一种不使任何人变坏的方式更好，(2) 仍然是比（1）更坏的。由此推论，目的论平等主义者将要求（2）向（1）转变，也就是说单纯降低一些人的生活水平，以"拉平"不同人的生活水平，实现平等。

帕菲特认为，目的论平等主义的这一推论是荒谬的。因为，处于（2）这一事态中的所有人的状况都没有变坏，所以（2）比（1）坏这一结论无法从处于这一社会分配中的任何人那里得到。帕菲特认为，"如果对于任何人都不是坏的，那么没有任何东西是坏的"①。帕菲特将这称作是"个人影响观"。帕菲特认为，如果我们要捍卫目的论平等主义就必须反对这种"许多人都将赞同"的"个人影响观"。这就是帕菲特所说的目的论平等主义遭遇"拉平反驳"困境。

下面我们来考察一下，罗尔斯的"差别原则"是否会遭遇"拉平反驳"的困境。我们首先注意到，罗尔斯在论证差别原则时也应用了帕菲特所说的"个人影响观"。在"差别原则"的宏观推导中，当罗尔斯从最初的"平均分配原则"推出"差别原则"时，给出的理由即是：如果社会中有某种不平等能够使得所有人的状况都比最初的平均状况要好，那么人们没有理由不接受这样的不平等。同时，罗尔斯对这种不平等的程度做出了限定：使社会中的最不利者的利益最大化。也即是说如果存在下述（1）和（3）两个状况：

(1) 每个人都在某个水平。
(3) 所有人都高出原有的水平，但是人们之间存在着不平等（此种不平等以使社会中的最不利者的利益最大化为限）。

那么，罗尔斯会认为，(3) 比 (1) 要好。

现在，摆在我们面前的问题是：罗尔斯对于帕菲特所构想的（1）和（2）的比较会如何看待。首先，由于罗尔斯赞同"个人影响观"，因此，绝不会如目的论平等主义者那样认为（2）比（1）坏。第二，由于在

---

① 葛四友编：《运气均等主义》，江苏人民出版社2006年版，第210页。

(2）中，并不是所有人的利益都增加，因此罗尔斯也不会根据"个人影响观"而得出（2）比（1）好的结论，毕竟不是所有人都会认为（2）比（1）好。第三，在罗尔斯看来，社会中最有利阶层的获利只有在同时促进社会中其他阶层人们的利益的情况才是合法的。因此，如果社会分配结构的安排只是单纯地使一些人获利，而没有促进所有阶层利益的增长，这样的分配可能对于一些人来说是好的，但是从维护分配正义的角度来看并不能将其看作是比（1）更好的。总之，根据罗尔斯的正义理论，我们很难得出（2）比（1）好的主张。至于"拉平反驳"，由于罗尔斯不可能得出（2）比（1）坏的主张，因此"差别原则"不会遭遇"拉平反驳"的困境。

第二，我们还可以从与"效率原则"相容的角度来证明"差别原则"不会陷入"拉平反驳"的困境。根据姚大志的研究，"拉平反驳的力量在于，它揭示了平等主义有可能与效率原则相违背"[1]。亦即，平等主义有可能要求一种不使任何人得到好处，反而使一些人受到损害的改变。根据效率原则的定义[2]，"拉平"是将有效率的状态转变为没有效率的状态。罗尔斯专门讨论过"差别原则"与"效率原则"之间的关系，在罗尔斯看来，"差别原则与效率原则是相容的"，当差别原则得到满足时，社会中最小受惠者的利益得到了最大限度的推进，此时"使任何一个代表人的状况更好而不使另一个人更差的再分配就的确是不可能的……这样，正义就被确定为是与效率一致的"[3]。由此看来，"差别原则"并不会单纯为了"平等"而将有效率的状态转变为没有效率的状态，"差别原则"与"效率原则"并不矛盾。这样看来，"差别原则"也就不会遭遇"拉平反驳"的论证困境。

第三，我们有理由认为，帕菲特同样会认为罗尔斯的"差别原则"不会遭遇"拉平反驳"，因为，在帕菲特看来，道义论平等主义并不会遭遇"拉平反驳"的困境。帕菲特论述道："如果我们是道义论平等主义者，我们不需要相信不平等是坏的……并不会被迫承认，通过水平下降而

---

[1] 姚大志：《拉平反驳与平等主义》，《世界哲学》2014年第4期，第11页。
[2] 根据"帕累托最优"，"效率原则"被定义为："一种结构，当改变它以使一些人（至少一个）状态变好的同时不可能不使其他人（至少一个）状况变坏时，这种结构就是有效率的"。（参见［美］约翰·罗尔斯《正义论》，何怀宏、何包钢、廖申白译，中国社会科学出版社2006年版，第67页。）
[3] ［美］约翰·罗尔斯：《正义论》，何怀宏、何包钢、廖申白译，中国社会科学出版社2006年版，第80页。

消除不平等在某种方式上是更好的。"① 然而，这并不意味着帕菲特会支持道义论平等主义。为了说明优先主义与道义论平等主义的区别与优劣，帕菲特构想了"分割的世界"的例子：

假定世界人口的两半不知道彼此的存在，也许大西洋还没有被横跨，考虑下面两种可能的事态：

(a) 一半人得到100，另一半人得到200
(b) 所有人得到145

帕菲特认为，在(a)与(b)的比较中，道义论平等主义和优先主义将得出不同的道德判断，而优先主义的道德判断是更可取的。首先，道义论平等主义者将认同(a)中的不平等状况，因为处于世界两个半球中的两部分人之间没有任何的联系，相互之间都不知道对方的存在，他们之间没有发生任何关系，所以也就不存在要在他们之间进行分配的问题。因此，从维护分配正义的角度来说，没有任何理由要救助获利较少的那一半人。其次，优先主义者将特别地关注获利较少的一半人口，因此他们会认为(b)是优于(a)的事态。当然，在(a)与(b)的比较中，出于另外的理由，目的论平等主义者也会选择(b)：不是出于对不利者的优先关照，而是因为要将"平等"本身当作目的。

对于帕菲特的上述思想实验及其分析，笔者提出下述质疑：在世界的两个完全隔离的部分，我们不能用可通约的数值去表示他们各自的获利。试想，对于完全没有任何联系的两群人，人们的生活方式和他们所追求的东西可能完全不同，我们以什么去度量他们生活水平的高低呢？以国民生产总值吗？可能那些国民生产总值较低的人们，根本就不重视物质的富足，而专注于精神的追求。因此，简单地以100、200这样的数值来比较相互隔绝的人们的所得是非常不恰当的。就像将中国的京剧与西方的歌剧进行比较，对于这两种不同的艺术形式，我们无法给出具体数值进行评分。相互隔绝的人们之间的价值追求应该是不可通约的，其各自的所得必定不可以在同一坐标体系中进行比较。约翰·格雷（John Gray）在《自由主义的两张面孔》中深入阐述了这种多元价值观念："有许多种善的生活，其中的一些无法进行价值上的比较。在各种善的生活之间没有谁更好也没有谁更坏，它们并不具备同样的价值，而是不可通约的；它们各有其

---

① 葛四友编：《运气均等主义》，江苏人民出版社2006年版，第204页。

价值。同样,在各种政体之间没有谁更合法,也没有谁更不合法。它们因不同的理由而合法。"①

如果上述质疑成立的话,那么帕菲特对道义论平等主义的非难就是站不住脚的。因为,当帕菲特使用100、200这样的数值来代表人们或多或少的获利时,已经将两部分人放在同一价值体系中进行比较,肯定了他们之间的可比性;而肯定了他们之间的可比性,也就肯定了他们之间的相互作用与联系。因为,对于完全没有联系的两部分人群,我们无法根据某一确定的标准来进行比较,就如同比较地球人与外星人。因此,在这里帕菲特只能有两种选择,要么放弃使用具体数值来对相互隔离的两部分人进行比较,要么只得承认这两部分人之间并不是完全没有联系和相互作用的。这样,我们就可以推断出,如果坚持使用100和200这样的具体数据来描述两部分人群的获利的话,那么在(a)与(b)的比较中,属于道义论平等主义原则的"差别原则"也会倾向于选(b),因为道义论平等主义者对于存在着相互作用的两部分人之间的不平等安排是不会坐视不管的。②

综上所述:一方面,"差别原则"不会遭遇"拉平反驳"的论证困境;另一方面,在"分割的世界"的例子中,"差别原则"同样能给出符合道德直觉的判断。由此看来,帕菲特仅仅证明了"优先主义"是优于"目的论平等主义"的道德诉求,并没有如其所愿地证明"优先主义"是优于"平等主义"的道德诉求。

### 三 "优先主义"是优于"平等主义"的道德诉求吗?

"优先主义"是优于"平等主义"的道德诉求吗?答案是否定的。"优先主义"与"平等主义"提出了不同的道德诉求,它们关注社会正义的不同方面,在调节社会分配的问题上发挥着各自的作用。

平等主义者,如罗尔斯,将人类社会构想为一种"合作冒险体系"。他们认为,人与人之间存在着合作和竞争的相互关系,而"平等"正是

---

① [英]约翰·格雷:《自由主义的两张面孔》,顾爱彬、李瑞华译,江苏人民出版社2005年版,第45—46页。
② 值得注意的是,在讨论全球正义时,罗尔斯并没有应用其正义理论中的"差别原则",而是另外发展出了《万民法》中的一系列正义原则,这一点受到了托马斯·博格(Thomas Pogge)等学者的批评。但是,不论应用何种正义原则,罗尔斯都不可能主张,对于全球范围内的不平等状况不管不顾,亦即都不会像帕菲特所认为的那样,在(a)与(b)的比较中会选择(a)。

对于这种相互关系的度量。是否平等，标志着人与人之间的关系是不是正在"变质"。因此，"平等"这一政治目标，不仅要求人们在政治上权利平等，在法律面前人人平等，也要求人们在社会和经济领域平等。尤其是在分配领域，一旦人们对于共同创造的社会益品的或多或少的"分享"出现了差距，而且这一差距超过了一定的限度，那么人们之间的关系就开始"变质"了，一些人的兴盛开始以另一些人的牺牲为代价。这时，人与人之间的"平等"不复存在，社会的正义也就不复存在。不同的平等主义者对于人们之间的"差距"应该保持在什么限度以内，进行了不同的论证，建构了不同的学说，但他们都共同认为，人与人之间的这一相对差距应该保持在某种限度之内，超过了这一限度，就会威胁到平等这一价值目标，就会破坏人们公平合作的关系，而将这种关系转变为敌对的，甚至是剥削与被剥削的。

另一方面，优先主义者从不同的角度来思考分配正义的问题，在优先主义者看来，最要紧的事情是救助那些生活水平处于某一"绝对数值以下"的人们。这有点类似于"人权"的概念，亦即人类社会应该保证每个人拥有"人之为人的基本物质条件"，因此不论那些贫困与无助者出于什么原因而丧失了"人之为人的基本物质条件"，我们都应该优先为他们提供援助。优先主义者并不会特别地关注人们生活水平的相对关系，因为这与其"提供人之为人的基本物质条件"的道德目标并不相干。

为了进一步阐明平等主义与优先主义是两种不同的道德诉求，我们可以以帕菲特构想的"分割的世界"为契机来思考国际援助这一实例。一方面，优先主义者可能会出于"维护人之为人的基本物质条件"的理由而主张对那些极度贫困的国家和地区进行人道主义援助；另一方面，平等主义者同样可能主张为贫困国家和地区提供援助，但其援助的理由则是：这些国家和地区所遭受的贫困和落后，是被不正义的全球秩序所规定的。而不正义的全球秩序则是由发达国家和地区所主导的，所以发达国家和地区应该对那些遭受不正义的贫困国家和地区进行补偿。在平等主义者看来，正是因为国家与国家之间、人民与人民[①]之间产生了全球范围的联系和相互作用，并且形成了某种分配结构，才使得一些国家或人民在这种

---

① 罗尔斯倾向于用 people，而不是 state 来描述全球范围内的正义问题。关于 people 一词的翻译，可详见拙作《浅析罗尔斯〈万民法〉中"people"一词的翻译》，《国外理论动态》2010 年第 11 期。

"合作冒险"中获利,而另一些国家或人民则在这种"合作冒险"中备受煎熬。美洲和澳洲那些被驱赶出家园的土著人、非洲那些极为贫困落后的国家,以及伊拉克和叙利亚这样被战争摧残的国家,不正是这种非正义的全球秩序的牺牲品吗?难道说,我们的道德直觉仅仅要求我们为他们提供"最基本的物质条件"吗?难道我们能够克制住自己追求正义的冲动,不去追究造成这一切苦难的原因,不去审视不同国家与不同人群之间的相对关系,不去憧憬一个保证人们能够公平合作和竞争的全球正义的秩序吗?

最后,以理查德·诺曼对帕菲特的反驳结束本节的讨论:"平等对我们提出的要求,根源于我们与特定共同体中的伙伴合作的纽带承诺中。如果我们是不平等的受害者,我们对不平等的反驳是植根于受剥削的意识,在于对其他人正在利用我们的义愤之中。如果我们是不平等的侵犯者,我们从不平等中得益的意愿与我们对互利性和相互性的依赖相冲突,平等要求的力量衍生自我们对于共同体伙伴成员所欠缺的忠诚。优先性与平等置于道德世界中的不同部分,因为它们以不同的方式对我们是重要的。它们根源于不同类型的道德反应。"[1]

### 四 平等源自"分享他人的命运"

罗尔斯的正义理论极大地启发了我们对于社会中人与人之间关系的思考。在罗尔斯看来,"在作为公平的正义中,人们同意相互分享各自的命运。他们在设计制度时利用自然和社会的偶然因素,只是在这样做有利于共同利益的情况下"[2]。"分享各自的命运",在这一豪迈情怀下所表达的是多么深刻的道德律令:"分享",不仅仅是分享一个独创的想法、一件大家可以共用的工具,或是一片公共的空间,而是要分享他人的命运,尤其是他人的不幸。他人与我有如此紧密的关系吗,以至于我要为他人的不幸去承担?他人,对自我来说到底意味着什么?

---

[1] Richard Norman: "Equality, Priority and Social Justice", *Ratio* (new series), June 1999, pp. 178 - 194. 中文翻译参见葛四友编《运气均等主义》,江苏人民出版社2006年版,第223页。

[2] [美]约翰·罗尔斯:《正义论》,何怀宏、何包钢、廖申白译,中国社会科学出版社2006年版,第103页。

存在主义哲学家萨特在戏剧《禁闭》① 中说出了"何必用烤架呢，他人就是地狱"的名言。在一个没有镜子可以关照自身的密室里，我只能通过他人来认识自身，在他人的意见和支配中煎熬。然而，萨特终究不是一个悲观的哲学家，他为人们指出了逃脱"他者"的道路，这就是：做出选择。正是一种源自"我"的选择和决定，彰显了"我"的存在，否则"我"仅仅是一堆被他人评头论足的肉。如果说，萨特所论述的"自由"是存在意义上的自由，那么，罗尔斯所主张的"分享他人的命运"，则是存在意义上的平等。"自由"保证了自我的存在，而"平等"则要求我们关照他者的存在。罗尔斯通过对社会制度安排之根本原则的讨论，触及到了平等的本质："我"终究不是这个世界上唯一的存在，"我"的存在源于我自己的选择，同时也受制于"他者"的选择；同样道理，"他者"的存在源于他者的选择，也受制于我的选择。人与人之间的紧密联系源于他们的合作与竞争，然而，没有人能独自成为这场竞争中的胜利者。因为，如果谁丝毫不顾及他人的命运，他人就将决定谁的命运，罗尔斯的正义理论告诉我们的正是这样的道理。自由与平等归根结底是联系在一起的，如果我们想要改变命运、彰显自由，就必须首先分享他人的命运。

---

① 《禁闭》是萨特的哲理剧代表作，萨特通过这一剧作表达了自己在《存在与虚无》中的存在主义观点：如果人不能通过自己的选择而获得自由、获得对自身的认识，那么人就只能活在他人的评价和意见当中。在这样的人生中，他人变成了自我的地狱。在这一剧作中，三个刚死的人被关在地狱的密室中，密室中没有镜子，他们只能通过他人的眼光而感知自己的存在。

# 第五章　德沃金的平等理论

罗纳德·德沃金（Ronald Dworkin，1931—2013）是当代政治哲学研究中重要的平等主义者。他早年研究法哲学，专注于对权利和尊严的论证。他的第一本学术著作《认真对待权利》在学术界得到广泛关注，并引起一系列的争论。在罗尔斯的《正义论》出版之后，分配正义成为政治哲学研究的核心问题，对于分配正义的讨论催生了各种各样的平等主义理论。德沃金受到罗尔斯正义理论的影响，转而研究分配领域的平等问题，并发展出了资源平等理论。德沃金的平等理论建立在对罗尔斯正义理论的继承之上，致力于实现罗尔斯所提出的"反应得理论"的平等主义目标。并且，德沃金在罗尔斯"反应得理论"的基础上将"选择和责任"的考虑融入分配的平等理论当中，进一步完善了拉平"社会境况"和"自然禀赋"的机会平等理论。在当代政治哲学的讨论中，德沃金与罗尔斯的平等理论试图为人们寻求超越权利平等的分配领域的相对平等，并以此补偿人们在"自然禀赋"和"社会境况"方面的偶然的劣势。在平等与自由的问题上，德沃金与罗尔斯共同代表了当代自由主义左派的基本立场。

## 第一节　德沃金对罗尔斯平等理论的继承与批判

> 平等的关切是政治社会至上的美德——没有这种美德的政府只能是专制的政府；所以，当一贯的财富分配像甚至非常繁荣的国家目前的财富状况那样极为不平等时，它的平等关切就是值得怀疑的。[①]
>
> ——德沃金《至上的美德》

---

① Ronald Dworkin, *Sovereign Virtue*, Harvard University Press, 2002, p. 1.

"平等关切"是当代平等主义论述的起点。各流派平等主义理论都将"平等关切"作为它们的理论目标。然而，什么样的社会基本结构，或者说什么样的基本制度和政府形式才能给予公民们"平等的关切"呢？自由主义的极右派别、由诺奇克所代表的自由至上主义者会认为，保障社会成员基本权利的平等就做到了对每一个公民的平等关切；然而，罗尔斯和德沃金所代表的自由主义左派却认为，基本权利的平等虽然具有优先性，但是这还远远没有做到"平等的关切"。对每一个公民的平等关切要求，社会的基本分配结构对那些并非人们自愿选择的劣势——"社会境况"和"自然禀赋"——进行补偿，以保证人们获得实质的机会平等。

自由主义左派所理解的"平等关切"集中体现在罗尔斯所阐述的"反应得理论"中。在罗尔斯平等理论结构中，"反应得理论"是罗尔斯提出的平等主义理想，其宗旨是要去除或补偿"社会境况"和"自然禀赋"对于人们在社会竞争中所取得的结果的影响。罗尔斯试图通过第二条正义原则中的"差别原则"和"公平机会的平等原则"来实现这一平等主义的目标。然而，这两条原则却并不能保证"反应得理论"平等目标的实现。

第一，根据"公平机会的平等原则"，具有同等天赋和相同志向，但处于不同社会境况中的人们将在教育和职业发展等方面拥有相同的机会和前景。通过这一原则，罗尔斯很好地排除了"社会境况"对人们生活前景的影响，但却没有排除"自然禀赋"对于社会中经济和社会的不平等安排的影响。也就是说，如果我们能够一以贯之地执行罗尔斯的"公平机会平等原则"，社会和经济的不平等安排虽然不受每个人所处"社会境况"影响，但仍然会反映出人们在自然天赋和志向上的差异。在人们志向相同的情况下，那些自然禀赋较好的社会成员，在社会竞争中将获得更大的社会和经济利益。由此看来，"公平机会的平等原则"并没有完全实现"反应得理论"的平等主义目标，没有能够补偿或去除"自然禀赋"这一"道德上任意的因素"对于分配结果的影响。

第二，罗尔斯平等理论中的另一部分"差别原则"是一种"最终—状态"原则，是从社会分配的结果的角度来调整社会和经济的不平等安排。因此，这一原则对造成不平等的"原因"不能进行区分。也就是说，不论是"社会境况""自然禀赋"还是"个人选择"所造成的不平等，都只有在使社会中最少受惠者利益最大化的情况下才是合法的，否则就不能接受。由此看来，"差别原则"同样不能保证"反应得理论"所提出的平等主义目标的实现。因为，在使用"差别原则"对分配结果进行调节的过程中，对于那些由于"个人选择"而获得的较优或较差的分配结果也要进行调节，而这将忽略个人选择和责任在分配结构中应有的地位和作用。甚至有可能使机会平等理论蜕变成一种结果平等理论。

德沃金在坚持"反应得理论"的平等主义目标的基础上，对"公平机会的平等原则"和"差别原则"分别提出了批评。首先，德沃金指出，如果单纯按照罗尔斯的"公平机会平等原则"来调节社会和经济的不平等安排，那么，政府就不可能对那些并非出生贫苦的天生残障的人们进行任何补偿，而这与"反应得理论"的平等主义目标是不相符的。

对于"残障"问题，德沃金认为，"差别原则"也存在着类似的缺陷：在差别原则中，罗尔斯以经济指标来确定谁是"社会中的最少受惠者"，这样一来必然会忽视那些生活水平较高，但天生残障的人们。例如，对于一个富有的残疾人，按照差别原则就很难对其进行任何特殊的照顾和考虑。罗尔斯在《正义论》中论述到，可以用"绝对的"和"相对的"两种方式来确定"最少受惠者"。① 然而，不论是以绝对的标准（不熟练工人的收入和财富），还是以相对的标准（中等收入和财富的一半），罗尔斯都仅仅以社会基本善为指标来考虑谁是社会中的"最少受惠者"，而没有考虑到那些在自然基本善方面处于劣势的社会成员。在德沃金看来，差别原则对于人们在自然基本善上的差别的忽视是有违道德直觉的，也是与罗尔斯自己的"反应得理论"平等主义目标不相符合的。

除了"残障"问题，德沃金还对"差别原则"进行了进一步的批评。德沃金认为，罗尔斯的差别原则疏于对造成不平等之原因的鉴别，忽视了个人选择与责任的重要性。每个人应该被赋予选择的自由，并为自己的选择负责，这是支撑自由主义政治哲学的最根本的信念。然而，罗尔斯的差别原则却有与这一原则相违背的嫌疑。罗尔斯主张以差别原则来调节社会和经济的不平等安排，认为社会中优势群体的获利只有在同时促进弱势群体的利益情况下才是正当的。然而，罗尔斯似乎并没有注意到，社会中获利较多的人有可能完全（或者其获利的某一部分）是通过个人的努力和选择而获取的，就像那些选择勤奋工作的人，那些在投资中做出明智判断的人，以及那些生活节俭、能克制自己的非理性欲望的人……勤奋、明智、节俭这些美德确实有助于人们在获取资源的竞争中获胜。那么，在这些因素作用下而取得的较多的社会和经济利益也必须在促进最少受惠者利益的情况下才是正当的吗？那些通过勤奋工作和明智选择而获得的利益也

---

① 参见本书第四章第六节对于如何确定"最少受惠者"的讨论。

应被转移给别人吗？罗尔斯的差别原则由于无法对造成社会不平等的原因进行区分，因此，也就不能排除将人们勤奋工作的所得转移给他人的情况。诺奇克和德沃金都注意到了罗尔斯差别原则的这一弱点，并且进行了各自的批评。诺奇克认为，罗尔斯的差别原则支持再分配政策，而这一政策必然侵犯人们的"自我所有权"。德沃金则认为，罗尔斯的差别原则完全忽视了个人选择的问题，消解了个人在社会不平等安排中的责任，没有能够实现罗尔斯自己提出的"反应得理论"的平等主义目标。

综上所述，罗尔斯的平等理论是德沃金讨论平等问题的起点，德沃金的资源平等理论是建立在对罗尔斯平等理论的继承与批评基础上的。德沃金坚持罗尔斯所提出的"反应得理论"的平等主义目标，并设计出资源平等理论，试图实现这一目标。德沃金对罗尔斯平等理论的两个具体原则"公平机会的平等原则"和"差别原则"分别进行了批评。首先，德沃金认为"公平机会的平等原则"并没有排除人们在"自然禀赋"上的差异对于分配结构的影响，不符合"反应得理论"的平等主义目标。其次，德沃金认为"差别原则"一方面忽略对那些在"自然禀赋"方面处于弱势的人们的帮助，显得"不足"；另一方面，消解了个人对于最终的分配结果应负的责任，又显得"太过"。因此，"公平机会的平等原则"和"差别原则"都不能保证"反应得理论"平等目标的实现。

## 第二节 资源平等：批评与辩护

> 一方面，我们必须承受背离平等的痛苦，允许任何特定时刻的资源分配敏于抱负（ambition-sensitive）。也就是说，它必须反映人们做出的选择给别人带来的成本或受益……但另一方面，我们不能允许资源分配在任何时候敏于禀赋（endowment-sensitive），即让它受到有相同抱负的人在自由放任经济中受到造成收入差异的哪一类能力差异的影响。[①]
>
> ——德沃金《至上的美德》

### 一 资源平等理论

为了弥补罗尔斯的平等理论所留下的种种遗憾，以及去除福利平等理

---

① Ronald Dworkin, *Sovereign Virtue*, Harvard University Press, 2002, p.89.

论的种种弊端，德沃金在继承罗尔斯的"反应得理论"的平等主义目标的基础上构建了资源平等理论，旨在建立一种排除"社会境况"和"自然禀赋"两因素，但却凸显"个人选择"这一因素对社会和经济的不平等安排之影响的平等理论。德沃金将这一平等主义目标称作是"钝于禀赋，敏于志向"。

德沃金依循罗尔斯的思路发展出了一套基于分配正义的平等理论——资源平等理论。所谓"资源"的平等，是指通过对社会分配的调整保证人们在进入社会竞争之前（德沃金称之为"进入市场之前"）[1] 拥有等量的资源，"以平等的条件进入市场"[2]。德沃金认为，个人所拥有的任何东西都可以被看作是资源，"资源平等就是在个人私有的无论什么资源方面的平等"[3]。德沃金区分了两种资源："人格资源"和"非人格资源"。其中，一个人的人格资源"是指他的生理和精神健康及机能（ability）——他的一般健康状况和能力（capabilities），这包括他创造财富的天赋（wealth-talent），即他生产供别人购买的物品或服务的内在能力。他的非人格资源是指能够从这人转移给那人的资源——他的财富和另一些由他支配的财产，以及在现行法律制度下为他提供的利用自己财产的机会。"[4] 简而言之，"人格资源"对应于本书所应用的机会平等分析结构中的"自然禀赋"，而"非人格资源"对应于"社会境况"。前者指的是人们与生俱来的身体状况和各种自然资质，是内在于人自身的、无法转移给他人的资源；后者指的是一个人所处的社会地位，所拥有的财产、权利等各种经济和社会资源，是可以进行人际转移的资源。德沃金认为，如果人们在进入社会竞争之前，在社会境况和自然禀赋方面存在差异，那么国家和社会就有责任通过社会分配的调整来"拉平"这种差异，给予那些处于不利位置的社会合作者以补偿和帮助，使他们能与其他人站在同一条起跑线上。

举例来说，假设有三个同龄的小朋友，两个出生于富裕家庭，一个出生于贫困家庭，而出生于富裕家庭的其中一个小孩天生残疾。在这样的情

---

[1] 德沃金所说的"之前"是一种逻辑上的"在先"，而不是一种时间意义上的"在先"。因为，如果将社会看作一个合作的竞争体系的话，每个人甚至在出生之前，就已经在社会竞争之中了。怀孕的妈妈吃的是什么样的食物、受到什么样的照顾，其家境条件将直接影响宝宝出生之后在社会竞争中所处的位置。所以，每个人都无时无刻不在社会竞争之中，所谓进入竞争"之前"只能是类似原初状态的一种思想实验。

[2] Ronald Dworkin, *Sovereign Virtue*, Harvard University Press, 2002, p. 70.

[3] Ibid., p. 65.

[4] Ibid., pp. 322 – 323.

况下，资源平等的平等理想要求，政府或国家应该对出生在贫困家庭的小孩和天生残疾的小孩进行补助，以使他们能够获得与出生在富裕家庭的健康小孩同等的教育，以及同等的生活前景；前者是对贫困家庭小孩在"非人格资源"方面的弱势的补助，后者是对残疾小孩在"人格资源"方面的弱势的补助；而这一补助的经费则是通过再分配从健康小孩的富裕家庭那里转移过来。

在当代政治哲学的讨论中，德沃金所提出的资源平等理论也经常被看作是试图将除个人选择以外的"运气"平等化的平等主义主张，被称作运气均等主义（Luck Egalitarianism）①。如本书导论中所述，德沃金对两种"运气"——原生运气（brute luck）和选择的运气（option luck）进行了区分，以凸显个人应负的责任。德沃金认为，两种运气之间的根本区别在于，选择的运气是可以经过概率计算而预测的，就像是一种赌博，而原生运气则是不可预测的。原生运气（brute luck）和选择的运气（option luck）的区分实际上是再次凸显了"人"和"环境"的区分，而这正是其平等理论的基础。

德沃金认为，一个人的命运如何取决于两个因素：个人的选择和他所处的环境。一个人的选择是由这个人的抱负和性格所决定的。德沃金认为："一个人的抱负不但包括他的总体人生计划，还包括他的各种兴趣、偏好和信念；他的抱负为他做出这种选择而不是那种选择提供了理由或动机。人的性格是由一些人格特征构成的，它们不为他提供动机，而是影响着他追求自己的抱负。这些特征包括他的适应能力、精力、勤劳、顽强精神以及现在为长远回报而工作的能力。"② 对于个人的选择，德沃金认为，个人应负完全的责任，而对于个人所处的环境，"除非它们是选择的后果，不然为它们承担责任是没有任何意义的"③，要人们对其所处的环境负责是一种过分的要求。因此，德沃金的平等理论试图通过国家和社会制度的安排为每一个人提供一种平等的"环境"。在资源平等理论中，这被称作是保证人们在"资源"上的平等，并为那些在资源上不平等的人们

---

① 伊丽莎白·安德森试图将运气平等化的学说称为"运气均等主义"，根据她的概括，"运气均等主义"学者包括罗纳德·德沃金（Ronald Dworkin）、理查德·阿内逊（Richard Arneson）、G. A. 柯亨（G. A. Cohen）、托马斯·内格尔（Thomas Nagel）、E. 拉克斯基（Eri Rakowski）、约翰·罗默（John E. Roemer）以及菲利普·范·帕里斯（Philippe Van Parijs）。参见 Elizabeth S. Anderson, "What Is the Point of Equality?" *Ethics*, Vol. 109, No. 2, 1999, pp. 287–337.

② Ronald Dworkin, *Sovereign Virtue*, Harvard University Press, 2002, p. 322.

③ Ibid., p. 323.

进行补偿。

德沃金资源平等理论就是建立在上述各种区分的基础上的,我们可以用下图表示德沃金对于个人和环境、"人格资源"与"非人格资源"以及"原生运气"与"选择的运气"之间的划分:

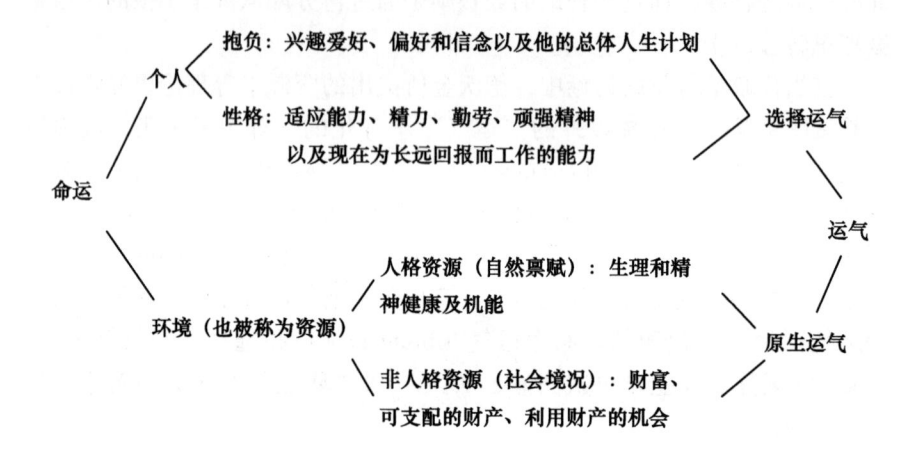

```
                 ┌ 抱负:兴趣爱好、偏好和信念以及他的总体人生计划
           个人 ─┤                                                  选择运气
                 └ 性格:适应能力、精力、勤劳、顽强精神
                      以及现在为长远回报而工作的能力
命运 ─┤                                                                            运气
                 ┌ 人格资源(自然禀赋):生理和精
                 │ 神健康及机能                                   原生运气
          环境(也被称为资源)
                 └ 非人格资源(社会境况):财富、
                      可支配的财产、利用财产的机会
```

德沃金的资源平等理论主张:在对"个人"和"环境"进行区分的前提下,一方面让人们对属于"个人"的"抱负""性格"和"选择运气"负责;另一方面力图实现属于"环境"的各种因素——非人格资源、人格资源、原生运气——的平等化,如果无法通过资源的转移而达到平等化(例如对于人格资源),则应该进行补偿。这一平等理论很好地排除了社会境况和自然禀赋对于社会分配结构的影响,同时又凸显了"选择与责任"的相互关系,可以说成功地实现了罗尔斯所提出的"反应得理论"的平等主义目标。然而,德沃金的资源平等理论自提出后一直受到来自各方的批评。下面我们具体分析各种批评以及德沃金为自己的资源平等理论所做的辩护。

## 二 批评与辩护

对资源平等理论的批评可以分为内部批评和外部批评两大部分。其中,内部批评发生在"运气均等主义"学者们之间,这些学者在接受罗尔斯"反应得理论"的平等主义目标的前提下,针对德沃金两个区分的合理性与现实可行性进行了批评。这两个区分即是上文所讨论的"个人"与"环境",以及"原生运气"与"选择运气"之间的区分。另一方面,对于德沃金平等理论的外部批评主要来自伊丽莎白·安德森(Elizabeth S. Anderson)对运气均等主义的系统批评。下面我将首先讨论针对德沃金的两个区分的内部批评。

第一，针对德沃金所说的"个人"与"环境"的区分，其中最令人瞩目的就是德沃金对"奢侈嗜好"的讨论。德沃金认为，一个人的嗜好是个人抱负的一部分，属于个人选择的内容，因此个人应该对自己的嗜好负责。如果个人选择培养了那些昂贵的嗜好，就只能由自己掏腰包为其付账，社会中的其他人将没有义务去补贴这些拥有昂贵嗜好的人们。德沃金对福利平等理论的批评也主要基于这一点，德沃金认为，福利平等的理想就是要追求人们在"成功"或"享受"方面的平等，这将会过多地补贴那些拥有昂贵嗜好的社会成员，使得那些拥有昂贵嗜好的社会成员占有比别人多的资源，这样的做法是有悖于平等主义的理想的。

针对德沃金关于"嗜好"属于个人选择的观点，柯亨提出了反对意见。柯亨认为，我们不能简单地将昂贵嗜好归属个人选择，因为可能存在"非自愿的昂贵嗜好"。柯亨举出一个摄影爱好者的例子[①]，一个人可能天生就喜欢摄影这种花费很大的艺术。这一奢侈爱好的形成并非是自己选择的结果，而是与生俱来的，而在这种情况下，摄影就是一种"非自愿的昂贵嗜好"。柯亨认为，"平等主义者有充分的理由不去满足那种有意培养的昂贵嗜好……但这不意味着反过来应该接受资源平等，因为这种学说错误地拒绝补偿非自愿的昂贵嗜好"[②]。对于柯亨的非难，德沃金给出了这样的回答："假如有人发现自己有某些强烈的愿望（或困扰，或欲望，即早先的心理学所说的'冲动'），但他并不希望自己有这种欲望（例如性欲太旺盛）……这些嗜好就是残障，虽然别人根本不会把这当作残障。"[③] 在德沃金看来，柯亨所指出的"非自愿的昂贵嗜好"应该被看作是"残障"，这是一种人格资源的缺乏，而对于人格资源的缺乏，资源平等理论是要求予以补偿的，因此在德沃金的平等理论中，与自愿培养昂贵嗜好的社会成员不同，那些拥有"非自愿的昂贵嗜好"的人们，是会得到补贴的。德沃金进一步指出，"非自愿的昂贵嗜好"的例子非但没有模糊"个人"与"环境"的区分，反而再一次凸显了"个人选择"在不平

---

① G. A. Cohen, *On the Currency of Egalitarian Justice, and other Essays in Political Philosophy*, Princeton University Press, 2011, p. 20. 国内许多学者将这篇文章的标题译为《论平等主义正义的通货》，此处将"currency"译为"通货"并不准确，"currency"在这里的含义是"平等主义者想要使其平等化的东西"，即"关于什么的平等"，笔者认为可以将"currency"翻译成"平等域"，文章标题则译为《论平等主义正义的平等域》。

② G. A. Cohen, *On the Currency of Egalitarian Justice, and other Essays in Political Philosophy*, Princeton University Press, 2011, p. 21.

③ Ronald Dworkin, *Sovereign Virtue*, Harvard University Press, 2002, p. 82.

等安排中的意义和作用。资源平等理论是以是否出自"个人选择"为标准，采取补助或不补助的措施，而并非以个人嗜好昂贵与否为标准。

除了对昂贵嗜好的例子进行质疑之外，柯亨还对德沃金的另一区分进行了批评——将抱负和性格归为个人，而将生理和精神健康及机能归为环境（人格资源）。柯亨认为，这一区分与人们的日常用法不相符合。在柯亨看来，生理和精神的健康和机能在人们的常识中，也应该归于个人。对于这一指责，德沃金的回应是，他所说的"生理和精神健康及机能"，指的是那些与生俱来的人的天赋，而不是人们在成长的过程中逐渐通过自身的努力而"形成的"能力和特质，因此理应属于"环境"而非"个人"。而且，其平等主义的目标正是要对那些天赋较差者予以补偿。

对于德沃金"个人"与"环境"的区分的另一种普遍的指责是，这一区分在哲学上站不住脚。例如，塞缪尔·谢弗勒（Samuel Scheffler）认为，"个人选择"与他所处的环境是密不可分的，一个人的选择在很大程度上取决于其身心特质、经济条件、文化背景等等外部条件。① 因此，将"个人"和其所处的"环境"截然分开，在哲学上很困难，而在现实中则不具有可行性。

第二，德沃金对两种运气的区分与其对"个人"和"环境"的区分息息相关，所以，"原生运气"与"选择的运气"之间的区分也受到了学者们的批评。依据国内学者高景柱的分析，德沃金认为"原生运气"与"选择运气"之间的根本区别在于"能否被合理地避免"。② 也就是说，如果一种厄运原本是可以被合理地避免的（例如，购买股票而股票大跌），投资者原本可以做其他更好的投资，那么这一运气就是"选择运气"，应由个人负责。但是，如果一种厄运无法被合理地避免，例如被流星击中（为了避免被流星击中，你可以一直躲在屋子里，但这样的要求显然是不合理的），那么这一运气就是"原生运气"，个人不应对其负责。基于这一区分，高景柱认为，德沃金错误地将"才能"当作是"人格资源"，也就是将其归于与"原生运气"相对应的"环境"。因为，才能是通过个人的努力而形成的，如果说某人运气不好，缺乏某种才能的话，那这样的坏运气本来是可以合理地避免的，因此，才能应该对应于"选择的运气"，而被归入"个人"而非"环境"的范围。

---

① Samuel Scheffler, "What is Egalitarianism?" *Philosophy and Public Affairs*, Vol. 31, No. 1, 2003, pp. 5–39, p. 17.
② 高景柱：《在平等与责任之间——罗纳德·德沃金平等理论批判》，人民出版社2011年版，第156页。

德沃金在区分"原生运气"与"选择运气"时,最常使用的一个例子就是"赌博"的例子。德沃金认为那些自愿参与赌博的人应该为赌博的结果负责,因为他们本来可以不参与赌博,参与赌博是他们选择的结果。对于这一观点,学者们提出了这样的反对意见:在我们的生活中存在着许多"被迫的赌博"。例如上述"投资"的例子,也许投资者事先就知道,不论是把钱放进银行或是购买股票,都不能有效地保值,但又不得不对如何投资做出选择。如果以这样的观点来看,投资者就是"被迫参与赌博",既然并非自愿进行选择,那投资者为什么又必须对自己的选择负责呢?

对于两种运气之区分的批评还体现在对"保险"这一例证的讨论中。基于两种运气的区分,德沃金认为,人们可以通过购买"保险"而将"原生运气"转化为"选择运气"。例如,A 和 B 同时从事一种高危险的行业,A 购买了失明的保险,而 B 则没有购买这种保险,那么,当某种事故发生,A 和 B 都丧失了视力的时候,A 能够得到补偿,而 B 却不能得到补偿。德沃金认为,此时 B 并没有理由抱怨,因为,如果事故没有发生的话,A 就要承担 B 所不需要承担的额外负担。对于这一说法,尼古拉斯·巴里(Nicholas Barry)提出了反对意见。巴里认为,德沃金在强调"个人选择"时没有考虑人们的选择是受到其环境影响的。例如在选择是否购买保险的例子中,A 和 B 两人所受的教育可能不同,其所拥有的背景知识也可能很不同。A 有可能对于其所做工作的危险性有充分的了解,而 B 不具备这些背景知识而且家里负担很重,最终导致其放弃了购买保险的机会。而 B 之所以会缺乏相关的知识,又是由其所受的教育和所处的经济状况等因素决定的。由此看来,仅仅因为 B 没有购买保险,就要求其为自己最终的失明负一切责任,这并不公平,没有体现平等主义的初衷。正如巴里所言,德沃金对于"原生运气"和"选择的运气"的区分为了敏于人们所做的不同选择,就必然不能钝于塑造人们做出不同选择的背景不平等。① 由此,德沃金所提出的两个平等主义目标——"敏于抱负"与"钝于禀赋"——之间就有可能是自相矛盾的。

第三,伊丽莎白·安德森对德沃金所代表的"运气均等主义"(Luck Egalitarianism)进行了系统的外部批评。② 首先,安德森认为,资源平等

---

① Nicholas Barry, "Reassessing Luck Egalitarianism", *The Journal of Politics*, Vol. 70, No. 1, 2008, pp. 136 – 150, p. 140.

② Elizabeth S. Anderson, "What is the Point of Equality?" *Ethics*, Vol. 109, No. 2, 1999, pp. 287 – 337.

理论在补贴那些占有较少资源的社会成员的同时，对他们表现出了不应有的"轻视"（disrespect）。① 德沃金在其资源理论中应用"嫉妒"来检验资源是否达到了平等。根据这一标准，当资源不平等分配的时候，那些获得较少资源的社会成员心中就会产生"嫉妒"。安德森认为，当受嫉妒者从自己所拥有的资源中分出一部分给嫉妒者时，他们对嫉妒者的情感是"可怜"（pity）。也就是说，资源平等理论在补助那些拥有较少资源的社会成员时，似乎是在"可怜"这些社会成员，这有违于平等尊重所有社会成员的原则。在安德森看来，资源平等理论向人们传达了这样的信息：是因为他们天生残疾而补贴，因为他们天生愚钝而补贴，因为他们天生贫穷而补贴……安德森认为，这样的平等主义策略不仅不能消除或弥合人们之间的差异和不平等，反而会强化人与人之间的不平等，使那些拥有较少资源的社会成员受到歧视。

另一方面，安德森批评德沃金的资源平等理论对于选择运气的受害者过于严厉。在资源平等理论中，人们应对自己的选择运气负责，所以那些选择运气的受害者（例如选择将先锋艺术作为自己毕生追求之事业的人，以及没有购买各种意外险的人）将无法得到社会和他人的任何补助，只能自己承担困窘的生活。安德森认为，这样的做法过于无情，因为"原生运气"与"选择的运气"之间本来就很难截然分开，人们做出的选择与其所处的环境息息相关，既然人们不用为其环境负责，也就是无法完全为其选择负责。

综上所述，德沃金的资源平等理论受到学界各方的批评和质疑。这些批评和质疑之所以得以成立，归根结底，还是因为在资源平等理论中，"个人"与"环境"之间的区分，以及相应的"原生运气"与"选择运气"之间的区分无法从哲学上得到根本的确立。任何一种将"自我"和周围的世界区分开来的企图都依赖于某种特定的人生观和世界观，也就是说这种区分很难被持不同人生观和世界观的人们普遍地接受。对"个人"与"环境"进行区分的困难阻碍了资源平等理论想要实现的平等主义目标——"钝于环境，敏于选择"，或者说，"钝于禀赋，敏于志向"。德沃金虽然比罗尔斯更近了一步，设计出了一套与"反应得理论"相吻合的平等理论及其原则，但"钝于禀赋，敏于志向"的平等原则在理论上和现实应用中都面临着种种困难。

---

① Elizabeth S. Anderson, "What is the Point of Equality?" *Ethics*, Vol. 109, No. 2, 1999, p. 307.

## 第三节　运气与保险

　　不反映伦理观念的公正理论，无助于表达与个人责任相关的福利问题。我们能够为公正的福利方案设想一种反映伦理观念的解释吗？——它不像常见的自由派观点那样严重依靠有关因果责任的假设，也不依靠另一种无疑令人厌恶的立场，即为了确保真正需要的人得到支持，辛勤工作的工资劳动者也应当补助骗子。①

——罗纳德·德沃金《至上的美德》

　　在自由主义政治理论的谱系中，学者们通常认为德沃金与罗尔斯共同捍卫了"反应得理论"的平等主义目标，并将他们看作自由主义左派的代表。②但是，也有一些学者认为，德沃金的平等理论也带有自由主义右派的特征，例如他对于市场调节机制和"程序正义"的认同和肯定。甚至有国内学者认为德沃金实际上与自由至上主义者诺奇克的理论更加接近③。如前所述，在有关分配正义的讨论中，诺奇克和罗尔斯之间的根本分歧在于——是否允许国家和政府进行市场分配之外的二次分配。诺奇克所发展的分配正义的资格理论认为，基于"财产权"的至上地位，任何形式的再分配都必然会侵犯人们的基本自由，因此再分配不具有合法性。与此相反，罗尔斯认为，在一个社会合作体系中，最弱势群体的利益具有优先性，为了使社会中最弱势群体的利益最大化，分配正义允许使用税收等再分配政策将一部分人的财产转移给另一部分人。在罗尔斯看来，一个社会合作体系中，只有在最弱势群体利益得到最大提升的情况下，社会与经济利益的不平等才具有合法性。那么，德沃金所构建的同时支持"自由市场"和"反应得理论"平等目标的资源平等理论是否支持分配领域的再分配政策呢，在罗尔斯和诺奇克之间德沃金到底站在哪一边呢？

---

① Ronald Dworkin, *Sovereign Virtue*, Harvard University Press, 2002, pp. 331 – 332.
② 参见加拿大学者威尔·金里卡（Will Kymlicka）在《当代政治哲学》（Will Kymlicka, *Contemporary Political Philosophy*, Oxford University Press, 2001）第一章中对罗尔斯和德沃金平等理论的论述。
③ 参见高景柱《在平等与责任之间——罗纳德·德沃金平等理论批判》，人民出版社2011年版，第232—241页。

## 一　运气与保险

德沃金在资源平等理论中探讨了"保险市场"在促进人们之间平等中的作用，并构想了"虚拟保险市场"（Hypothetical Insurance Market）。笔者认为，借助"虚拟保险市场"这一理论工具表面上可以弥合诺奇克和罗尔斯之间的根本分歧，但实际上德沃金并不能为诺奇克提供合理的辩护。在"再分配"的问题上，德沃金的基本立场与罗尔斯是一致的，他们都认为可以通过再分配的手段拉平人们在社会境况和自然禀赋上存在的差异。本节将对德沃金平等理论中的"保险市场"问题进行深入分析，分别阐释"保险市场"和"虚拟保险市场"在诺奇克和罗尔斯立场上的应用。

在资源平等理论中，德沃金为了凸显人们应为自己的选择负责，对"原生运气"和"选择的运气"进行了区分。这两种运气之间的根本区别在于，选择的运气是可以经过概率计算而预测的，就像是一种赌博，而原生运气则是不可预测的。德沃金认为，"保险"可以作为连接"原生运气"和"选择运气"之间的桥梁。人们通过购买保险，实际上将"原生运气"转化为一种"选择的运气"。例如，如果每个人都平等地拥有购买灾难险的机会和资金，那么意外灾难的厄运就从一种"原生运气"转变为一种"选择的运气"。因为，"决定购买或不购买灾难险，是一种经过计算的赌博"①。

然而，在人们的生活中有许多"厄运"是无法事先购买保险的，例如：天生的残障。有些人生下来就有残疾，他们从未有过为此购买保险的机会，那如何以保险的方式来补助他们的不幸呢？德沃金在这里阐发了"虚拟保险市场"的理论："他们现在建立起一个虚拟的保险市场，用保费固定的强制性保险为每个人保险。其根据是这样的考虑：假如将来的各种残障风险中的每一种对于每个移民是平等的，他们会购买什么样的保险。"② 根据德沃金的论述，"虚拟保险市场"有两个重要特征：第一，"虚拟"，即这一保险市场是假想的，它发生在人们进入实际的社会竞争之前。第二，"强制"，这一保险是强制的，这说明每个人都必须买这一保险。值得注意的是，这一"强制性"的保险制度，是人们通过商议"自愿"建立起来的，如非"自愿"的话就谈不上"市场"，因为任何市

---

① Ronald Dworkin, *Sovereign Virtue*, Harvard University Press, 2002, p. 74.
② Ibid., p. 80.

场都是基于自愿的交换。因此,这一"虚拟保险"虽然每个人都必须买,但人们还是自愿购买的。

德沃金对这一"虚拟保险"的具体保费也进行了论述。德沃金认为,我们致力于补偿自然劣势的社会资源的规模,应该受制于人们愿意从最初的份额中拿出来购买保险的分量。① 也就是说,人们愿意为某种风险(例如,生而失明的风险)买多少钱的保险,社会就应拿出多少钱来补偿那些在"资源"方面处于劣势的社会成员。德沃金认为,这样设计的保险市场,其具体保费的数额必然受制于具体社会环境中许多相关技术及其费用的状况。例如,与"生而失明"的虚拟保险相关的技术和费用可能有:失明者所需特殊生活服务的费用;失明者所需特殊教育的费用;失明者复明所需的技术及其费用,等等。对此,德沃金论述道:"当然,共同体官员们对于虚拟的保险市场所做的任何判断都可能是揣摩性的,并且可能招致各种各样的反对。但是,我们事先没有理由在理论上认为,对于基于这些推断的对残障的补偿会比其他替代方案更糟,而且这是最与资源平等相一致的理论解决方案。"②

上述即是德沃金所阐发的"保险市场"和"虚拟保险市场"的基本理论。那么,这一基于人们的自愿购买的保险市场理论到底是支持再分配的还是反对再分配的呢?下面我将讨论这个问题。

## 二 是否允许再分配?

首先,在德沃金的平等理论中,现实的保险市场是反对再分配的。德沃金举例说,假如两个人拥有同样的机会和资金购买失明保险,一个人购买了保险,另一个人没有购买保险,而两个人在同一次事故中失明,那么"除非做出某种家长制的补充,无论如何不会赞成在他们之间进行再分配"③。德沃金认为,为了理解为何在上述情况下反对再分配,我们可以这样来考虑这一问题:如果在这次事故中两个人都没有失明的话,购买了保险的那个人并没有理由向没有购买保险的人索取补助,即使为了购买保险他损失了部分资源。所以说,当人们平等拥有购买保险的机会时,"原生运气"就转化为"选择的运气",而德沃金"反对在平等的可预见风险

---

① Ronald Dworkin: "What is Equality? Part 2: Equality of Resources", *Philosophy & Public Affairs*, Vol. 10, No. 4, 1981, pp. 283–345, p. 296.
② Ibid., p. 299.
③ Ronald Dworkin, *Sovereign Virtue*, Harvard University Press, 2002, p. 77.

的条件下根据选择的运气的结果而进行再分配"①。

可见，在讨论现实的保险市场时，德沃金是站在诺奇克的立场上：在一个基于自愿交换的市场中，人们进行着各种各样的交换。购买保险的人自愿牺牲一部分资源而排除某些风险，获得某种确定的保障；而没有购买保险的人则不愿为了这种可能不需要的保障而牺牲自己的资源。"买"与"不买"都是基于人们的自由选择。既然拥有了选择的自由，那么人们就应为自己的选择负责。这就像人们自愿参与的赌博，愿赌服输；国家、社会、政府、任何人都没有理由人为地调整赌博的结果。② 由此看来，"保险"理论在现实当中的应用并不支持再分配。可以推论说，如果一个社会能够为人们在现实中可能遇到的所有"原生厄运"提供保险，那么再分配政策将没有用武之地。

然而，问题的关键恰恰是我们无法为所有"原生厄运"提供保险，因为有一些厄运是与生俱来的，例如天生的残疾、出生于贫穷的家庭、性别差异，等等。因此，当德沃金谈到"天生残障"的问题时，就无法再回避再分配了，对于这些天生的不平等，现实的保险市场是无能为力的，如果我们要维持人们在资源方面的平等的话，唯一的解决方案就是"再分配"政策。

德沃金构想在人们进入社会竞争之前就存在一种"虚拟的"保险市场，用以保障人们在现实社会竞争中可能遭遇的种种风险。在这一虚拟的保险市场中，人们可以通过自由的选择为自己在现实中可能遭受的不幸购买保险，而这笔保费将用来资助那些在现实的社会竞争中确实获得较少资源的社会成员。我们可能会问，既然是自愿购买保险，那么在这一"虚拟保险市场"中，是否可以选择不购买保险呢？德沃金的回答是否定的，德沃金认为在虚拟保险市场中购买保险是"强制的"。那么，基于自由选择的保险市场为什么会变成"强制的"呢？究其原因，这是由于德沃金对"虚拟保险市场"的设定非常类似于罗尔斯对原初状态的设定。在这两种状态中，人们都不知道自己进入现实的社会竞争后的各种"运气"

---

① Ronald Dworkin, *Sovereign Virtue*, Harvard University Press, 2002, p.77.
② 这适合于罗尔斯所说的"纯粹程序正义"的情形。所谓"纯粹程序正义"是指，不存在判断结果是否正当的独立标准，只存在一种正确的或公平的程序，这种程序若被切实地执行，其结果也必然是正确的或公平的（不论其结果是什么）。罗尔斯以赌博作为纯粹程序正义的例子："愿赌服输"，只要赌博的程序是公平的，而参与者自愿参加，那就必须接受赌博的结果，无论其结果是输得精光还是一夜暴富。（罗尔斯：《正义论》，何怀宏、何包钢、廖申白译，中国社会科学出版社2006年版，第86页。）

会怎样。这些"运气"包括：生理和智力的特征、所处的社会地位、家庭经济状况、性别特征等等。在信息缺失的情况下，人们不得不购买许多不必要的保险（当然，处在"虚拟保险市场"中的人们也与处在原创状态的人们一样，具有保守的天性，倾向于规避各种风险）。虽然在这样的状态下人们是自由的（如果人们不是自由的，那么他们的选择就是无效的，将不会对他们在进入社会竞争之后的行为构成约束），但由于信息的缺失，人们的自由受到极大的限制。所以，在"虚拟保险市场"中，购买保险变成"强制的"，这种强制的含义是：每个人都是自愿的，而且每个人都买。也就是说，每个人都自愿为自己或别人可能遭受的不幸和坏运气付出一定的代价。

与罗尔斯设定原初状态一样，德沃金对"虚拟保险市场"的设定延续了社会契约论的传统。在理论结构上，"虚拟保险市场"就相当于社会契约论的"自然状态"，而这也就意味着"虚拟保险市场"必然会遭遇社会契约论的根本问题："自然状态"从未存在过，社会契约从未签订过，人们为什么要受到社会契约的约束？同样，对于德沃金的平等理论来说，"虚拟保险市场"从未存在过，人们无从为自己可能遭遇的出生的不平等购买任何保险，人们有何理由为这种"虚拟的保险"付钱呢？或者说以"虚拟保险市场"理论为基础的再分配政策又怎么会具有合法性呢？这是社会契约论固有的问题，德沃金对这一问题有自己独特的看法。德沃金认为，社会契约既不是一份真实签订过的契约，也不应被看作一份假想的契约（因为假想的契约根本就不能算作是契约，对我们的行为没有任何约束力），社会契约论中的契约只是为我们提供了一个装置，通过它我们得以发现实践理性对我们的要求。换句话说，"虚拟保险市场"只是为我们提供了一个装置，通过它我们得以发现应该为那些天生不走运的人们做什么。

由此看来，德沃金引入"保险市场"理论的宗旨并非是要为诺奇克辩护，而是要论证他自己的"资源平等"理论。德沃金认为，那些在社会境况和自然禀赋方面处于劣势的社会成员，一开始就比别人拥有较少的资源，而国家或社会应该纠正这种不平等，而纠正的方式就只能是再分配的政策。至于他之所以要给再分配加上"保险市场"的"伪装"，大概是因为"保险"是人们自愿购买的，所以表面上看，其理论并没有侵犯人们的自由。

有人可能会根据代际关系而质疑德沃金应用"虚拟保险市场"的合理性。对于某些与生俱来的厄运，也许并非像人们想象的那样"无法购买保险"。因为，也许其父母曾经有机会为尚未出生的子女购买某方面的保险，例如天生残疾的保险。德沃金在自己的平等理论中没有谈到这一由父母在孩子出生之前购买保险的可能性，而是认为应该基于"虚拟保险市场"理论由国家的再分配政策来纠正人们在资源方面的不平等。我们可以从这样一个角度来分析这一问题：当社会中的某些人遭受不应得的厄运时，德沃金主张由整个社会来共同承担这一厄运，其具体方式就是通过社会分配的调整；而如果我们认为可以通过在小孩出生之前由父母为其购买保险的方式将那些无从选择的厄运转变为"选择的运气"，那么我们实际上主张由父母来承担这一规避风险的成本，也就是说由父母和孩子一起来承担这些"原生厄运"，而不是由社会中的所有成员一起来承担。这一解决方案存在两方面的问题：一是，有一些厄运过于残酷，单由父母和孩子一起承担不足以使其渡过难关，而且遭受厄运的家庭通常与贫困相伴，也无法承担规避风险的保险费用；二是，这一方案没有考虑"选择"和"责任"的对应关系：父母是否为其子女购买保险或购买何种保险，这是父母的决定和选择，而其子女却要因此而受害或受益，这违背了谁选择谁负责的原则。从这两点来看，德沃金的"虚拟保险市场"是更加可行的对策，而为了补偿人们所遭受的"原生厄运"，政府和国家就不得不实行再分配的政策。

综上所述，德沃金在资源平等理论中讨论了如何通过"保险市场"将"原生厄运"转换为"选择的运气"；而对于那些无法转换的"原生厄运"，德沃金应用了"虚拟保险市场"这一理论工具，要求人们在进入市场之前购买强制性的保险。德沃金"保险市场"和"虚拟保险市场"理论的基础是人们的自愿交换，表面上弥合了诺奇克和罗尔斯之间关于再分配的争论，但实际上德沃金却是站在罗尔斯的立场，为再分配的政策辩护。究其原因，德沃金遵循社会契约论的传统，在"自然状态"和"原初状态"的意义上应用"虚拟保险市场"，使人们自愿购买保险变成了整齐划一的强制性购买；而诺奇克则是从根本上反对社会契约论的，主张一种"看不见的手"的国家学说。总之，德沃金对于"虚拟保险市场"理论的应用，没有能够弥合自由主义极右派和自由主义左派之间的根本分歧。

# 第六章　福利、收入与能力

在上述两章中,我们讨论了罗尔斯和德沃金所发展的两种不同程度的机会平等理论。这两种平等理论都主张通过社会分配的调节而为人们实现自己的目标和计划提供实质性的平等机会。然而,在另一些平等主义者看来,这样的平等主义诉求还不够强,既不能保证人们达成愿望的平等,也不能实现人们福利水平的平等。在这一章中,我们将深入分析要求人们在福利水平上实现平等的相关理论,而这些理论在本质上都属于功利主义传统,是追求结果平等的平等理论。

## 第一节　福利平等理论

> 如果我们决心做到平等,却又从资源与它们所带来的福利无关这个角度来界定平等,那么我们似乎是错误地把手段当成了目的,沉迷于对我们只应作为工具看待的东西的拜物教幻想之中。如果我们真想把人们作为平等的人来对待,我们就必须设法做到,使他们的生活对于他们来说同等地值得欲求,或给予他们做到这一点的手段,而不只是让他们的银行账户上有相同的数字。[1]
> 
> ——罗纳德·德沃金《至上的美德》

### 一　功利主义与福利平等理论

功利主义作为一种重要的现代道德学说,与福利平等理论有着紧密的亲缘关系。甚至可以说,功利主义在社会分配领域的直接推论即是福利平等的主张。我们可以从功利主义的基本预设中得出这一结论。功利主义者认为,每个人都是趋利避害的,而且每个人同等地拥有感受快乐和痛苦的

---

[1] Ronald Dworkin, *Sovereign Virtue*, Harvard University Press, 2002, p. 17.

能力。因此，如果我们要在社会分配中"平等地"关照每一个人，那么就必须保证每个人拥有同等的福利。而且，只有当一种社会分配保证了人们的"福利平等"，才能最大限度地推进人类社会的整体福利。所以说，在功利主义者看来，"道德上最好的行为就是：在同等程度地关注每个个体福利的前提下最能增加人类总体福利的行为。"①

简单来说，功利主义的平等学说就是要将社会中每一个人的功利平均化。因为，在功利主义者看来，没有任何人的幸福比其他人的幸福更重要，所有人的幸福都同等重要。这种肯定所有人的感受具有同等重要性的道德学说，在社会分配的领域则直接要求人们在福利水平上的平等，而福利平等理论得以成立的第一个难题就在于对于"功利"（utility），或者说"福利"（welfare）② 的定义。

对于"功利"的定义是传统的功利主义者经常面对的难题。边沁在提出功利主义之初，倾向于一种快乐主义（hedonism）的解释，将"功利"解释为纯粹经验的快乐。而且，这种快乐是没有质的区别的。用边沁的话来说就是："针戏与诗歌一样好"（pushpin is as good as poetry）。然而，这样的说法是值得怀疑的。对于这种解释的最有力的反驳是诺奇克在《无政府、国家和乌托邦》里所讨论的"体验机"（experience machine）的构想。诺奇克所说的"体验机"类似于现代科技中的"虚拟现实"技术，人们一旦进入这架机器，就可以体验到所有可能经验到的快乐。诺奇克认为，如果人生最应该做的事就是将能够经验到的快乐最大化的话，人们就会毫不犹豫地进入这架机器，并且再也不出来。然而，绝大部分人在面临这种抉择时都会犹豫退缩，对于一些人来说永久进入"体验机"甚至就相当于是自杀。

当然，人们害怕进入体验机的原因是多种多样的，但至少有一点是肯定的：将能经验到的快乐最大化并不能成为人生的最终目标。③ 一方面，人生之中除快乐以外的许多其他感受也都是有价值的、意义深远的。例如，艰苦奋斗的过程、对爱人的思念、选择所留下的遗憾、为战胜自我而

---

① Will Kymlicka, *Contemporary Political Philosophy*, Oxford University Press, 2001, p.12.
② "功利"与"福利"在同一种功利主义学说中的含义应该是一致的。之所以会在同一种学说中出现含义相同的两个术语，是由于在学说发展的过程中人们习惯使用的术语发生了变化。在功利主义发展之初，功利主义作为一种道德学说被讨论，多使用"功利"一词；而当代讨论较多关注社会分配领域，涉及经济利益的分配，因此多使用"福利经济学"中的术语"福利"一词。
③ 参见 Robert Nozick, *Anarchy State and Utopia*, Blackwell, 1974, pp.42-45.

所受的煎熬……在人类丰富的经验世界中，并非只有快乐是值得追求和有价值的；有时候不经历痛苦就无法感受到深刻的快乐。在这一点上，快乐主义对"功利"概念的理解过于狭窄。另一方面，人们追求的并不仅仅是"经验到"这些有价值的感受，而是希望与这些感受相关的事情实实在在地发生。人们希望自己生活在一个真实的世界，而不是一个"虚拟现实"的世界，即使我们永远不会知道这个世界仅仅是"虚拟"的。与真实的世界发生联系和互动，是人之为人的基本特征之一。

"体验机"的例子让我们认识到，在人们的生活中，最大的利益并不在于实现愿望或达到目的时的感受，而是在于达成目的本身。像快乐主义那样，仅仅关注内心的感受和体验，会使我们远离真实的世界，错误地理解"功利"或"福利"概念。由此，在放弃了快乐主义的理解之后，功利主义者大都将"功利"理解为"偏好的满足"，亦即目的的达成和愿望的实现。然而，将"功利"解释为"偏好的实现"又会带来新的理论问题。加拿大政治哲学家威尔·金里卡阐述了这一理解的两方面的问题："非理性的偏好"和"适应性偏好"。

"非理性的偏好"指的是人们的一些偏好并不会给人们带来最大的利益，有时甚至会损害他们自己的利益。例如，一个非常爱吃糖的大胖子，他的欲望就是不停地吃糖、吃很多的糖，然而这一欲望的满足显然会损害他的健康。另一方面，所谓的"适应性偏好"指的是心理学里经常讨论的"酸葡萄现象"：吃不着葡萄就说葡萄是酸的。人们在达不到原本的目的时就会为适应环境而改变，甚至放弃自己的目的。这就会造成伯林曾讨论过的"自由的奴隶"悖论：即使在最极端的专治体制中，也宣称自己是自由的。显然，这种"适应性偏好"对于增进个人幸福和社会整体的福利都是有害无益的。

为了避免上述两方面的问题，功利主义者最终将"功利"的定义从"偏好的满足"修正为"理性（rational）偏好的满足"，并以其满足总量的大小来衡量人们所获得的福利的多少。然而，将"功利"和"福利"理解为个人"理性偏好的满足"不可避免地把人们的主观因素引入对于"福利"的衡量当中，这在当代政治哲学讨论中也被称为主观福利平等理论。在上一章的讨论中，我们分析了德沃金所建构的"资源平等理论"，而德沃金的平等理论正是建立在对于主观福利平等理论的批评之上。

## 二 德沃金对主观福利平等的批评

德沃金的资源平等理论一方面是对罗尔斯平等理论的继承与发展，另一方面建立在对福利平等的批评之上。德沃金对各种类型的福利平等理论进行了细致深入的分析，尤其对主观福利平等理论进行了有力的批评，并在批判这些理论的基础上构建了自己的资源平等理论。

福利平等理论要求，"一种分配方案在人们中间分配或转移资源，直到再也无法使他们在福利方面更平等"①。如上所述，在这一理论的基本框架下，福利平等的具体诉求是什么，取决于如何定义"福利"这一概念。对于"福利"，通常有两种定义方式：一种是主观的福利定义，另一种是客观的福利定义。主观的福利定义以每个人自己的感受或偏好的满足来定义福利，在主观的福利定义中，福利的大小与每个人的价值观、感觉状态等因素息息相关。另一方面，客观的福利定义将福利定义为每个人可以利用的资源，或者是其财富水平，或者是其拥有的教育及各种机会，而这些因素是不取决于每个人自己的意见的。由此，主观福利定义与客观福利定义之间的根本区别就在于，主观福利定义中，福利的具体数值取决于主体的评价和意见，而客观福利定义中福利的大小则与个人对福利的评价无关。

德沃金重点讨论了两种基于主观福利定义的福利平等理论——"福利即成功的理论"（success theories of welfare）和"感觉状态理论"（conscious-state theories），以及基于客观福利定义的平等理论，并对这三种理论一一进行了批评。下面我们先来考查"福利即成功的理论"。这种理论假定："个人的福利就是他在实现其偏好、目标和抱负上的成功，主张资源的分配和转移应达到进一步的转移无法再降低人们在这些成功方面的差别的程度。"② 在"福利即成功理论"中，"福利"被理解为"偏好的满足"。也就是说，每个人偏好被满足的程度越高，福利水平就越高。然而这一定义马上就会带来理论上的困难，因为某些人的偏好是对他人带有敌意的③。例如，一个性别主义者，他的偏好就是让女性尽可能少地占有资源，那为了使他在"偏好满足"方面与其他人处于同一水平，就应该剥夺女性原本享有的资源吗？这一结论显然与人们的道德直觉相违背。为了

---

① Ronald Dworkin, *Sovereign Virtue*, Harvard University Press, 2002, p. 12.
② Ibid., p. 17.
③ 德沃金在其早期的著作《认真对待权利》中将这种偏好称为"涉他偏好"，指偏好者愿意他人拥有的各种益品、资源和机会，这种偏好通常带有歧视性。与"涉他偏好"相对的是"个人偏好"（personal preferences），指偏好者对于各种益品、资源和机会的偏好，这些偏好的内容也就是偏好者自己想拥有的东西。（参见 Ronald Dworkin, *Taking Rights Seriously*, Harvard University Press, 1977, p. 234）

解决这一理论上的困难，德沃金对"福利即成功理论"中的"偏好"进行了区分。

德沃金区分了三种偏好：政治偏好、与个人无关的偏好和个人偏好。其中，"政治偏好"是指"有关共同体应该如何把各种物品、资源和机会分配给其他人的偏好"①。例如：严格的平等主义者②的"政治偏好"就是将所有社会基本善进行平均分配；又如种族主义者主张剥夺某一种族的社会成员应有的公平份额；等等。德沃金还讨论了另一种政治偏好，这种政治偏好并不一定与特定的政治立场相联系。比如，一些人只是希望自己或者是自己的亲人能在社会的分配中占有更多的份额。上述两种偏好都直接关系到社会分配领域的安排，它们基于不同的理由而偏好不同的分配结构。但是，在基于"福利即偏好之满足"的"福利平等"理论中，每个人的偏好只应为社会的分配结构提供合理的基础，而不应涉及分配结构的具体形式，否则的话，"福利平等"的理论就不能基于每个人的偏好而建立一种"满足偏好的平等"的分配正义理论。因此，德沃金认为，以上所讨论的偏好中的"政治偏好"不能为一个公平的社会分配提供合理的基础。

第二种偏好，"与个人无关的偏好"是人们对于与自己及他人的生活无关的事物的偏好。例如，一些人关心科学的进步，希望人类能早日登上火星。如果为了照顾这种偏好的满足而进行社会资源的分配的话，就必须一方面投入大量的资源以推进登上火星计划的实现；另一方面削弱其他人与自身处境息息相关的偏好的满足。好比为了实现登上火星的计划（这并不是社会全体成员的偏好，而只是少数社会成员的偏好），而将每个社会成员的工资削减一半。显然，这样的分配方案将与人们的道德直觉相违背，也是无法得到其他社会成员赞同的。因此，德沃金认为"与个人无关的偏好"同样不是"福利即偏好的满足"中的"偏好"的恰当含义。

第三种偏好，"个人偏好"则是涉及人们自己的处境和经历的偏好，例如，一个人想成为摄影师，而另一个人立志成为科学家，等等。德沃金认为，为了避免推出违背道德直觉的结论，应该对"福利即成功理论"进行限制，只考虑上述三种偏好中的"个人偏好"的满足，而不考虑"政治偏好"和"与个人无关的偏好"的满足。由此，"福利即成功理

---

① Ronald Dworkin, *Sovereign Virtue*, Harvard University Press, 2002, p.17.
② 罗尔斯在《正义论》中将"严格的平等主义"定义为主张对一切社会基本善进行平均分配的平等主义，参见第四章第五节的讨论。

论"就被修正为"福利即个人偏好的满足理论"。然而,对于这一修正后的主观福利理论,德沃金又提出了新的质疑。

德沃金认为,"福利即成功理论"的关键问题在于如何"评价"成功,他举了一个例子来说明这个问题①:假设杰克和乔两人在资源、享受以及在他们自己选择的生活的相对成功上大致平等。但是,杰克相信如果他拥有他可能拥有的一切,那么他将能够揭示宇宙起源的奥秘,而那将是具有巨大价值的,相比起来,他现在所拥有的生活是微不足道的。相反,乔则认为,不可能揭示宇宙起源的奥秘,她目前的生活与可能过上的生活相差不了多少。德沃金认为,此时"我们没有平等方面的理由,把资源从乔转移给杰克"②,因为,"杰克与乔之间的差异,仍旧是两人信念的差异而非生活的差异"。德沃金认为,"只有当人们对他们的生活总体上有多好的评价的差异不是想象的和信念上的差异,而是成功上的差异,这种差异才是他们的人生之间的差异而不是想象中的差异";应该"用应然的标准而不是用自以为应然的标准去衡量个人成败的问题"。由此,德沃金提出了自己认为合适的应然的标准:"人们对生活中未能做什么事情的合理遗憾越多,其生活的总体成功就越小。"③

基于上述分析,德沃金将"合理遗憾"的多少作为衡量人们福利水平的关键指标。然而,"合理遗憾"中的"合理"又是什么含义呢?德沃金举出一些例子来探讨此处"合理"应有的意义:人们对于自己没有大多数人所享有的正常能力或正常寿命,可以合理地表示遗憾;但没有人可以因为自己不具有超自然的能力而表示合理的遗憾。这些例子说明,人们在判断自己的某种境况是否构成合理遗憾之前,一定已经形成某种何为公平分配的假定。用德沃金的话来说,"任何使合理的遗憾观点起关键性作用的建议……一定包含着有关应当如何进行公平分配的假定,这意味着总体成功的平等不能用来为分配的理论辩护,也不能用来建构这种理论。"④在德沃金看来,基于"福利即成功"的福利平等理论依赖于对"合理的遗憾"的定义,而对"合理的遗憾"的理解又依赖于一个既定的对分配正义的理解,因此,"福利即成功"的平等理论必然陷入窃取问题(question-begging)的论证困境,即在前提中已经包含了要得出的结论,使得整个论证陷入循环。综上所述,德沃金认为,基于"福利即成功"的主观

---

① Ronald Dworkin, *Sovereign Virtue*, Harvard University Press, 2002, p. 35.
② Ibid. .
③ Ibid. , p. 38.
④ Ibid. , p. 39.

福利平等理论由于很难找到独立于分配正义的衡量人们是否成功的检验标准，所以是不成功的。

德沃金将第二种主观福利平等理论称为"福利即感觉状态理论"，这种观点追求一种感觉状态的数量或程度上的平等。德沃金用"享受"（enjoyment）和"不满足"（dissatisfaction）来指称称心和不称心的感觉状态，因此此种福利平等理论也可简化为"享受平等"理论，即人们在"享受"上获得平等的满足。

对于"享受平等"理论，德沃金首先进行了类似于"成功平等理论"的限制：即排除掉"政治偏好"和"与个人无关的偏好"的满足所带来的享受，而只考虑"个人偏好"的满足所带来的享受。德沃金认为，"政治偏好"和"与个人无关的偏好"的满足显然也会给人们带来享受，如果将这两种偏好计算在内，将得到与不受限制的"成功平等"理论相似的与道德直觉相悖的结论。

在对享受平等理论进行限制之后，德沃金认为其主要吸引力在于："它主张使人们在关系到他们的个人处境时他们同等看重的东西上达到平等。"① 然而，这一理论很容易因人们对于享受的不同态度而变得不可信：一些人 A 更重视生活的舒适和安逸，而另一些人 B 为了实现某种远大的理想，而甘愿吃苦耐劳，甚至经受磨难。为了满足 A 对享受的较高的要求，而将 B 用于实现远大理想的资源转移给 A，这显然是不合理的。德沃金论述到，此时支持"享受平等"理论的人可能坚持人们"应该"将享受看作是重要的，并将这种理论的核心修正为：是人们在关系到他们的个人处境时他们应该同等看重的东西上达到平等，也就是说，在讨论上述例子中的两种人 A 和 B 时，主张 B 应该同 A 一样看重享受，并分配给 B 与 A 同样多的资源以支持同等程度的享受。然而，德沃金对于这一修正提出了两个批评：第一，修正后的"享受平等"理论错误地假设"最有价值的生活就是享受最大化的生活"②。第二，"建立在这种美好生活观基础上的有关平等的政治理论，对于一个社会来说是没有吸引力的……许多人会拒绝这种观点，因为它违反了人们关于自己生活之美好性质的最深刻的信念。"③

德沃金认为，与"成功平等"理论类似，"享受平等"理论也存在着

---

① Ronald Dworkin, *Sovereign Virtue*, Harvard University Press, 2002, p. 31.
② Ibid., p. 44.
③ Ibid..

陷入循环论证的危险。不可否认，人们时常因为自己过于远大的抱负而倍感失败或经历痛苦。此时，人们是在用自以为应然的标准在衡量享受的满足程度，也就是说，人们对"生活有多好"的评价的差异仅仅是想象的和信念上的差异，而不是客观的差异。因此，为了确定人们生活之间的真实的差异，在"享受平等"理论中，同样需要一个类似"合理遗憾"的概念。而如前所述，何谓"合理的遗憾"则又基于对于合理的分配的理解。由此，在寻找衡量"享受"的检验标准的过程中，我们又不得不事先确立一种分配正义的原则。因此，"享受平等"理论也陷入了循环之中。

在批评了两种主观福利平等理论之后，德沃金对客观福利平等理论进行了批评。客观福利平等理论将一个人的福利理解为："一个人可以利用的资源。"德沃金认为，这里所说的资源"不仅包括物质资源，还包括体能、智力、教育和各种机会"①。德沃金认为，客观福利理论最显著的特征是："拒绝承认个人对福利的评价，坚持认为确定一个人的福利至少要根据他可以自由支配的某些基本资源。"② 德沃金认为，根据这一理解，"福利平等只要求人们在一些规定的资源上达到平等。因而这种形式的福利平等无异于资源平等或至少是某些资源方面的平等"③。当然对于什么应该被算作是资源还存在争议，但是，可以肯定的是客观的福利理论实际上就是某种形式的资源平等理论。

综上所述，德沃金一方面对两种主观福利平等理论——"成功平等"和"享受平等"——进行了批评，指出这两种理论都有陷入循环论证的危险；另一方面，德沃金指出客观福利理论实际上就是资源平等理论。

### 三　理查德·阿内逊对福利平等的修正

德沃金对福利平等理论的批评最终归结为对"奢侈的爱好"这一例证的讨论。德沃金认为，对于拥有"奢侈爱好"者的偏袒是福利平等理论中最有违道德直觉的地方。福利平等要求达到满足社会成员"个人偏好"上的平等，不论这些"个人偏好"是什么。因此，那些拥有昂贵奢侈爱好（例如凤头麦鸡蛋）的社会成员将获得比艰苦朴素的社会成员更多的资源。也就是说，福利平等理论要求将资源从没有"奢侈爱好"的

---

① Ronald Dworkin, *Sovereign Virtue*, Harvard University Press, 2002, p. 46.
② Ibid..
③ Ibid..

社会成员手中转移到拥有"奢侈爱好"的社会成员手中，德沃金认为，这样的做法忽略了社会成员应负有的责任。在德沃金看来，在拥有同样多资源的情况下，人们应该为自己的抱负和嗜好负责，因为抱负和嗜好是人们自愿选择形成的，对于出于自愿的选择，个人应为其负责，而不是让社会或其他社会成员来承担。这种对于自由与责任相互关系的强调，正是自由主义政治理论的核心观点。

理查德·阿内逊（Richard Arneson）是当代政治哲学研究中功利主义的代表人物之一，他试图站在福利平等的立场上对德沃金的资源平等理论进行批评。阿内逊首先对德沃金所讨论的"奢侈的爱好"的例子提出了质疑。阿内逊认为，"'我们对我们的偏好负有责任'这个主张是含糊的"①。这句话可能会有两种理解：一是，"我们的偏好发展到当前的状态是由于完全处在我们控制之内的因素"②；二是，我们能以可以预见的方式对我们当前的嗜好进行调整或改变。阿内逊认为，如果我们坚持第一种理解的话，我们确实没有理由要求将资源向那些拥有"奢侈爱好"的社会成员转移。但是，这样理解人们偏好的形成显然是有问题的，因为即使德沃金也承认，"这些嗜好的培养经常是对某些信念——有关什么样的生活总体上更成功的信念——做出的反应，而这些信念本身并不是人们自己培养或选择的。"③ 举例来说，社会中大部分人相信adidas品牌的运动服质量更好，这一信念会引导许多人去买高价的adidas产品。也就是说，人们的某种偏好的形成是基于他所生活的社会中的某种信念，而这样的信念却不是人们可以控制的，自然也不能要求人们去为之负责的。因此，第一种理解是不可取的。对于第二种理解，阿内逊认为，这种较弱意义上的"责任"观念与平等分配应该对人们很难满足的偏好进行补偿的主张是相容的，其补偿的恰当程度是："采取恰当的适应性手段，拥有'奢侈爱好'的人能够如同其他人一样达到同样的偏好满足水平。"④ 阿内逊认为，在进行了这样的限定之后，福利平等理论就有可能与责任观念相融合，而不会推出与道德直觉相悖的结论。举例来说，对于一个非自愿地染上了对

---

① Richard Arneson, "Equality and Equal Opportunity for Welfare", *Philosophical Studies*, Vol. 56, pp. 77 - 93. 中文翻译参见葛四友编《运气均等主义》，江苏人民出版社2006年版，第79—90页。
② 同上。
③ Ronald Dworkin, *Sovereign Virtue*, Harvard University Press, 2002, p. 52.
④ Richard Arneson, "Equality and Equal Opportunity for Welfare", *Philosophical Studies*, Vol. 56, pp. 77 - 93. 中文翻译参见葛四友编《运气均等主义》，江苏人民出版社2006年版，第79—90页。

昂贵香槟酒的嗜好的人,在他进行了各种努力还是很难改掉喝香槟酒的习惯的情况下,给他提供一些补助让他从不那么贵的香槟酒开始慢慢适应没有香槟酒的生活,这样的政策与平等对待的主张并不是矛盾的。

阿内逊虽然对德沃金从"奢侈爱好"得出的结论进行了批评,但是通过这一例证他也觉察到了福利平等理论最大的问题——对个人责任的忽视。福利平等理论实际上追求的是结果平等(主观福利理论追求主观结果的平等,客观福利理论追求客观结果的平等),而非机会的平等;所以必然会忽视个人的努力和选择对于社会分配的影响。基于这一理解,阿内逊对福利平等理论进行了重大的修正,他发展出一种福利机会的平等理论。这一理论的意图是想要在福利平等理论中加入对"选择"和"责任"的考虑,将追求结果平等的理论转变为追求机会平等的理论。阿内逊借用"决策树"的概念来阐释福利的机会平等理论:"我们构建一个决策树来给出个人可能的完备的生活历史。然后我们把每个可能的生活历史的偏好①满足期望相加。这样做时,我们将把每个人在决策点遇到的特定范围的选项所考虑的那些偏好纳入考虑。当所有人面临决策树时,福利机遇是平等的——每个人选项的最优的、次优的……第 N 优的选择的期望值是相同的。"② 也就是说,如果每个人所面临的决策树是等价的(每个人选项的最优的、次优的……第 N 优的选择的期望值是相同的),那么每个人的福利机遇就是平等的。此时,如果某人由于自己的选择或粗心大意而在实际实现的福利水平上低于其他人,那么他自己就应为此负责。

阿内逊所建构的福利的机会平等理论很好地在福利平等理论中融入了"责任"这一因素。阿内逊认为,当人们拥有了责任能力之后(例如在 18 岁之后),在福利机会平等的情况下,应该为自己的选择负责。假如在某一时刻,人们面对等价的决策树,而出于不同的原因不同的人做出了不同选择,并在下一时刻在福利水平上得到不同的结果,那么,每个人都应当为自己最终获得的福利水平负责,而不应有任何抱怨。举例来说,A 和 B 都是 18 岁,家境条件大致相同,智力水平相当,并且都有上大学的机会;假设他们都选择上大学,但是 A 努力学习,大学毕业之后找到了薪酬可观的工作,而 B 则贪玩逃学,大学毕业之后只能待业在家。在这一例证

---

① 阿内逊对于何谓"偏好"进行了严格的规定:有充分相关的信息、在平静的心态下、思考非常清楚并且没有犯任何推理性错误、对偏好进行了彻底的审思。我们也可以称这些理想的深思熟虑的偏好为"合理(rational)偏好"。(参见葛四友编《运气均等主义》,江苏人民出版社 2006 年版,第 83 页)

② 葛四友编:《运气均等主义》,江苏人民出版社 2006 年版,第 85 页。

中，福利的机会平等理论并不会要求将资源从 A 转移到 B，而是要求 A 与 B 各自对他们在大学毕业时的福利水平负责。因为，A 与 B 曾经在某一时刻拥有了福利的机会平等，而此后的不平等都是由他们自己的选择而塑造的，因此应由他们自己去负责。

综合上述分析，德沃金的资源平等理论建立在对福利平等理论的批评之上。通过对两种主观福利理论和客观福利理论的分析，德沃金认为，福利平等理论在理论上存在着循环论证的危险，在实践应用上可能导致支持"奢侈爱好"的违背道德直觉的结论。从德沃金的分析中我们看到，福利平等理论的根本问题在于，这是一种追求结果平等的平等理论，因此必然会忽略"个人的选择"在分配结构中所应有的作用，忽略自由主义政治理论最为看重的"选择自由"与"承担责任"之间的相互关系。当代的功利主义者阿内逊虽然站在福利平等的立场上为其辩护，但也洞察到了福利平等理论的这一根本问题。基于这一认识，阿内逊对福利平等理论进行了修正，并在其中加入了对"选择与责任"的考虑，将福利平等理论修正为福利的机会平等理论，亦即将作为结果平等的福利理论修正为作为机会平等的福利理论。

## 第二节 收入与财富平等

> 一个自由社会的理想必须表达为所有社会成员的自由最大化的社会，而不仅仅是不干涉人们自由的社会。[①]
> ——菲利普·凡·帕里斯《所有人的真正自由》

如上节所述，德沃金和阿内逊对于福利平等理论的讨论主要集中在主观福利平等理论。在阿内逊看来，德沃金仅仅对主观福利平等理论做出了有力的批评，并没有真正驳倒客观福利平等理论。如果我们对于"福利"的定义是客观的，那么给予所有人以"平等福利"的社会分配就不会受到个人的态度和偏好的影响。在这一节中，我们将讨论一种客观福利平等理论——收入与财富的平等。

---

① Phillipe van Parijs, *Real Freedom for All*, Oxford University Press, 1995, p. 23.

## 一　所有人的真正自由

现代社会是以市场经济的发展为基础的。在充满商品交换的市场中，货币成为人们满足自身"理性欲望"的主要手段。因此，一些坚持福利平等理论的学者认为，只有使人们拥有同等数量的货币，亦即实现人们在收入和财富上的平等，才有可能实现真正意义上的"人人平等"，这种主张也被称为"金钱平等"（Monetary Equality）理论。

当代政治哲学家，比利时人，菲利普·凡·帕里斯（Phillippe van Parijs）在《所有人的真正自由》一书中论证了一种所有人无条件地拥有一种基本收入的构想，倡导一种有限意义上的"金钱平等"。

帕里斯是从"自由"的概念出发来论证这一构想的。在何为真正的自由的问题上，政治思想家中的左派和右派一直存在着根本性的分歧。其分歧突出表现为对下列问题的不同解释：在人们的基本权利得到保护的社会中，有钱人可以通过购买各种手段而实现自己各种各样的计划和愿望，而穷人则缺乏实现自己计划和愿望的必要手段。例如，有钱人可以计划环球旅游并实现这一愿望，而生活窘迫的人则不可能实现这样的愿望。对于这种现代社会普遍存在的现象，右派政治理论家认为，在贫富差距较大的情况下，穷困者的自由并没有受到侵犯，因为他们的权利（主要指安全和所有权）并没有受到侵犯；穷困者不能参加环球旅行，不是他们缺乏自由，而是他们缺乏实现自由的手段。例如，哈耶克就曾指出："如果将'自由'混同于'权力'（power），那么就不可避免地将自由等同于财富。"① 对于这一问题，左派的政治理论家却认为，在贫富差距较大的情况下，社会中穷人的自由确实受到了实质性的限制。生活困窘者并不仅仅是缺乏实现自由的手段，他们的自由也受到了实质性的侵犯。

政治理论界左派与右派对于贫富对比与自由的关系的争论在自由至上主义内部表现得极为激烈。自由至上主义（libertarianism）是自由主义中认为"自我所有权"② 是自由的核心组成部分的一派理论家，在这一思想流派内部根据他们对于再分配的不同态度，又分为"左派自由至上主义者"（left-libertarianism）和"右派自由至上主义者"（right-libertarianism）。其中，"左派自由至上主义者"，例如帕里斯和希勒尔·斯坦纳（Hillel Steiner），主张实行平等化的再分配政策，以保证人们实质意义上

---

① F. A. Hayek, *The Constitution of Liberty*, University of Chicago Press, 1978, p. 17.
② 参见本书第二章对于"自我所有权"的讨论。

的自由；而"右派自由至上主义者"，例如哈耶克和诺奇克则反对任何形式的再分配，并认为再分配包含着对人们自由的根本性侵犯。

基于上述争论，帕里斯提出了"真正的自由"（real freedom）的概念，并且将哈耶克和诺奇克等人描述的自由概念称为"形式的自由"（formal freedom）。帕里斯认为，真正的自由包括三个组成部分：安全、自我所有和机会（opportunity）；而"形式的自由"则只包含安全和自我所有两个部分，"形式的自由"对于人们是否真正有机会去做那些自己想做的事情是漠不关心的；而"真正的自由"则要求保证人们拥有达成自己计划的实质性的"机会"。在"右派自由至上主义者"看来，社会制度的设置对人们基本自由的保证只需对人们打开"允许"之门，而无须保证人们拥有相应的"能力"。帕里斯则认为，人们是否拥有相应的能力实际上会影响甚至限制人们实际上想要做什么。对于市场经济中的穷困者来说，其自身的能力和财富实际上限制了他进行各种活动的自由。进一步说，在一个以市场经济为基础的商业社会中，所谓的自由不仅仅指我们在不同的商品间进行选择的自由，还应该是有能力"购买"我们想要的商品的自由。

由此，帕里斯提出了自己对于自由社会的构想："一个自由社会的理想必须表达为所有社会成员的自由最大化的社会，而不仅仅是不干涉人们自由的社会。"① 在社会分配的问题上，帕里斯认为："如果我们认真地试图实现所有人的真正自由（real-freedom-for-all），并且暂时从动力学机制和人际能力的区别中抽象出来，那么我们必然得出与安全和自我所有同样重要的所有人的无条件的最高收入。"② 也就是说，只有当每个人都拥有了一份平等的基本收入（basic income），人们才可能从生活的困窘中解放出来，才有可能去构想、计划和实现自己的理想，而后者才称得上是构成人们的"真正自由"的"机会"。

帕里斯认为"给予所有人平等收入"的理想并不是天方夜谭，这一政治主张实际上与欧洲许多国家的福利政策是一致的。"二战"以后，许多欧洲国家都引入了"最低保障收入"（minimum guaranteed income）制度，其根本目的就是为了保障人们"真正的自由"，而不仅仅是"形式的自由"。"最低保障收入"制度不同于商业保险，保险是人们自己为自己购买的。在纯粹基于自由市场的商业社会，穷人是买不起保险的，也是没

---

① Phillipe van Parijs, *Real Freedom for All*, Oxford University Press, 1995, p. 23.
② Ibid., p. 33.

有人会为穷人购买保险的。"最低保障收入"制度是一种超越了市场经济的、以保障人们更深程度的自由为目的的再分配制度。不过，帕里斯认为"最低保障收入"制度还不足以实现"所有人的真正的自由"，因为欧洲福利国家中的"最低保障收入"都是有条件的。这一政策通常对获得这种"保障收入"的人在劳动能力、财产占有、亲戚关系以及是否努力摆脱困境等因素做出限制。也就是说，人们必须在确实处于困窘，而且自己努力想要摆脱困窘而摆脱不了的情况下，才能享受这些"福利"，并不是无条件地获得"保障收入"。

帕里斯认为，福利制度中各种"条件"的设置背离了他对于"所有人的真正自由"的构想。帕里斯想要建立的是一种"无条件的保障收入"制度。帕里斯对于自己所说的"无条件"的特征进行了清晰的论述："(1) 即使她不愿意工作，(2) 不论她是贫困还是富有，(3) 不论她与谁同住，(4) 不论她住在国家的任何地方。"[①] 在帕里斯看来，只有当这一"收入"是无条件的，人们才有可能安全地将其算作是其生活的一种基本物质保障，同时人们的其他收入，不论是通过市场交换、通过礼物馈赠还是通过遗产继承，都可以合法地加在这一收入之上。另外，帕里斯将这一收入称作是"基本收入"，但并不意味着这一收入与"基本需求"相对应。也就是说，帕里斯所说的"基本收入"并不是指可以保证人们的"基本需求"的收入，而是政府无条件地给予每一个公民的一部分收入，其目的是让人们获得更多的安全和机会，以实现自己"真正的自由"。

## 二 对收入平等的批评

收入与财富平等理论受到的最激烈的批评来自于"右派自由至上主义者"，而双方争论的焦点集中在"税收"问题上。为了向社会中的每个人提供一种"无条件的基本收入"，政府必须向人们征税。而在"右派自由至上主义者"看来，任何形式的税收，都是对于人们劳动成果的剥夺，都是一种剥削。

诺奇克在《无政府、国家和乌托邦》一书中对"再分配"政策进行了深刻的批评。在诺奇克看来，在一个以市场经济为基础的商业社会中，如果要保证人们在收入和财富上的平等，就必须不断地以国家干预的方式进行财富的再分配。将资源从拥有较多收入和财富的人手里转移到收入和财富较少的人的手中，而不论前者是以什么样的方式获得这些财富和收入

---

① Phillipe van Parijs, *Real Freedom for All*, Oxford University Press, 1995, p. 35.

的：辛勤劳作、创造发明，还是靠天资聪慧或是财富继承。人们这样做的原因在于对获得者的假定权利（supposed rights）的关注，然而，这在本质上却忽略了给予者和财富被转移者作为生产者实际拥有的资格和权利。因此，"再分配"政策包含着侵犯权利的严重事件。[①]

应用自由概念、对收入与财富平等理论进行的另一个批评来自于迈克尔·沃尔泽。在《正义诸领域》一书中，沃尔泽认为，收入与财富的平等是一种不稳定的状态。为了维持这种状态，政府和国家需要不断地对人们所拥有的货币量进行重新分配。而这样的"再分配"并没有很好的理由说明其不是对人们的自由的持续侵犯。[②]

对于收入与财富平等的第三个批评是，收入与财富的平等会使人们丧失劳动和工作的积极性，并最终使社会的生产力和效率大大降低，甚至使人们的生活无以为继。因此，收入与财富的平等是一种不可持续的空想。对于这一批评，帕里斯给出了详尽的回应。帕里斯认为，一方面，所有社会成员无条件获得的"基本收入"并不会出现完全的平均主义大锅饭。人们出于自身的需求而劳动和创造，在平等地获得一份"基本收入"的前提下，绝大部分公民会自愿地参与到社会劳动当中，实现自己的目的和计划，以确立自身的价值。另一方面，对于国家和政府来说，为支付每个人的"基本收入"而收取的税收，应该处于能维持这一政策的最高水平。同时，当我们考虑人口的因素时，这一"税收"政策有可能会产生一种良性循环："基本收入"政策免掉了人们生养后代的后顾之忧，人口随之增加，缴纳税收的人也逐步增加，于是，"税收"增加，而人们所获得的"基本收入"也随之增加。由此，帕里斯认为"无条件的基本收入"制度是一种可持续的制度。[③]

一些收入与财富平等理论的批评者指出，收入与财富的平等并不能真正实现人们福利的平等。这一点在下述例子中是显而易见的：A 与 B 拥有同样多的收入和财富，保持着"金钱平等"。然而，A 是一个残疾人，需要花费很多的资金去做康复和治疗；而 B 是一个正常人，可以自由地使用金钱以满足自己的各种愿望。在这一例证中，A 与 B 所享有的福利显然是不平等的。由此我们看到，在人们的福利与资源之间，还存在着某种重要的因素。这一因素左右着人们是否能应用自己所拥有的资源以实现自己

---

① 参见 Robert Nozick, *Anarchy State and Utopia*, Wiley Blackwell, 2001, p. 168。
② Michael Walzer, *Spheres of Justice*, Basic Books, 1984, pp. 21 – 23。
③ 参见 Phillipe van Parijs, *Real Freedom for All*, Oxford University Press, 1995, chap. 2.3。

的理性偏好。帕里斯实际上也注意到了影响人们对资源的应用的这一重要因素，他在提出"无条件的最高收入"构想时加入了下述条件："暂时从人际能力的区别中抽象出来。"① 这一条件向我们揭示了存在于资源和福利之间的一种重要因素：能力。而正是基于对"能力"这一变量的深刻认识和分析，诺贝尔经济学奖获得者阿玛蒂亚·森提出了一种介于机会平等与结果平等之间的平等理论——"能力平等理论"。下面我们将进入对这种平等理论的讨论。

## 第三节 能力平等

"能力分析方法"明显异于其他传统的个体评估和社会评估方法，这些传统的分析方法是建立在诸如"基本善""资源"或"实际收入"的分析基础上的。这些变量都关注可实现个体福利及其他目标的手段，这些变量也可以看成是可实现自由的手段。与此相对照的是，功能属于个体福利的构成要素，而能力反映的是追求这些构成要素的自由。②

——阿玛蒂亚·森《论经济不平等，不平等之再思考》

通过上两节的讨论，我们注意到，无论对"福利平等理论"进行怎样的修正，都有两个理论难题无法解决：对于个人主观能动性——即自由与责任之关系——的忽视，以及在衡量平等与否时遭遇的"人际相异性"的困境。正是察觉到本质上属于"结果平等"的福利平等理论的这两个困境，当代著名经济学、政治哲学家、诺贝尔奖获得者阿玛蒂亚·森将"可行能力"（capacity）这一介于"自由"与"福利"之间的、包含着每个人独特特征的变量选作了衡量人们是否平等的"平等项"。

### 一 功能与能力

在讨论平等、自由以及社会分配这些当代西方政治学最关心的主题时，森为了调和平等与自由，以及机会平等与结果平等之间的矛盾，创新性地提出了自己的一组概念：功能与能力。并且认为，这一组新的概念与

---

① Phillipe van Parijs, *Real Freedom for All*, Oxford University Press, 1995, p. 33.
② Amartya Sen, *Inequality Reexamined*, Clarendon Press, Oxford, 1992, p. 42.

过去学者们所讨论过的概念，例如：基本善、资源、收入、福利等，有着本质的差别，因为这组概念不再关注实现自由的手段，而是关注自由本身。然而，森是否如自己所宣称的那样，通过对"能力"概念的构建，跨越了从自由的手段到自由本身的鸿沟，并在自由与平等之间建起沟通的桥梁，却是值得怀疑的。

我们先来看看"功能"与"能力"这两个核心概念。森论述道："'功能'（functioning）的概念（很明显它源自亚里士多德），反映了一个人认为值得去做或达到的多种多样的事情或状态。"① 简单来说，功能就是人们所处的状态和可以做的事情（beings and doings）。森所理解的功能包括许多内容，从较初级的"保持良好的营养""身着体面的服装""接受义务教育"等，到较复杂的"在世界顶级的音乐厅欣赏交响乐""实现环球旅行的计划"，以及"成为候选人竞选总统"等，都可以被称作"功能"。第二，"可行能力"（capability）的概念与"功能"概念直接相关，指的是"某人有可能实现的、各种可能的功能的组合。"② 在森看来，"可行能力"是一个集合，它包括了一个人可能实现的所有的功能。在构建了"功能"和"能力"两个概念之后，森的平等主义主张就很好理解了：在社会分配领域，要努力实现人们在"可行能力"上的平等，也就是每个人"可能实现的功能集合"的平等。

在确定了"功能"与"可行能力"两个概念的含义之后，森认为，这两个概念与当代政治哲学中人们经常讨论的另外两个概念有着很紧密的联系，这就是：福利与自由。首先，森认为，"功能"是人们福利的重要标志。因为，一个人的福利可以从其生存的质量来判断。人们生命中的状态和活动可以看成一系列相互关联的"功能"③，而个体福利可以被看作是她或他的功能的向量。换句话说，功能是个体生存状态的构成要素，对个体福利的评估也就成为对这些构成要素的评估。与此同时，森又认为，"能力"与"自由"有着紧密的联系。森论述道，能力是一种实质性的自由，这种自由不同于"右派自由至上主义者"所理解的"形式的自由"，它包括人们实现自身目的和计划的真正的"机会"；用森的术语来说，自由就是"可行能力"的集合（capacity set）。

从上述分析中我们似乎能体会到森的"良苦用心"。在森的平等理

---

① ［印度］阿玛蒂亚·森：《以自由看待发展》，任赜、于真译，中国人民大学出版社 2013 年版，第 62—63 页。
② 同上。
③ Amartya Sen, *Inequality Reexamined*, Clarendon Press, Oxford, 1992, p. 41.

论中，存在着两个变量：一个是与"福利"紧密相连的"功能"；另一个是与"自由"紧密相连的"能力"。如上所述，"自由"与"福利"这两个概念在平等理论的谱系中处于"机会"与"结果"的两端，在更宽泛意义上的政治理论光谱中处于"左"与"右"的两端。也就是说，强调"自由"的理论家更主张"机会平等"（当然，对于何谓真正的"机会"存在着不同的解释），而主张"福利"的理论家则更强调"结果平等"；甚至可以说，强调"福利"的通常是左派的政治家，而强调"自由"的则大多是右派政治家。当然，两派政治理论都各有偏激、不尽完美，而森通过对"功能"和"能力"的构建，却想要搭设沟通两端的桥梁。

下面我们来分析一下，森的能力平等理论在"左"与"右"的争论中到底处于什么位置。如上所述，在森的能力平等理论中，所谓自由就是能力的集合，而所谓能力就是可能实现的功能的集合。如此看来，自由也就是可能实现的功能的集合。在这里，"可能实现的功能"是一个极为关键的表述，其中所谓"可能实现的"需要进一步地澄清："可能性"到底有多大？如果这个"可能性"距离"起点"更近一些（以百分比表示的可能性数值较低），那么森的平等理论就更接近机会平等理论；如果"可能性"距离"结果"更近一些（以百分比表示的可能性数值较高），那么森的平等理论就更接近结果平等理论。举例来说，在申请某项职位的过程中，如果我们将"可能性"理解为"不被禁止"，那么任何人（不论性别、民族、信仰、文化背景等）都可以申请，都有可能获得该职位（就像我们经常在鼓励人们抽奖的广告里听到的"所有人均有机会获得某项大奖"）。如果有100名申请者申请1个职位，如此理解的"可能性"就是1%。另一方面，如果我们将"可能性"理解为确实具有获得该项职位的能力，那么在100名申请人中具有相应教育背景和任职能力的大概只有2人，而在这2人中获得该职位的可能性则为50%。森显然更倾向于对可能性的第二种解释，因为他主张"能力"的平等，主张社会分配应使人们获得实现自己计划的真正的"机会"，反对将机会仅仅理解为"不被禁止"；并且将"自由"阐释为"实质自由"而非"形式自由"。由此看来，森的平等理论是偏向"结果"的平等理论，也是偏"左"的政治理论。当然，森试图将"可能实现的功能集合"平等化，这使得其平等理论有别于"福利平等"理论这样的"结果平等"理论。在森的话语体系中，"福利平等"这类直接要求"结果平等"的理论以"实际的功能集合"替代了"可能实现的功能集合"，而使"可能性"

变成了100%。①

由此看来，森在"功能"和"能力"概念基础上构建的平等理论同样很难跳出"机会—结果"的二元结构，很难跳出"左"与"右"的纷争。在其话语体系中，如果森所构想的"可能实现的功能"中的"可能性"较大，其平等理论就偏向追求"结果平等"的福利平等理论；与之相反，如果森所构想的"可能实现的功能"中的"可能性"较小，其平等理论就偏向追求"机会平等"的平等理论。总之，森的平等主义诉求在"自由"与"福利"之间摇摆，却没有能够真正建立沟通两端的桥梁。

## 二 评估和筛选

森反对"福利平等"理论以"收入"和"财富"来衡量人们平等与否，主张通过比较人们"可能实现的功能的集合"来衡量。于是，我们不得不建立一种比较的标准，对不同人的"功能集"进行比较。下面，我们将进入对于不同功能进行"评估"和"筛选"的讨论。

森建构"功能"与"能力"这两个概念的另一个目的就是想要解决人际相异性问题。森认为，由于无处不在的人际相异性，人们在不同领域不可能同时保持平等。例如，保证了人们"私有权"的平等，人们在"收入和财富"方面就会不平等，因为每个人创造财富的天赋和努力不一样。又比如，满足了人们在收入领域的平等，人们在福利领域就必然会出现差异，因为不同的人将收入转化成福利的能力不同。所以说，"'人际相异性'的结果之一就是此域的平等到了彼域可能就变成不平等了。"②那么，森所提出的"功能"和"能力"概念能解决人际相异性的问题吗？如果我们要将"能力"作为平等化的目标，就免不了对每个人的功能集进行考察，以确定这些集合是否平等。森将这称作是"评估"和"筛选"的过程。森认为，我们在研究平等问题时必须对功能进行评估和筛选，选出重要的功能而忽略不重要的功能。森举例说，"选哪个牌子的洗衣粉"

---

① 从这里我们也可以看到，森的能力平等理论事实上更接近追求结果平等的"福利平等"理论，而森实质上是功利主义的改良者。对于"功利主义者"与"社会契约论者"的区分，有一种简便的方法：绝大部分的经济学家都是"功利主义者"，因为只有功利主义的理论框架为解决社会政治制度的问题提供了一种计算基础；而"社会契约论者"或者说"权利论者"则大多为法学家或法哲学家，因为"权利"概念的确立为法律提供了坚实的基础。

② Amartya Sen, *Inequality Reexamined*, Clarendon Press, Oxford, 1992, p. 20.

就显然不是一项重要的功能。① 森认为，对于发展中国家来说重要的功能包括：良好的营养、适合的居所、避免可预防的死亡和早夭，等等。而对于每个人来说，"用双腿走路的功能"就肯定要比"打篮球的功能"更重要。

然而，对不同功能进行重要与不重要的排序，这又必然遭遇到人际相异性的麻烦。因为，一项功能重要与否，与个人的生活态度和价值观念有着重大的关联。就拿森所举的"用哪个牌子的洗衣粉"的例子，对于一些人来说这也许是一件非常重要的事情。就像现实生活中一些人会认为背哪个牌子的包是一件非常重要的事情，是自身福利水平的重要标志。而对于一些篮球球迷来说，也许"打篮球的功能"比"用双腿走路的功能"还要重要。所以说，只有当我们针对某个人，或者说在某种特定的价值观指导下才能对不同的功能进行评估和筛选，而这种筛选很难不是一种"武断"（arbitrary）的筛选。例如，在一种节俭的、重视积累和发展的人生观中，我们会将对奢侈品的消费看作是不重要的功能；而在一种享乐的人生观中，则会认为对奢侈品的消费非常重要。由此看来，功能与能力这一组概念同样很难摆脱人际相异性的困境，其深刻原因在于，基于功能和能力的社会分配理论实际上是一种"整全性学说"（comprehensive doctrine）。②

森的能力平等理论是基于某种价值观的"整全性学说"，这一点也反映在他所讨论的"功能"与"福利"的关系之中。森认为，功能是个人福利的构成要素。这句话乍看起来没有什么问题。但仔细思量就会发现，某一种功能是否对某人来说构成一种福利，这取决于这个人的基本的生活态度和价值取向。例如，对于一个习惯节俭、不追求奢侈生活的人来说，花几千元去米其林餐厅吃一顿饭的这一功能，就不构成其福利，而只能使其感到痛苦，即使她的收入和财富允许她进行这样的消费。森的能力理论作为一种"整全性学说"，使得以能力和功能评估人们福利的方式只有在特定的价值理论或生活方式中才能奏效，并不能在多元的社会中达成共识。

人际相异性的问题不仅给"筛选"功能带来困难，而且对"功能集"

---

① Amartya Sen, *Inequality Reexamined*, Clarendon Press, Oxford, 1992, p. 44.
② 罗尔斯将"整全性学说"定义为："一套得到公民肯定的价值信念，包括道德的、形而上的、宗教的信念；个人德行的信念；以及社会应该如何安排的政治信念。"参见罗尔斯在《政治自由主义》一书中对"整全学说"的讨论。John Rawls, *Political Liberalism*, Columbia University Press, 1995, pp. 131 – 168.

实际大小的确定也变得很困难。因为,"功能集"最终的内容和广度在很大程度上取决于每个人的志向和努力。在人们的生活中,除了那些最初级的"功能"——例如:充足的营养、健康的身体等——是每个人都会首先满足的功能外,其他的功能与每个人的"志向"有着密切的关联。例如,一个天文爱好者,可能会将自己的收入和财富的很大部分投入到购买天文望远镜以及相应的学习当中,而这将造成他在另一些"功能"方面的"欠缺"。比如,他本来有钱去米其林餐馆用餐,但由于他购买了望远镜,就丧失了奢侈消费的可能性。这样将他的"功能集"与那些能支付奢侈消费的人相比时,似乎他的"功能集"就变小了。然而,这样的比较显然不公平,因为他不能去米其林餐厅的原因是因为他购买了望远镜。再比如,一些富豪非常节俭,其实际功能的集合与普通人没有太大区别:健康廉价的食品、实惠的日用品(就像郭晶晶也会背几十元一个的"饺子包")、公共交通上下班……但我们很难就此判断这些节俭的富翁与平常人是平等的。所以说,如果我们仅仅通过比较人们"实际的功能集"而做出人们是否平等的判断是有失公允的,而应该如森所强调的那样将人们"可能实现的功能集"进行比较。

对人们"可能实现的功能集"进行比较,这要求我们找到一个可以在人际之间通约的变量(currency),以确定人们可能实现的功能有哪些、有多少,并以此度量"可能实现的功能集"的大小。现代社会以市场交换为基础,人们绝大部分功能都是在商品交换的过程中实现的,而最常见的可以在人际之间通约的、方便度量的变量就是货币。也就是说,如果我们想建立一种在所有价值观之间保持中立的比较机制的话,我们只能以拥有金钱的多少来衡量人们"可能实现的功能集"的大小。谁的钱多,谁可能实现的"功能集"就大;谁的钱少,谁可能实现的"功能集"就小。然而,如果我们选择以货币来衡量每个人"可能实现的功能集"的大小,我们就又回到了收入和财富平等的老路上,根本无法跳出人际差异性的困境。

总之,森的能力平等理论在一定程度上克服了结果平等理论的某些弊端,但却还没有解决人际相异性的难题。对于森所追求的平等目标——可行能力的平等,一方面,我们不可能真正实现人们在能力上的平等化,因为我们无法建立中立的评判能力大小的标准;另一方面,即使这是一个可实现的目标,也绝不是一个理想的目标。因为,人类发展的可能性是无限的,也许人类的某种潜能还没有被激发出来,还没有被人们清楚地认识到。而如果人类自身在这之前,已经对人类的可行能力设定了固定的

"功能集",那就必然会限制人们的自由甚至是人类社会的发展。这种想将个人发展在客观度量的基础上平等化的主张,有可能将是限制人们自由的最糟糕的主张。

# 结语：平等与正义

本书讨论的主题是平等，然而却处处涉及对正义问题的分析。20世纪70年代罗尔斯《正义论》一书的出版，引发了人们对分配正义的热烈讨论，同时，也将"平等"这个古老的话题重新带入了人们的视野。纵观西方当代政治哲学近50年的研究，学者们围绕着正义与平等两大主题做出卓有成效的理论建构。然而，对于正义与平等之间的关系问题却还远远没有辨析清楚，下面我将尝试厘清正义与平等之间的关系，并对本书的讨论做出总结。

## 一 正义要求"平等待人"

在柏拉图最初的讨论中，正义与平等并非是一致的，而毋宁说是相反的。柏拉图在《理想国》一书中将正义阐释为"各司其职，各得其所"，而与这一正义理念紧密相连的正是统治者、护卫和平民三个阶层组成的等级森严的社会。为了维护等级制的社会，柏拉图甚至不惜以谎言来为社会的不平等辩护，在其编织的"高贵的谎言"中，金、银、铜、铁铸成了不同阶层人们的灵魂。可见，柏拉图在根本上认为不同阶层的人们具有不同的价值，并以人们出生的不平等来论证社会的不平等。无怪乎波普尔在《开放社会及其敌人》一书中批评柏拉图："平等主义是他的头号敌人，他将倾力摧毁它，毫无疑问就他的真实信仰看，平等主义是最大的邪恶，最大的危险，但他对平等主义的攻击并不足信。柏拉图不敢公开地直面这位敌人。"①

亚里士多德是柏拉图的学生，但他并没有完全继承老师的正义理论，而是将正义朝着平等的方向拉近了许多。在《尼各马可伦理学》一书中，亚里士多德将社会的正义分为三种：交换的正义、分配的正义和矫正的正

---

① ［英］卡尔·波普尔：《开放社会及其敌人》，陆衡等译，中国社会科学出版社1999年版，第187页。

义。其中，对于分配的正义，亚里士多德认为，应该分配给每个人符合其成就和优点的利益。亚里士多德论述道："每个人都同意根据人们的某种成就或优点（merit）进行分配是正义的，但每个人对于成就或优点的理解却是不一样的；民主派认为成就和优点就是做一个自由的公民；寡头派认为，成就和优点就是财富或高贵的出身；而贵族派则认为是美德（virtue）。"① 亚里士多德虽然没有表明自己对于"何为成就和优点"的看法，但从他对贵族制的推崇来看②，他应该会同意贵族派的观点，将美德作为人们"应得"的标准。由此，亚里士多德对于分配正义的原则可以理解为按照每个人的"美德"③ 来分配，这已经包含着某种"平等待人"的意味了。

当代学者戴维·米勒（David Miller）在讨论何谓正义时引用了查士丁尼的经典定义：正义乃是"给予每个人应有的部分这种坚定而恒久的愿望"④。也就是说，"正义"要求政治共同体以适宜的方式对待每个成员。那么，什么是适合于每个个体自己的方式呢？我们可以将这一定义与亚里士多德给出的对于平等的形式原则——"相同的情形相同对待"⑤——做一个比较。由此，我们看到正义与平等具有某种一致性：正义要求共同体以适宜的方式对待其成员；而平等则要求"相同的情形给予相同的对待"。

正义与平等之间的这种一致性在政治现代化的过程中得到进一步的确证。在"现代政治学之父"霍布斯提出"权利"概念和社会契约论之后，"每个人都是由其所组成的政治共同体的平等成员"的观念逐步深入人

---

① Aristotle, *Nicomachean Ethics*, edited by Roger Crisp, Cambridge Press, 2000, p. 87.
② 参见亚里士多德在《政治学》中将君主制和贵族制作为"优良政体"的论述：卷三章十八 1288a34 节，卷四章二 1289a30 节。（亚里士多德：《政治学》，吴寿彭译，商务印书馆 2008 年版，第 177、182 页）
③ 希腊文的"arête"一词对应于英语里的"virtue"或"excellence"，中文翻译成"美德"或"德性"，这是构成古希腊美德伦理体系的核心概念。值得注意的是，"美德"这一概念与现代人所说的"道德"有一定的区别。"道德"在英文中是"morality"，其基本含义是：人们共同生活及其行为的准则和规范。（参见《现代汉语词典》第 6 版）然而，"美德"在古希腊的语境中指的却是某人在某方面的"卓越"和"优秀"。例如，那些跑得最快、跳得最高、在奥林匹斯赛会中夺得桂冠的人，那些在战场上英勇杀敌的将领和士兵，还有在公民生活中善于沟通各方、协调一致的政治家……在古希腊城邦中都将被视作是具有美德的人。
④ *The Institute of Justinian*, tyns J. B. Moyle, Oxford, Clarendon Press, 1937, p. 3.
⑤ Aristotle, *Nicomachean Ethics*, V. 3. 1131a10 – b15; *Politics*, III. 9. 1280 a8 – 15 Ledited by Roger Crisp, Cambridge Press, 2000, p. 87, III. 12. 1282 b18 – 23. 中文译文参见［古希腊］亚里士多德《政治学》，吴寿彭译，商务印书馆 2008 年版，第 152 页。

心。在霍布斯和洛克所构想的自然状态中，人们在平等、自愿的条件下缔结社会契约，而这一契约必然保证他们在新的政治共同体中所具有的平等地位和成员资格。政治共同体的所有成员拥有平等的权利，具有平等的身份和地位，这些基本要素构成了合法政府的基础。由此看来，在以公民的平等身份为基础的现代政治共同体中，正义与平等之间产生了必然的联系。正义要求共同体以"适宜"的方式对待其成员，而在现代政治共同体中，人们承认所有共同体成员具有平等的身份和地位，因此，正义所要求的"适宜"的方式就必然是"平等待人"。

简而言之，正义要求共同体以适宜的方式对待其成员，所以，在古代的等级制社会中，正义并不要求政治共同体平等待人。在政治现代化的过程中，越来越多的社会成员（这其中包括政治共同体中的女性、少数民族、移民等）通过争取平等权利的政治运动获得了平等的身份和地位，成为政治共同体中的平等成员。由此，在现代政治共同体中，正义这一价值提出了"平等待人"的要求。然而，"平等待人"的具体含义还有待澄清：是指给予所有社会成员同等的收入和财富吗？还是指同等地满足所有社会成员的需要？抑或是依据社会成员的贡献大小给予不同的回报？正义要求"平等待人"，并不意味着任何一种平等都是正义所要求的。平等与正义的关系与正义原则所要求的"平等待人"的具体内容有关。正像亚里士多德所给出的平等的形式原则——"相同的情形给予相同的对待"——需要对"情形"进行具体限定一样，我们也需要对何谓"平等待人"进行具体限定。通过这些限定，我们将发现在特定的正义理论框架下，人们在一些层面得到平等份额的同时，在社会的另一些层面则变得不平等。

## 二 "地位平等"与"分配性的平等"

米勒在《社会正义原则》一书中讨论了正义与平等的关系，并且认为，在政治哲学中可以区分两种平等理论——"分配性的平等"和"地位平等"（status equality），其中"分配性的平等"与分配正义相关，而"地位平等"则独立于分配正义。[①] 米勒的观点虽然并不完全符合笔者的下述论证，但是却为我们提供了一个探讨正义与平等之关系的很好的切入点。

参照本书序言中的构建，我们可以将西方平等理论分为以下六种：第

---

① David Miller, *Principles of Social Justice*, Harvard University Press, 2001, p. 232.

一种平等理论——"平等存在",肯定了人们拥有平等的道德价值以及平等的尊严,是其他所有平等理论的基础。第二种平等理论——"法律—政治的平等",保证了人们拥有平等的权利,构成了现代政治制度的基础。第三种、第四种、第五种和第六种平等理论包括了程度不同的三种机会平等理论以及结果平等理论,规定的是人们对于各种资源和机会的合法占有,与社会分配的基本制度息息相关。在这六种平等理论当中,前两种平等理论与社会分配无关,后四种平等理论则与社会分配相关。

在米勒的论述中,与社会分配正义相关的平等称作"分配性平等",其中包括经济平等、机会平等和权利平等;而独立于社会分配的平等被称作"地位平等"。[1] 笔者同意米勒对"分配性平等"和"地位平等"的区分,但并不赞同米勒将"权利平等"当作一种"分配性平等"。在笔者看来,"权利平等"应该归属于"地位平等"的范畴。因为"权利"与收入、财富、机会等可分配的东西不同,是对于共同体成员之间关系的直接规定。例如,如果赋予政治共同体中的某一群体某种特殊的权利,实际上就是确立了这一群体相对于其他共同体成员的不平等地位。因此,关于权利的规定将直接决定政治共同体成员的身份和地位。正是在"平等权利"原则的规范之下,不同的政治共同体成员才获得了平等的身份和地位。在对米勒的观点进行修正之后,笔者提出下述观点:在本书所讨论的六种平等理论中:第一,"平等存在"和"平等权利"属于米勒所说的"地位平等",这两种平等构成了"平等待人"的基础,是社会正义直接要求的。第二,本书所讨论的后四种平等理论涉及人们对资源和机会的合法占有,这些平等理论与社会分配直接相关,是"分配性的平等"。所以说,与社会分配无关的平等诉求属于"地位平等",与社会正义相关,与分配正义无关;与社会分配直接相关的平等诉求是"分配性的平等",与分配正义相关。同时,社会正义是分配正义的基础,正如,"地位平等"是"分配性平等的基础"。而在本书的讨论中,"平等存在"和"平等权利",是机会平等和结果平等的基础。

虽然"地位平等"与"分配性平等"之间存在着协调一致的关系,但是在"分配性平等"理论内部却充满了错综复杂的矛盾。森在讨论平等理论时指出,关于"平等"有两个实质性的问题:(1)为什么平等;(2)什么的平等。森还认为,这两个问题并不是完全割裂的。在许多情况下,人们正是通过回答第二个问题而论证第一个问题。本书的讨论正是

---

[1] David Miller, *Principles of Social Justice*, Harvard University Press, 2001, pp. 231-232.

侧重于讨论第二个问题，以期对第一个问题给出某种回答。然而，在讨论"什么的平等"时，人们又难免遭遇"人际相异性"给平等理论带来的困境。具体来说，由于现实世界中的每个人都是独一无二的，所以如果我们保证了人们在某一方面的平等，就很难保证人们在其他方面也平等。如森所言："由于无所不在的人际相异性，核心变量的差异是非常重要的。假如所有人都完全相同，则一个评价域（如收入）里的平等就与其他评价域（如健康、个体福利、快乐）里的平等相一致了。可见，'人际相异性'的结果之一就是此域的平等到了彼域可能就变成不平等了。"① 由此，不同的平等诉求就不可能同时得到满足。例如，满足了人们权利的平等，就无法避免人们在收入和财富上的差异；满足了人们在收入和财富上的平等，就很难保证人们在福利上的平等；满足了人们公平竞争的机会平等，就不难预料人们必然得到不同的竞争结果，而要保持竞争结果的一致，又必须对竞争的机会做出不平等的安排。

面对纷繁复杂的平等诉求，追求平等的理论家们该如何做出选择呢？森认为，"如果某项主张认为在某个重要的评价域里的不平等是正当的（好的、可以接受的或是可以容忍的），并需有充足的理由支持（而不是以攻击那些持不同意见的人的方式）的话，则该主张的论证方式就是证明该不平等是作为在另外某个（更为重要的）评价域里的平等诉求的结果。"②也就是说，如果我们能证明某一种平等是至关重要的、是优先的，那么人们在其他方面的不平等就得到了证明，而后者是人们必须接受的。在这里，"分配正义"不仅与"分配性平等"相关，而且还能够在不同的平等诉求之间做出选择。某种正义理论在建构分配原则的同时，必然对某种最重要的平等进行论证，同时也就论证了其他领域的不平等。由此看来，在特定的分配正义框架下，人们得以对分配领域的各种平等诉求做出选择。下面笔者将具体讨论几种具有代表性的分配正义原则是如何对人们在经济和社会领域的平等与不平等做出安排的。

### 三 分配正义与平等

罗尔斯在讨论平等与嫉妒的关系时论述道："可以令人信服地证明，严格的平等主义，即坚持对所有的基本善的平等分配的学说，是产生于嫉

---

① Amartya Sen, *Inequality Reexamined*, Clarendon Press, Oxford, 1992, p. 20.
② Ibid., p. 21.

妒。"① 罗尔斯这里所说的"基本善"包括自然禀赋、收入、财富、权利、机会和权力。罗尔斯认为自己所主张的正义理论并非产生于嫉妒,因为分配正义原则并不要求对社会中所有可分配的利益和机会进行平均分配。在罗尔斯的正义理论中,第二条正义原则正是对人们在经济和社会领域的不平等的安排:社会和经济的不平等应这样安排,使它们①适合于最少受惠者的最大利益,②依系于在机会公平平等的条件下职务和地位向所有人开放。这一原则允许政治共同体成员之间在经济和社会领域存在不平等,并为这种不平等划定了界限。在机会平等方面,罗尔斯认为:"在社会的所有部分,对于每个具有相似动机和禀赋的人来说,都应当有大致平等的教育和成就前景。"② 这被称作"公平机会的平等原则"。按照这一原则,具有相同的自然禀赋、并付出同等努力的人们,不论其出生于什么样的经济和社会环境之中,都应该具有相同的教育和就业前景。在经济利益方面,罗尔斯认为,当社会中的较有利者的利益如果继续增加就将导致社会中最不利者的利益减少的时候,不平等的程度就不能再加深了,否则,整个社会分配就是不正的。罗尔斯的正义理论植根于其社会合作理论,在罗尔斯看来,当人们之间的不平等超出了第二条正义原则所规定的界限时,社会合作中较有利者的获利就将以最不利者的牺牲为代价,而这样的合作不再是互惠互利的,而毋宁是一种剥削。综上所述,在罗尔斯的正义理论中,正义所要求的"平等待人"的含义是:权利平等、公平机会的平等以及差别原则所规定的经济和社会领域的不平等适合于增进最少受惠者的利益。

罗尔斯的反对者罗伯特·诺奇克阐述了一种完全不同的分配正义原则——市场原则。在诺奇克看来,在保证人们的地位平等和权利平等的基础上,经济领域和社会领域的不平等应该完全交给市场来安排。也就是毫无保留地接受政治共同体成员之间的自愿交换的累积结果,而不对其进行任何的修正。诺奇克将基于自愿交换的自由市场看作是进行社会分配的纯粹程序正义,并且认为不需要任何独立于市场的对于分配结果的价值判断,对于市场分配的结果应该毫无保留地接受,因为任何再分配的措施和政策都有侵犯私有权的嫌疑。然而,将社会分配完全交给市场会面临一个巨大的问题:在自愿交换的过程中政治共同体成员之间在经济和社会领域

---

① [美]约翰·罗尔斯:《正义论》,何怀宏、何包钢、廖申白译,中国社会科学出版社 2006 年版,第 541 页。
② 同上书,第 73 页。

的不平等将急剧加大，而这些与分配相关的不平等最终会影响甚至瓦解作为正义之基础的"地位平等"。在放任的市场经济中，由于穷人和富人积累财富的方式不同（富人通过资本积累财富而穷人以出卖劳动力积累财富），常常出现的情况是，穷人越穷而富人越富。由此，政治共同体成员之间在收入、财富、机会和权力方面都会产生越来越大的差距。2011年美国华尔街游行的政治口号——"我们是那99%"（意思是，1%的富豪聚集了大量的财富，剩下的人们是99%的穷人）——清楚地向我们展现了这一点。正如米勒所认为的，如果经济和社会领域的不平等继续扩大，我们将退回至一个等级制的社会而不再是承认"地位平等"的现代政治社会。由此看来，在诺奇克的正义理论中，所谓"平等待人"的含义是：保证政治共同体成员的权利平等，同时对他们之间因自愿交换而产生的经济和社会不平等不进行任何平等化的干涉。

"按需分配"是一条颇具争议的分配原则[①]。这一原则要求，政治共同体应平等地满足共同体成员达成共识的"合理需求"。米勒和迈克尔·沃尔则都在自己的正义理论中讨论了这一分配原则。例如，如果某政治共同体成员达成共识，将"干净的饮用水"作为一项"合理需要"，那么这个政治共同体就应免费或以很低的价格向所有成员提供干净的饮用水，直至其对水的需要满足为止。当然，每个人对于水的需要是不一样的，有的人喝水多，有的人喝水少。"按需分配"原则要求的不是平均的供给，而是平等地满足所有人需要的供给。也就是说，不论喝水多还是喝水少，国家应保证所有人都喝够。可见，"按需分配"并不能保证人们在经济和社会领域的绝对平等，由于人们各自的需求不同，人们从政治共同体中所获得的资源和利益也会有很大的差别。总之，根据"按需分配"的正义原则，所谓"平等待人"指的是：权利平等，以及平等地满足所有共同体成员的"合理需求"。

与"按需分配"不同，"应得原则"主张根据人们的优点或贡献来分配机会和利益。这一原则在教育领域和工资薪酬的发放中被广泛应用。在教育机会的分配中，普遍存在的考试制度就是对人们的优点和资质的评价机制，优质的教育机会往往被分配给在考试中获得优异成绩的考生。另一方面，在工资薪酬的发放中，"多劳多得"是一种得到广泛认同的计算薪酬的方式，根据贡献进行分配正是"应得原则"所要求的。同样，"应得

---

[①] 对于"按需分配"原则的具体讨论，可参见笔者《"按需分配"：从理想到现实》，《马克思主义与现实》2016年第6期。

原则"并不能保证人们在经济领域和社会领域的绝对平等，人们因贡献不同、天资不同以及个人努力的不同而被给予不同的利益和机会。由此看来，根据"应得原则"，所谓"平等待人"指的是：权利平等，以及根据每个人的优点和贡献安排经济和社会的不平等。

通过上述对四种具有代表性的分配正义原则及其所要求的"平等待人"的具体含义的分析，我们可以看到，在现代政治体制中，正义这一价值要求政治共同体"平等待人"，这一政治原则包括两个部分："地位平等"和"分配性的平等"。在现代社会中，所谓"地位平等"包括植根于"平等存在"的"平等尊严"和"权利平等"，而"分配性的平等"则是对人们对资源和机会的合法占有的规定。前者与"分配正义"无关，而后者则与"分配正义"紧密相关。正是在特定的分配正义的框架之下，人们才能对分配领域的各种平等诉求做出选择和取舍。在本书讨论的六种平等理论中，前两种平等——"平等存在"与"平等权利"是社会正义的根本要求；而后四种平等——"前途向才能开放"的机会平等、"拉平社会境况"的机会平等、"拉平社会境况和自然禀赋"的机会平等以及福利平等，则与"分配正义"相关，每一种分配性的平等诉求都植根于相应的分配正义原则。

# 附:"平等"一词的中英文差异

众所周知,"平等"是政治学中的一个重要概念,是东西方共同追求的政治价值和政治目标。中国自古以来就有追求一个平等社会的理想。早在两千多年前,孔子就曾感言,"丘也闻有国有家者,不患寡而患不均,不患贫而患不安"(《论语·季氏》);而宋代的农民起义更是提出了"等贵贱、均贫富"的政治理想。在西方,亚里士多德明确提出了"对同类事物要同等对待"的平等原则;在17、18世纪的资产阶级革命中,自由主义思想家提出了"法律面前人人平等"的原则,并且将"自由、平等、博爱"作为自由主义革命的目标和口号。然而,"平等"这一重要的政治概念在中英文中的含义和用法却有着重要的区别,这一点似乎被大多数国内研究者所忽略。因此,笔者认为有澄清这一区别的必要。

我们先来看看"平等"在现代汉语中的含义。"平等"在《辞海》中的解释是:"1. 人与人之间在经济、政治、文化等方面处于同等地位,享有同等的权利。2. 平常;一般。《聊斋志异·商三官》:'优人孙淳携二弟子往执役。其一王成,姿容平等,而音词清彻,群赞赏焉。'"[1] 在现代汉语中我们通常用的是"平等"的第一个意思,很少会用到第二个意思,本文的讨论也重点在平等的第一含义。另外,其他的中文词典对"平等"的解释也大多如此,例如《现代汉语词典》(第5版)中,"平等"的解释是:"1. 指人们在社会、政治、经济、法律等方面享有相等待遇。2. 泛指地位相等:～互利/男女～。"[2] 总的来说,在现代汉语中,"平等"指的就是人与人之间在政治、经济、文化等方面的同等地位。

我们再来看看当我们把"平等"一词翻译成英文时,对应的是哪个词。《现代汉英词典》对"平等"解释是:"平等, equal. Equality between the sexes/ equality and mutual benefit/ consultation on the basis of equality/ e-

---

[1] 参见《辞海》第六版,上海辞书出版社2009年版,"平等"词条。
[2] 参见《现代汉语词典》(第5版),商务印书馆。

qual treatment/ treat others as equals。"① 从这里我们可以看出,"平等"一词对应于英文的形容词 equal 和名词 equality。相应地,"不平等"则对应于英文中的形容词 unequal 和名词 inequality。

接下来,我们看看英文中 equal 的含义。《牛津高阶英汉双解词典》(第七版)对 equal 的解释有两个:"equal adj. 1. 大小、数量、价值等相同的: There is an equal number of boys and girls in the class. 2. 平等的;等同的: equal opportunities policy。"② 其他的英文词典对 equal 的解释也大多采用这两种,例如《麦克米伦英汉双解词典》对 equal 的解释:"1.(价值、数量或尺寸)相等的,同样的。2.(权利、身份和机会)平等的。"③

对比以上三类词典的解释,我们就会发现中文的"平等"与英文的"equal",两词的含义并不对等。"平等"在现代汉语中只有"(权利、身份和机会)等同"的意思,没有"(价值、数量或尺寸)相等"的意思,而 equal 则兼有两者。两词含义的不同也导致了它们用法的不同,equal 在英语里可以用来描述两种事物在任何一方面的相同,如高矮、长短、数量、大小,等等;而"平等"在现代汉语中只能用在表达人与人之间的同等地位、同等权利、同等对待、同等机会等规定性的判断。这一点在"斯坦福大学哲学百科全书(在线)"的"equality"词条中讲得非常清楚:"equality,equal 和 equally 指明一种数量关系。指的是不同对象(包括物体、人、过程或者境况)至少在一方面等同,但不是在所有方面等同。(也就是,某一方面等同,而其他方面不同)。equality 既可以用于描述(describe)也可以用于规定(prescribe),重要的是,如何界定比较的标准。当 equality 用于描述时,其标准本身就是描述性的。比如,两个人同样重量(其比较的标准就是重量)。当 equality 用于规定时,其比较的标准是规定性的(例如,规范或法则),比如,在法律面前应该人人平等(其比较的标准是法律)。"④ 为了更好地理解上述解释,我们需要了解英语里 describe(描述)和 prescribe(规定)的区别。通常情况下,"描述"指的是将事物的本来面目呈现出来,对应于系动词"be",是对事物的"实然状态"的呈现,描述性的判断是一种事实判断。"规定"是把事物应该的样子呈现出来,对应于情态动词"ought to be",是对事物的"应

---

① 参见《现代汉英词典》,外语教学与研究出版社1988年版,"平等"词条。
② 《牛津高阶英汉双解词典》,商务印书馆2009年版,"equal"词条。
③ 《麦克米伦英汉双解词典》,外语教学与研究出版社2005年版,"equal"词条。
④ 摘译自"斯坦福哲学百科全书(在线)""Equality"词条,URL = http://plato.stanford.edu/archives/spr2011/entries/equality/。

然状态"的呈现,规定性的判断是一种价值判断。了解了这一区分,我们就可以清楚地看到,"平等"一词在现代汉语中只能用于规定,而不能用于描述。也就是说,平等在现代汉语中只能用于价值判断,而不能用于事实判断。在汉语里,我们不能说"两个人平等重量",而只能说"两个人相等重量"。但是,在英文里我们却可以说"Two people weigh equally",因为,equality、equal、equally、inequality、unequal、unequally 都可以用于描述,而不仅仅用于规定。

辨明中文的"平等"与英文的"equal"在词义和用法上的区别对于理解和研究西方政治思想有着重要的作用。举一个典型的例子,汉语学界曾争论这样一个问题:在卢梭的理论中,自然状态下人与人之间是否存在不平等?[1] 一方面,认为自然状态下人与人之间存在不平等的根据是,卢梭在《论人类不平等的起源和基础》中将人与人之间的不平等分为两种:"我认为在人类中有两种不平等:一种,我把它叫作自然的或生理上的不平等,因为它是基于自然,由年龄、健康、体力以及智慧或心灵的性质的不同而产生的;另一种可以成为精神上的或政治上的不平等,因为它是起因于一种协议,由于人们的同意而设定的,或者至少是它的存在为大家所认可的。第二种不平等包括某一些人由于损害别人而得以享受的各种特权,譬如:比别人更富足、更光荣、更有权势,或者甚至叫别人服从他们。"[2] 在卢梭看来,自然状态下的人处于孤立绝缘的状态,人与人之间的关系还没有建立起来,当然不存在"协议的不平等";但是,人与人之间在体力、智力、情感等各方面的差异却固然是存在的,因此在自然状态下存在"自然的不平等"。另一方面,认为自然状态下不存在人与人之间的不平等的根据是,卢梭在《论人类不平等的起源和基础》这篇论文的结尾给了我们这样的结论:"根据我的说明,我们可以断言,在自然状态中,不平等几乎是不存在的。由于人类能力的发展和人类智慧的进步,不平等才获得了它的力量并成长起来;由于私有制和法律的建立,不平等终于变得根深蒂固而成为合法的了。"[3] 那么,按照卢梭的说法,在自然状态下到底存不存在不平等呢?这给中文读者造成了很大的困惑。

上述困难涉及 inequality 的翻译问题,正是由"不平等"和 inequality 的不对等关系造成的。虽然英文中两段论述用的都是同一个词 inequality,

---

[1] 参见刘国栋《论卢梭的平等理论》,《政治思想史》2013 年第 1 期,第 82—97 页。
[2] 参见[法]让·雅克·卢梭《论人类不平等的起源和基础》,李常山译,商务印书馆 1982 年版,第 70 页。
[3] 同上书,第 149 页。

但 inequality 的含义和用法都是有区别的。① 具体来说，在第一段论述中，卢梭所说的人们在年龄、健康、体力以及智慧或心灵的性质等各方面的 inequality 是描述性的，是 inequality 的描述性用法；而人们在财富、权势、社会地位等方面的 inequality 则是规定性的，是 inequality 的规定性用法，其比较标准是规定性的，如法律、私有制、国家制度，等等。而在卢梭的第二段论述中，也就是在他否认自然状态下人与人之间存在不平等的论述中，inequality 指的是规定性的 inequality，而非描述性的 inequality。这样一来，卢梭的想法就很清楚了：自然状态下人与人之间存在着描述性的 inequality，也就是"自然的 inequality"，但不存在规定性的 inequality，也就是精神上的或政治上的 inequality，因为人们之间还没有形成规定性的比较标准。如果我们把这一结论翻译成中文，就应该是：自然状态下人与人之间存在着描述性的差异，也就是"自然的差异"，但不存在规定性的不平等，也就是精神上的或政治上的不平等。因此，解决上述困惑的关键在于，对于第一种 inequality，"自然的 inequality"，其对应的翻译不应该是"自然的不平等"，而应该是"自然的差异"。因为，"平等""不平等""平等的""不平等的"，这些词在现代汉语中只有规定性的用法而没有描述性的用法，而"natural inequality"在卢梭的论述中是描述性的。只要我们明确了这一点，就能很好地理解在卢梭的理论中自然状态下人与人之间是否存在不平等的问题了。在卢梭看来，自然状态下人与人之间存在着自然的差异（natural inequality），但不存在不平等。

平等和 equality 之间在词义和用法上的差异使我们不得不追问现代汉语中"平等"一词的由来。"平等"一词原先也并非中国本土的词汇，而是来自佛教用语。《辞源》对"平等"的解释是："平等，佛教语，佛教认为宇宙本质皆同一体，一切法、一切众生本无差别，故称平等。《涅槃经》：'如来善修，如是平等'。《景德传灯录》：'慈心一切平等，真如菩提自现。'"② 另外，《观念史研究：中国现代重要政治术语的形成》一书也记述了"平等"一词的最初用法："佛教名词，意谓无差别。指一切现象在共性或空性、唯识性、心真如性等上没有差别。"③ 从这些解释中我们可以看到，佛教用语中的"平等"，既非（价值、数量或尺寸）的相等

---

① 卢梭作品的原文是法语，法语的 inégalité 与中文中的"不平等"存在同样的不对等关系。
② 《辞源》，商务印书馆 1979 年版；"平等"词条。
③ 金观涛、刘青峰：《观念史研究：中国现代重要政治术语的形成》，法律出版社 2009 年版，第 608 页。

（描述性的平等），也非（权利、身份和机会）的等同（规定性的平等），而是更深层次的"形而上学的""本质的"等同。"一切法、一切众生本无差别"，是在什么意义上无差别呢？不可能是在描述性的特征上无差别，因为世界上连两片一模一样的树叶都找不到，更不用说世间万物都无差别；也不可能是在规定性的尊卑贵贱上无差别，因为在任何现实的社会中总是有贫有富，有贵有贱。因此，"一切众生"只能是在"本质上"或者"精神上"无差别。佛教"平等"中这一形而上的思路在西方的文化传统中也有体现。例如，希腊化时期斯多葛学派的塞涅卡就认为一切人在"精神上"都是平等的，即使奴隶在"精神上"也与主人是平等的。因为，奴役只涉及肉体，而人的精神是无法被奴役的。[1] 西方文化中的另一个例子是基督教中的"平等"思想。基督教认为，所有人都是平等的，但这一平等不在于其描述性特征的一致，也不在于任何法则下的等同，而在于所有人都是上帝的子嗣，在上帝面前人人平等。由此，我们反观中国文化，可能是由于中国人较多关注现实，或较少形而上的思维，"平等"这一佛家用语在融入汉语之后，便逐渐失去了形而上的词义。

那"平等"是如何获得今天在现代汉语中的词义的呢？根据《观念史研究：中国现代重要政治术语的形成》一书对"平等"一词的梳理，[2] "平等"一词是在清末民初的西学东渐，以及中国先进知识分子的政治实践和革命斗争中逐步获得今天现代汉语中"人与人之间在经济、政治、文化等方面处于同等地位，享有同等的权利"这一词义的。"平等"一词的翻译和应用都与晚清中国的政治背景息息相关，也许正是由于这个原因，equality 的另一半词义——（价值、数量或尺寸）相等的——以及其描述性用法被忽略了，而"平等"一词只获得了"（权利、身份和机会）等同的"含义以及规定性的用法。这不能不说是一个文化传播中的遗憾，因为"平等"与"equality"词义上的不对等关系必然造成中国人对西方平等思想在理解和传播上的偏差。本书将这一区分澄清，希望在这一点上能有所补救。

---

[1] ［古罗马］塞涅卡：《幸福而短促的人生——塞涅卡道德书简》，赵又春、张建军译，上海三联书店1989年版，第96页。

[2] 参见金观涛、刘青峰《观念史研究：中国现代重要政治术语的形成》，法律出版社2009年版，第608—610页。

# 参考文献

## 一 英文原著

1. Anderson, Elizabeth S., "What is the Point of Equality?", *Ethics*, Vol. 109, No. 2, 1999.
2. Arneson, Richard J., Equality and Equal Opportunity for Welfare, *Philosophical Studies*, Vol. 56, No. 1, 1989;
   Egalitarianism and Responsibility, *Ethics*, Vol. 3, 1999;
   Luck Egalitarianism and Prioritarianism, *Ethics*, Vol. 109, No. 2, 2000;
   Justice Is Not Equality, *Ratio* (*new series*) XXI4, 2008.
3. Barry, Nicholas, Defending Luck Egalitarianism, *Journal of Applied Philosophy*, Vol. 23, No. 1, 2006;
   Reassessing Luck Egalitarianism, *The Journal of Politics*, Vol. 70, No. 1, 2008.
4. Berlin, Isaiah, *Two Concepts of Liberty*. Oxford: Clarendon Press, 1958.
5. Brown, Alexander, *Ronald Dworkin's Theory of Equality: Domestic and Global Perspectives*, Palgrave, 2009.
6. Ian Carter, Respect and the Basis of Equality, *Ethics*, Vol. 121, No. 3 (April 2011), pp. 538 – 571.
7. C. A. Cohen, *Illusions about Private Property and Freedom*, edited by John Mepham and David-Hillel Ruben, *Issues in Marxist Philosophy* (Ⅳ): *Social and Political Philosophy*. New York: Humanities Press, 1979;
   *Self-ownership, Freedom, and Equality*, Cambridge University Press, 1995;
   *Rescuing Justice and Equality*, Harvard University Press, 2008;
   *On the Currency of Egalitarian Justice, and Other Essays in Political Philosophy*, Princeton University Press, 2011.
8. Cranston, Maurice, Rousseau on Equality, *Social Philosophy and Policy*,

Vol. 2, No. 1, 1984.

9. Daniels, Norman, "Equality of What: Welfare, Resources, or Capabilities?" *Philosophy and Phenomenological Research*, Vol. 50, 1990.

10. Dick, James, How to Justify a Distribution of Earnings, *Philosophy and Public Affairs*, Vol. 4, 1975.

11. Dworkin, Ronald, *Taking Rights Seriously*, Harvard University Press, 1977;

    *Sovereign Virtue: Theory and Practice of Equality*, Harvard University Press, 2002;

    Sovereign Virtue Revised, *Ethics*, Vol. 113, No. 1, 2002;

    Equality, Luck and Hierarchy, *Philosophy and Public Affairs*, Vol. 31, No. 2, 2002.

12. Freeman, Samuel, *Justice and the Social Contract: Essays on Rawlsian Political Philosophy*, Oxford University Press, 2007.

13. Robert E. Goodwin, Philip Pettit (ed.), *Contemporary Political Philosophy*, Blackwell Publishing Ltd., 1997;

    *A Companion to Contemporary Political Philosophy* (Second edition), Blackwell Publishing Ltd., 2007.

14. Gosepath, Stefan, The Place of Equality in Habermas' and Dworkin's Theories of Justice, *European Journal of Philosophy*, Vol. 3, No. 1, 1995.

15. Guest, Stephen, *Ronald Dworkin*, Edinburgh University Press, 1992.

16. Hart, H. L. A., Rawls on Liberty and Its Priority, *The University of Chicago Law Review*, Vol. 40, No. 3, 1973.

17. Harsanyi, John, Can the Maximin Principle Serve as a Basis for Morality? A Critique of John Rawls's Theory, *American Political Society Review*, Vol. 69, 1975.

18. F. A. Hayek, *The Constitution of Liberty*, University of Chicago Press, 1978.

19. Hume, David, *A Treatise of Human Nature* [1739] L. A. Selby – Bigge and P. H. Nidditch (eds.), Oxford: Clarendon Press, 1978.

20. Hurley, Susan, Luck and Equality, *Proceedings of the Aristotelian Society*, Vol. 75, 2001.

21. Knight, Carl, The Metaphysical for Luck Egalitarianism, *Social Theory and Practice*, Vol. 32, No. 2, 2006;

*Luck Egalitarianism*: *Equality*, *Responsibility*, *and Justice*, Edinburgh University Press, 2009.

22. Kymlicka, Will, *Contemporary Political Philosophy*, Oxford University Press, 2001.

23. Miller, David, *Market*, *State*, *and Community*, Oxford: Clarendon Press, 1989;

    *Principles of Social Justice*, Harvard University Press, 2001.

24. Moss, Jeremy, Against Fairness: Egalitarianism and Responsibility, *The Journal of Value Inquiry*, Vol. 41, 2007.

25. Nagel, Thomas, *Equality and Partiality*, Oxford University Press, 1991.

26. Norman, Frohlich, Joe A. Oppenheimer, Cheryl L. Eavey, Laboratory Results on Rawls's Distributive Justice, *British Journal of Political Science*, Vol. 17, No. 1, 1978.

27. Norman, Richard, The Social Basis of Equality, in A. Mason (ed.), *Ideas of Equality*, Basil Blackwell, 1998;

    Equality, Priority and Social Justice, *Ratio* (new series), VIII3, 1999.

28. Nozick, Robert, *Anarchy*, *State*, *and Utopia*, Basic Books Inc., 1974.

29. Oleson, Paul, *An Experimental Examination of Alternative Theories of Distributive Justice and Economic Fairness*. Ph. D. diss., University of Arizona, 2001.

30. Otsuka, Michael, Self-ownership and Equality: A Lockean Reconciliation, *Philosophy and Public Affairs*, Vol. 27, 1998;

    Luck, Insurance, and Equality, *Ethics*, Vol. 113, No. 1, 2002.

31. Parfit, Derek, Equality and Priority, *Ratio* (new serious) X3, 1997.

32. Phillipe van Parijs, *Real Freedom for All*, Oxford University Press, 1995.

33. Rawls, John, *A Theory of Justice*, The Belknap Press of Harvard University Press, 1971;

    *Political Liberalism*, Columbia University Press, 1995;

    *John Rawls*: *Collected Papers*, ed. by Samuel Freeman, Harvard University Press, 1999.

34. Ripstein, Arthur, Equality, Luck, and Responsibility, *Philosophy and Public Affairs*, Vol. 23, No. 1, 1994.

35. Pojman, Louis, Equality and Desert, *Philosophy*, Vol. 72, No. 282, 1997.

36. Rae, Douglas, *Equalities*, Harvard University Press, 1981.
37. Romer, John E., Equality of Talent, *Economics and Philosophy*, No. 1, 1985;
    Equality of Resources Implies Equality of Welfare, *The Quarterly Journal of Economics*, Vol. 101, No. 4, 1986.
    Sadurski, Wojciech, *Giving Desert Its Due*, Dordrecht: D. Reidel, 1985.
38. Scanlon, Thomas M., "Equality of Resources and Equality of Welfare: A Forced Marriage?" *Ethics*, Vol. 97, No. 1, 1986;
    *What we owe to Each Other*, Cambridge University Press, 1998.
39. Scheffler, Samuel, Responsibility, Reactive, Attitudes, and Liberalism in Philosophy and Politics, *Philosophy and Public Affairs*, Vol. 21, No. 4, 1992;
    "What is Egalitarianism?" *Philosophy and Public Affairs*, Vol. 31, No. 1, 2003;
    Equality as the Virtue of Sovereigns: A Reply to Ronald Dworkin, *Philosophy and Public Affairs*, Vol. 31, No. 2, 2003.
40. Sen, Amartya, Equality of What? In S. McMurrin (ed.), Tanner Lectures on Human Values, Vol. 1, Cambridge University Press, 1980;
    On the Status of Equality, *Political Theory*, Vol. 24, No. 3, 1986;
    *Inequality Reexamined*, Clarendon Press, Oxford, 1992;
    *The Idea of Justice*, The Belknap Press of Harvard University Press, 2009.
41. Shapiro, Ian, Resources, Capacities, and Ownership: The Workmanship Ideal and Distributive Justice, *Political Theory*, Vol. 19, No. 1, 1991.
42. Leo Strauss: *The City and Men*, University of Chicago Press, 1978.
43. Charles, Taylor, "What's Wrong with Negative Liberty" in *Liberty* edited by David Miller, Oxford University Press, 1991.
44. Taylor, Robert S., Rawls's Defense of the Priority of Liberty: A Kantian Reconstruction, *Philosophy & Public Affairs*, Vol. 31, No. 3, 2003.
45. Vallentyne, Peter, Brute Luck, Option Luck, and Equality of Initial Opportunities, *Ethics*, Vol. 112, No. 3, 2002;
    Brute Luck and Responsibility, Politics, *Philosophy & Economics*, Vol. 7, No. 1, 2008.
46. Michael Walzer, *Spheres of Justice*, Basic Books, 1984.
47. Williams, Andrew, Resources Egalitarianism and the Limits to Basic In-

come, *Economics and Philosophy*, Vol. 15, 1999;
Equality for the Ambitious, *The Philosophy Quarterly*, Vol. 52, Iss. 208, 2002.

48. Williams, Bernard, A Critique of Utilitarianism, in JJ. C. Smart and Bernard Williams, *Utilitarianism: For and Against*, Cambridge University Press, 1973.

49. Wolff, Jonathan, Equality: The Recent History of an Idea, *Journal of Moral Philosophy*, Vol. 4, No. 1, 2007.

50. Young, Robert, Egalitarianism and Personal Desert, *Ethics*, Vol. 102, No. 2, 1992.

## 二 中文版译著

1. 《马克思恩格斯文集》第 1 卷、第 2 卷，中共中央著作编译局译，人民出版社 2009 年版。
2. 《资本论》，中共中央著作编译局译，人民出版社 2004 年版。
3. ［德］伊曼努尔·康德：《道德形而上学原理》，苗力田译，上海人民出版社 2012 年版。
4. ［法］让·雅克·卢梭：《论人类不平等的起源和基础》，李常山译，商务印书馆 1982 年版。
5. ［法］让·雅克·卢梭：《社会契约论》，何兆武译，商务印书馆 2005 年版。
6. ［古罗马］塞涅卡：《幸福而短促的人生——塞涅卡道德书简》，上海三联书店 1989 年版。
7. ［古希腊］柏拉图：《理想国》，郭斌和、张竹明译，商务印书馆 2009 年版。
8. ［古希腊］修昔底德：《伯罗奔尼撒战争史》，谢德峰译，商务印书馆 1960 年版。
9. ［古希腊］亚里士多德：《政治学》，吴寿彭译，商务印书馆 1965 年版。
10. ［加］威尔·金里卡：《当代政治哲学》，刘莘译，上海三联书店 2001 年版。
11. ［美］阿瑟·奥肯：《平等与效率》，王奔洲等译，华夏出版社 1999 年版。
12. ［美］卡尔·贝克尔：《18 世纪哲学家的天城》，何兆武等译，生活·读书·新知三联书店 2001 年版。

13. ［美］理查德·威尔金森、凯特·皮克特：《不平等的痛苦》，安鹏译，新华出版社 2010 年版。
14. ［美］列奥·施特劳斯：《自然权利与历史》，彭刚译，生活·读书·新知三联书店 2003 年版。
15. ［美］罗伯特·A. 达尔：《论政治平等》，谢岳译，上海世纪出版集团 2010 年版。
16. ［美］罗伯特·诺奇克：《无政府、国家与乌托邦》，姚大志译，中国社会科学出版社 2008 年版。
17. ［美］罗纳德·德沃金：《认真对待权利》，信春鹰、吴玉章译，中国大百科全书出版社 1998 年版。
18. ［美］罗纳德·德沃金：《至上的美德》，冯克利译，江苏人民出版社 2007 年版。
19. ［美］迈克尔·J. 桑德尔：《自由主义与正义的局限》，万俊人等译，译林出版社 2001 年版。
20. ［美］迈克尔·沃尔泽：《正义诸领域：为多元主义与平等一辩》，褚松燕译，译林出版社 2002 年版。
21. ［美］A. 麦金泰尔：《谁之正义？何种合理性？》，万俊人译，当代中国出版社 1996 年版。
22. ［美］普拉特纳：《卢梭的自然状态》，尚新建、于灵灵译，华夏出版社 2008 年版。
23. ［美］乔万尼·萨托利：《民主新论》，冯克利、阎克文译，上海人民出版社 2009 年版。
24. ［美］托马斯·杰斐逊：《杰斐逊选集》，朱曾汶译，商务印书馆 1999 年版。
25. ［美］亚历克斯·卡利尼克斯：《平等》，徐朝友译，江苏人民出版社 2003 年版。
26. ［美］约翰·罗尔斯：《正义论》，何怀宏、何包钢、廖申白译，中国社会科学出版社 1988 年版。
27. ［美］约翰·罗尔斯：《政治自由主义》，万俊人译，译林出版社 2011 年版。
28. ［美］约翰·罗尔斯：《作为公平的正义：正义新论》，姚大志译，中国社会科学出版社 2011 年版。
29. ［印度］阿玛蒂亚·森：《论经济不平等，不平等之再思考》，王利文、于占杰译，社会科学文献出版社 2006 年版。

30. ［印度］阿玛蒂亚·森：《正义的理念》，王磊、李航译，中国人民大学出版社 2012 年版。
31. ［英］布莱恩·巴里：《正义诸理论》，孙晓春、曹海军译，吉林人民出版社 2004 年版。
32. ［英］大卫·休谟：《人性论》，关文运译，商务印书馆 1980 年版。
33. ［英］戴维·米勒：《社会正义原则》，应奇译，江苏人民出版社 2001 年版。
34. ［英］弗里德利希·冯·哈耶克：《自由秩序原理》，邓正来译，生活·读书·新知三联书店 1997 年版。
35. ［英］卡尔·波普尔：《开放社会及其敌人》，陆衡等译，中国社会科学出版社 1999 年版。
36. ［英］G. A. 柯亨：《马克思与诺奇克之间——G. A. 柯亨文选》，吕增奎编，江苏人民出版社 2007 年版。
37. ［英］G. A. 柯亨：《自我所有权、自由和平等》，李朝晖译，东方出版社 2008 年版。
38. ［英］G. E. 摩尔：《伦理学原理》，长河译，上海人民出版社 2003 年版。
39. ［英］托马斯·霍布斯：《利维坦》，黎思复、黎廷弼译，商务印书馆 1985 年版。
40. ［英］亚当·斯密：《国民财富的性质和原因的研究》，郭大力、王亚南译，商务印书馆 2007 年版。
41. ［英］以赛亚·伯林：《自由论》，胡传胜译，译林出版社 2003 年版。
42. ［英］约翰·格雷：《自由主义的两张面孔》，顾爱彬、李瑞华译，江苏人民出版社 2005 年版。
43. ［英］约翰·洛克：《政府论》，叶启芳、瞿菊农译，商务印书馆 1982 年版。
44. ［英］约翰·洛克：《自然法论文集》，刘时工译，上海三联书店 2012 年版。
45. ［英］约翰·穆勒：《功利主义》，徐大建译，上海世纪出版集团 2008 年版。
46. ［英］约瑟夫·拉兹：《自由的道德》，孙晓春译，吉林人民出版社 2006 年版。

## 三 中文著作

1. 慈济伟：《正义的两面》，生活·读书·新知三联书店 2001 年版。
2. 丁建峰：《无知之幕下的社会福利判断——实验经济学的研究》，《经济社会体制比较》2010 年 3 月。
3. 高瑞泉：《平等观念史论略》，上海人民出版社 2011 年版。
4. 葛四友编：《运气均等主义》，江苏人民出版社 2006 年版。
5. 葛四友：《正义与运气》，中国社会科学出版社 2006 年版。
6. 高景柱：《在平等与责任之间——罗纳德·德沃金平等理论批判》，人民出版社 2011 年版。
7. 金观涛、刘青峰：《观念史研究：中国现代重要政治术语的形成》，法律出版社 2009 年版。
8. 李慧斌、李义天编：《马克思与正义理论》，中国人民大学出版社 2010 年版。
9. 李惠斌：《重读〈共产党宣言〉》，《当代世界与社会主义》2008 年 3 月。
10. 李石：《积极自由的悖论》，商务印书馆 2011 年版。
11. 李石：《浅析罗尔斯〈万民法〉中 "people" 一词的翻译》，《国外理论动态》2010 年 11 月。
12. 刘国栋：《论卢梭的平等理论》，《政治思想史》2013 年 1 月。
13. 吕增奎编：《马克思与诺奇克之间：G. A. 柯亨文选》，江苏人民出版社 2007 年版。
14. 周保松：《自由人的平等政治》，生活·读书·新知三联书店 2010 年版。
15. 周仲秋：《平等观念的历程》，生活·读书·新知三联书店 2001 年版。